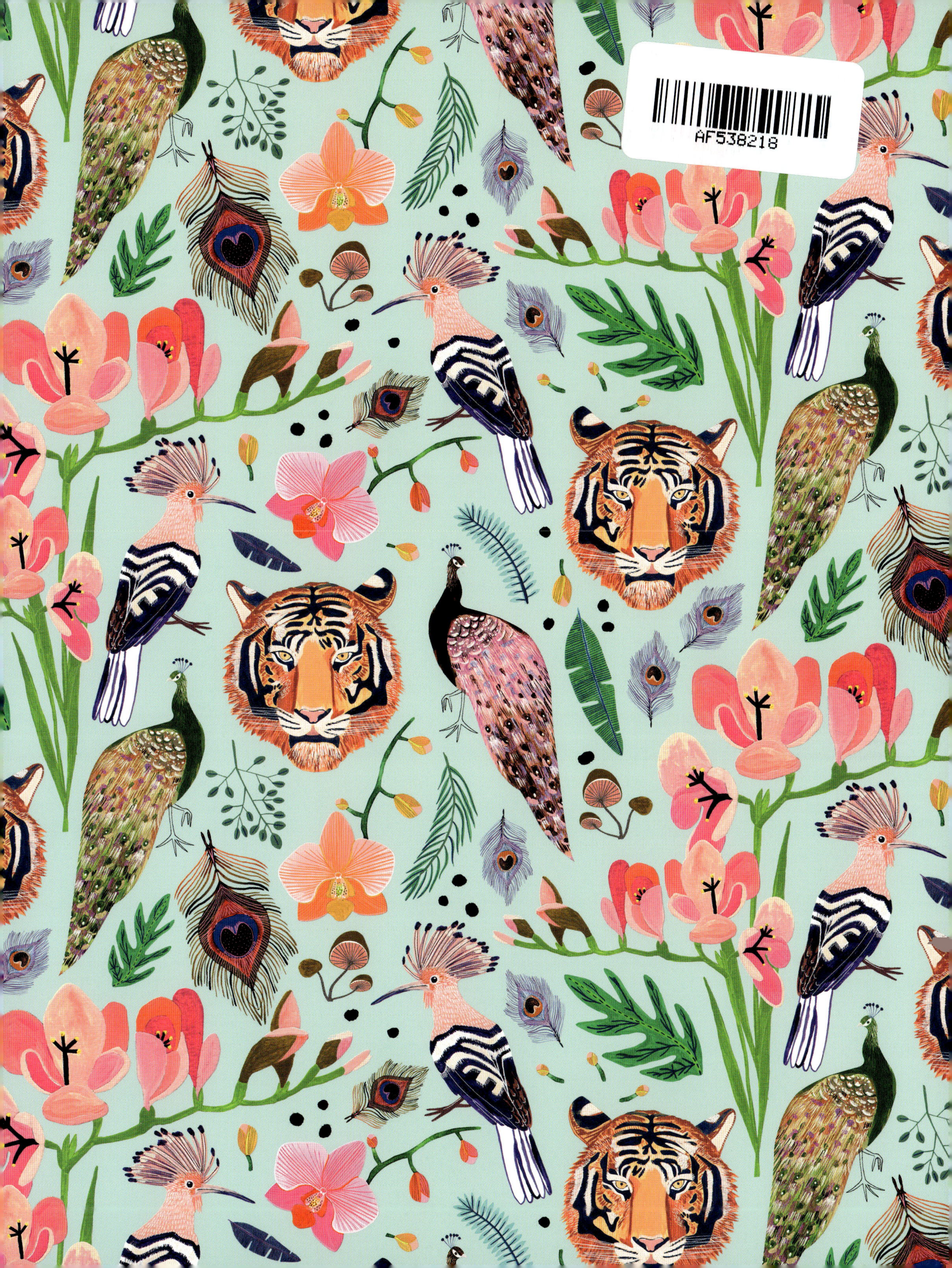

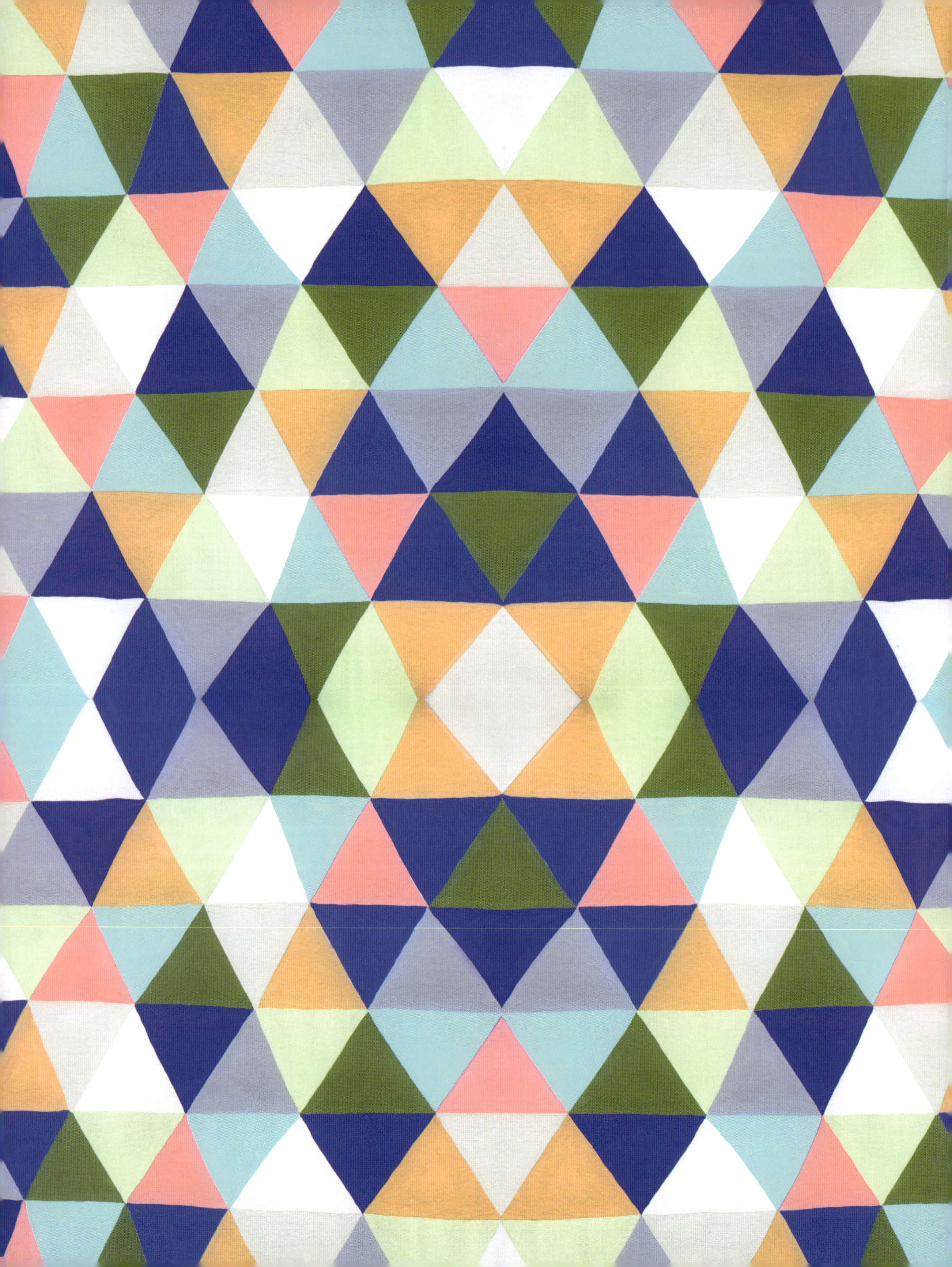

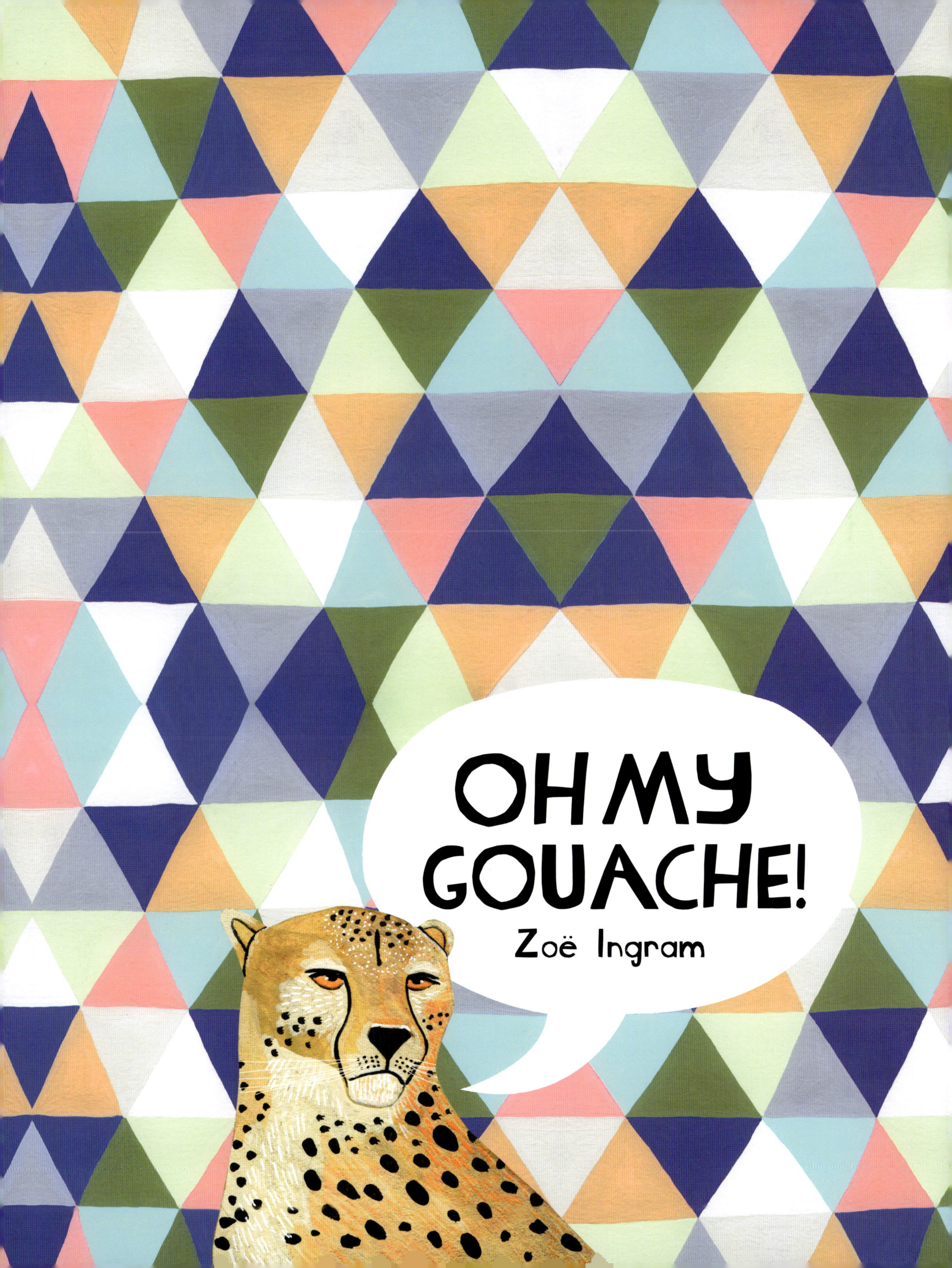
OH MY
GOUACHE!
Zoë Ingram

Für Jane und Mark, die eine so wichtige Rolle in meinem Leben gespielt, mich an die Gouachemalerei herangeführt und mir fast alles beigebracht haben, was ich heute darüber weiß.

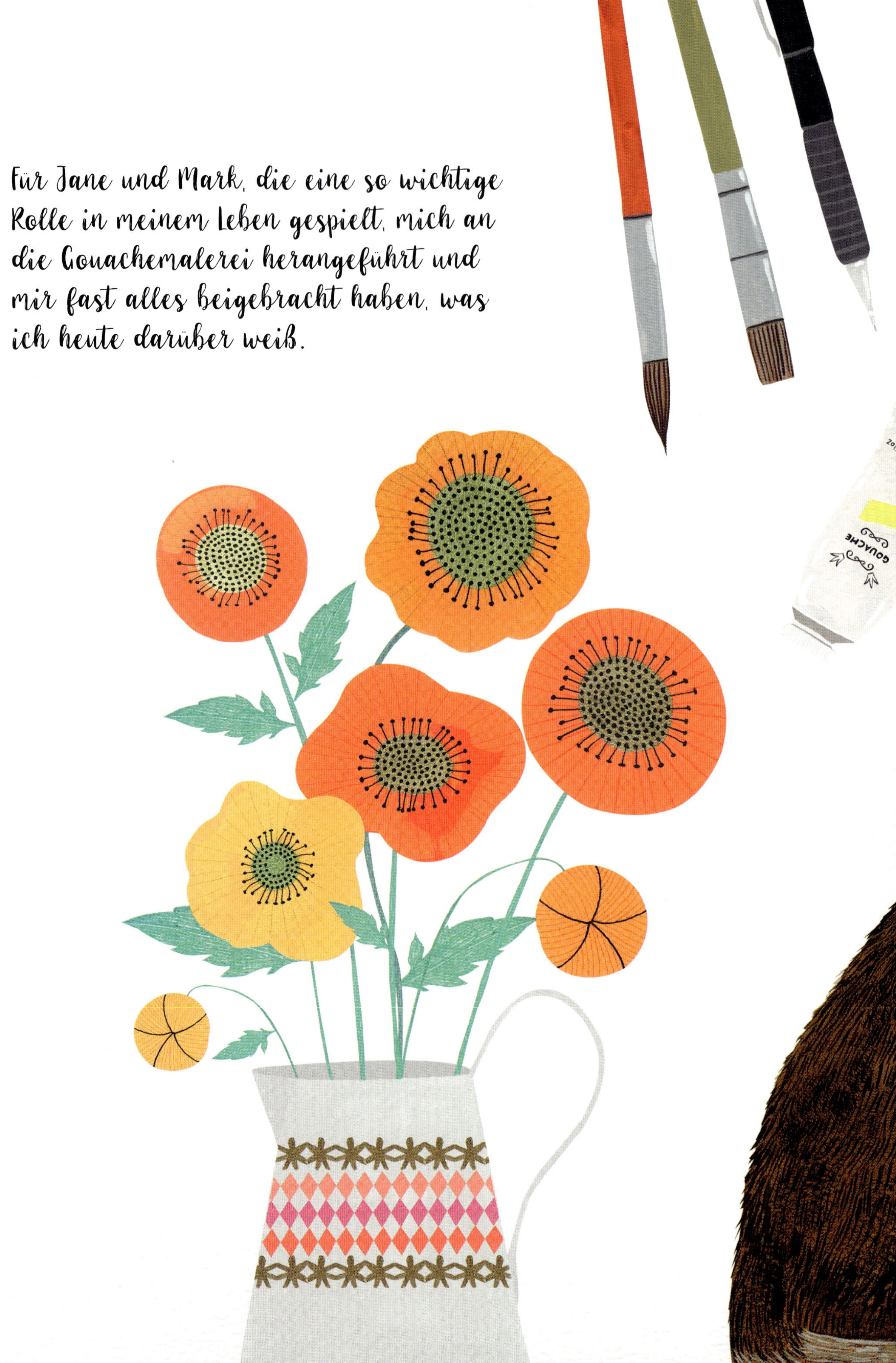

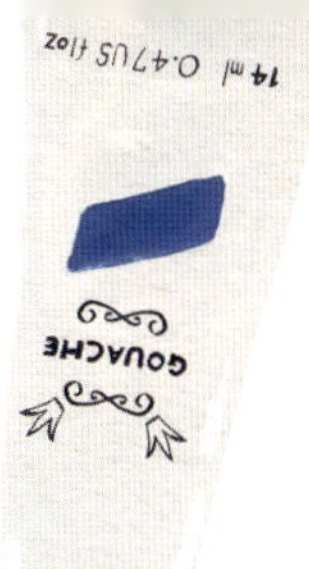

OH MY GOUACHE!

Zoë Ingram

DER ANFÄNGER-GUIDE
FÜRS MALEN MIT GOUACHEFARBE

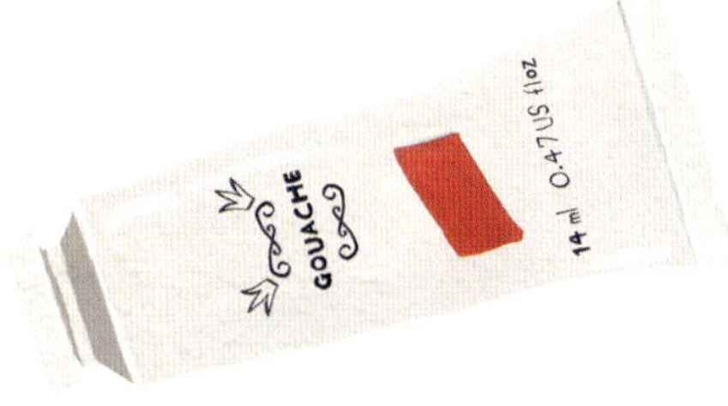

stiebner

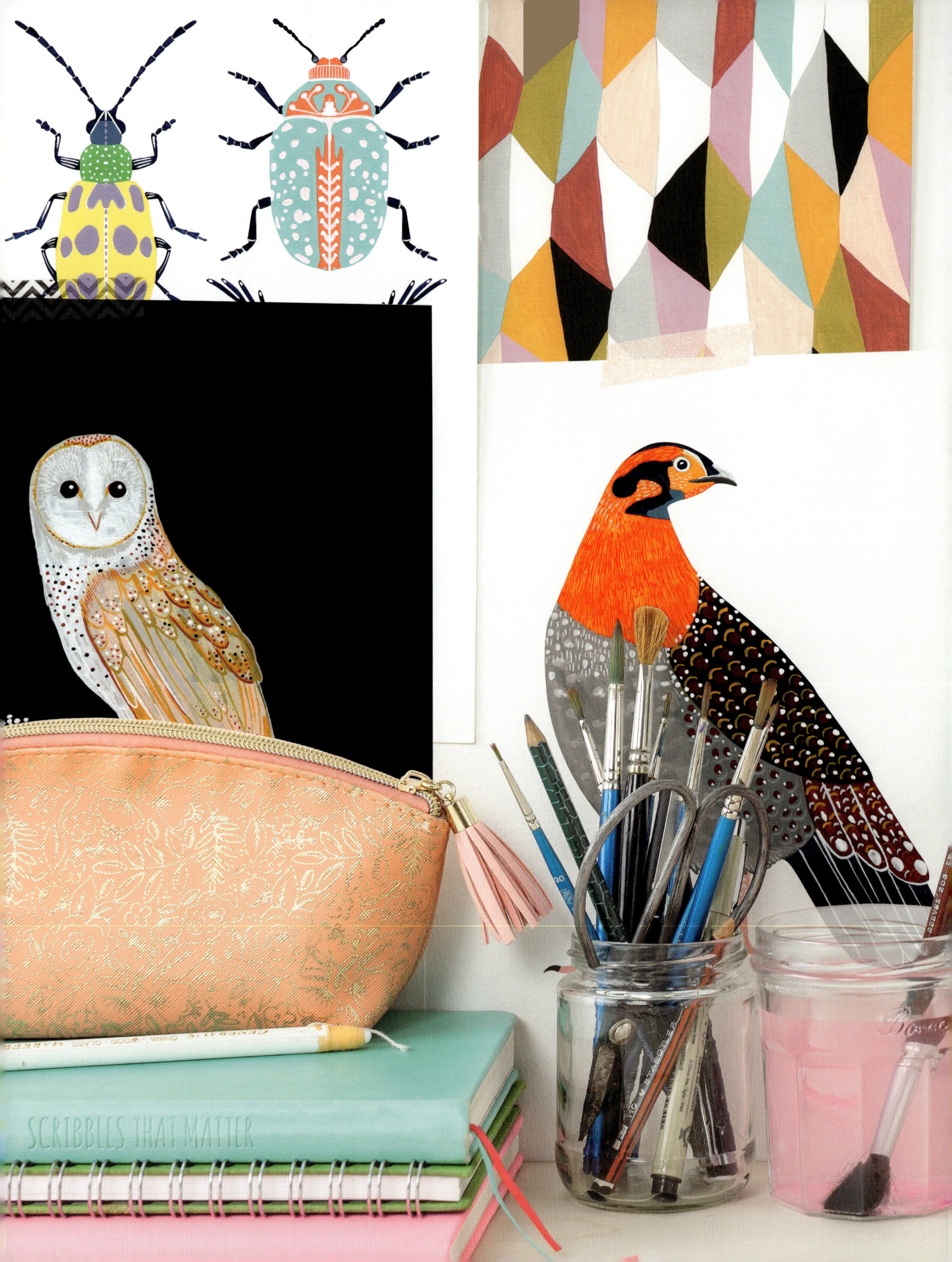
SCRIBBLES THAT MATTER

Inhalt

Einleitung 8

Material & Utensilien 11

Die Farbe 12
Pinsel und Paletten 14
Papier 15
Werkzeuge zum Texturieren 16
Weitere Tipps 17

Farbe 18

Inspiration 20
Farbenlehre 22
Farben mischen 24
Mit Farben üben 28

Techniken 31

Skizzieren 32
Lasieren 35
Muster 38
Linien 42
Formen und Kanten 44
Lettering 46
Schichttechnik 50
Details 52
Dunkle Hintergründe 54
Collage 56
Digitalisieren 58

Projekte 64

Fasantastisch 66
Käferparade 70
Sir Pflanzelot 74
Wer bist du? 78
Flatterhaft 82
Schief gewinkelt 88
Nachteule 94
Lass Blumen sprechen 100
OMG – Oh mein Gott! 106
Alles für die Katz 110
Ganz im Flow 116

Über die Autorin 122
Danksagung 123
Bezugsquellen 124
Register 125

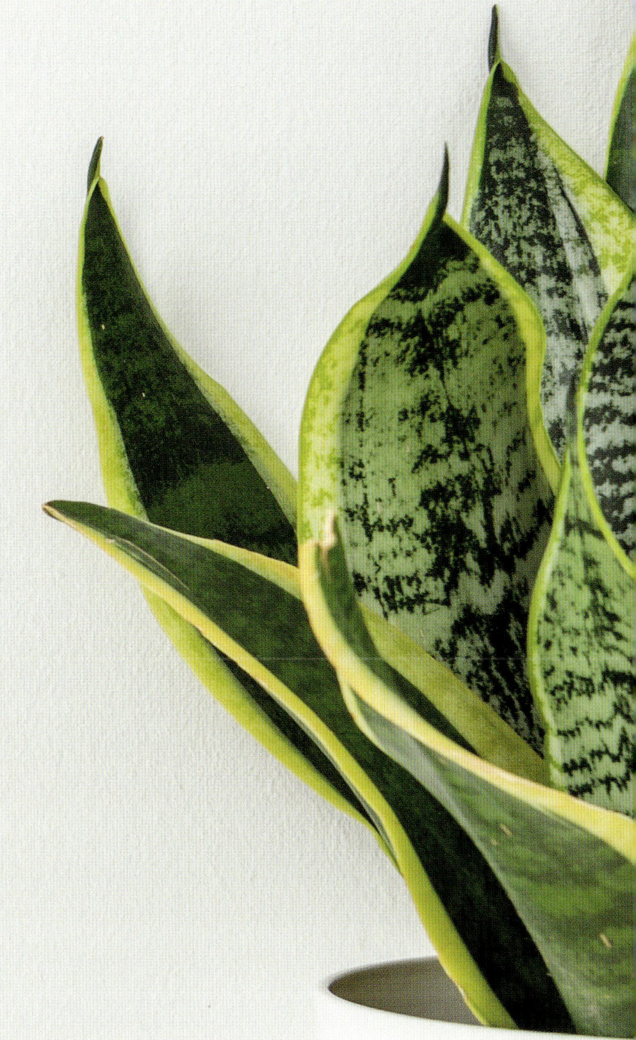

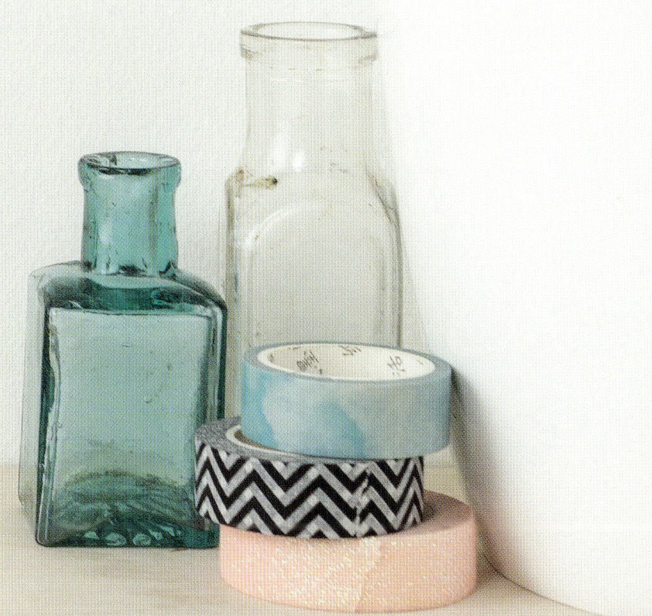

Juhu, Gouache!

Mit diesem wunderbaren Medium werden wir viel Spaß haben.

Aber erst einmal stelle ich mich vor. Ich bin Zoë Ingram, Künstlerin und Illustratorin aus Schottland. Ich arbeite seit mehr als zwanzig Jahren in der Kreativbranche, zunächst im Textildruck, später im Grafikdesign. Seit acht Jahren lebe ich meinen Traum und fertige professionelle Grafiken und Illustrationen für Verlage, Zeitschriften und Zeitungen, Stoff- und Heimdekorproduzenten sowie Geschenkartikel- und Schreibwarenhersteller an. Dabei arbeite ich sehr viel mit Gouachefarbe, und in diesem Buch möchte ich Ihnen möglichst alles vermitteln, was Sie für den Einstieg in die Gouachemalerei wissen müssen.

Wir gehen die Grundlagen durch und ich verrate Ihnen, was Sie für den Anfang brauchen: Farbe, Pinsel, andere Utensilien und Papier. Dann erkläre ich die gebräuchlichsten Techniken, die ich tagtäglich einsetze. Zum Schluss stelle ich beispielhaft elf Projekte vor, die Sie gern genau nachmalen, aber auch einfach als Ausgangspunkt oder Anregung für Ihre eigenen Ideen verwenden können.

Gouache war schon immer mein Lieblingsmedium. Es ist viel weniger Ehrfurcht gebietend als manch anderes Medium, weshalb Sie ganz ungehemmt kreativ werden können. Wenn Sie sich jeden Tag ein klein wenig Zeit zum Malen nehmen, werden Sie durch Übung nicht nur immer besser, sondern gönnen sich auch eine kleine, wohlverdiente Auszeit. Während ich dieses Buch schreibe, befinden wir uns in einer Pandemie und einer weltweiten Klimakrise – vielleicht hilft das Malen auch Ihnen, Ihre Gefühle in diesen schwierigen Zeiten zum Ausdruck zu bringen.

Willkommen in der wunderbaren Welt der Gouachemalerei!

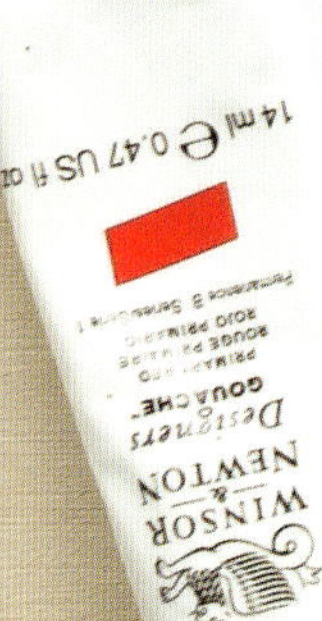

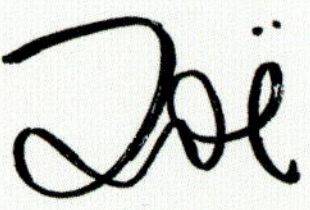

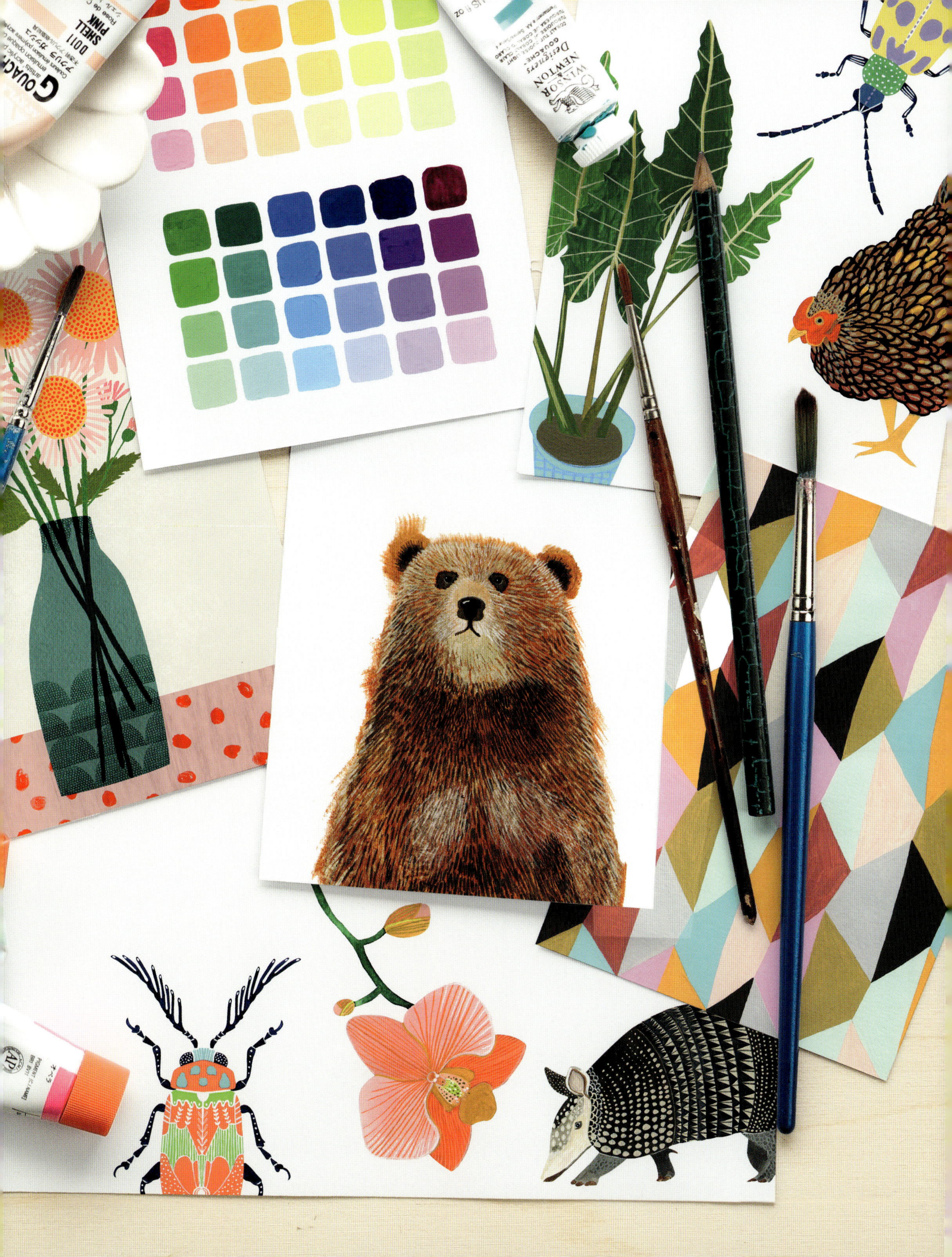

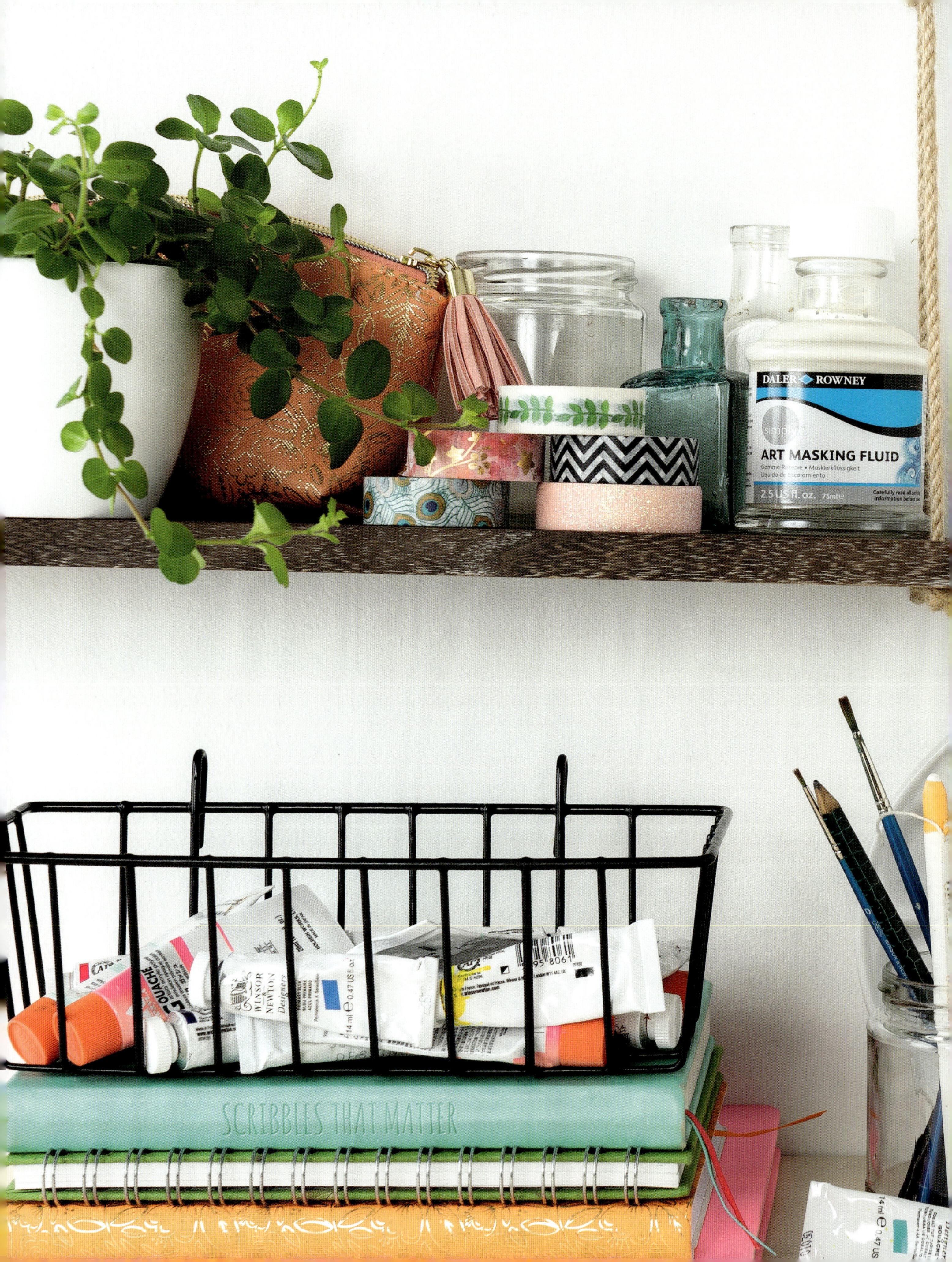
DALER ROWNEY
ART MASKING FLUID
2.5 US fl. oz. 75ml
SCRIBBLES THAT MATTER

MATERIAL & UTENSILIEN

Zum Malen mit Gouache brauchen Sie mehr als nur die Farben. Ich erinnere mich noch gut an Schweißausbrüche bei meinem ersten Besuch im Geschäft für Künstlerbedarf, angesichts der riesigen Auswahl an Material und Zubehör. Aber keine Sorge: Sie brauchen nicht alles von Anfang an. Auf den nächsten Seiten gehen wir die Grundausstattung durch.

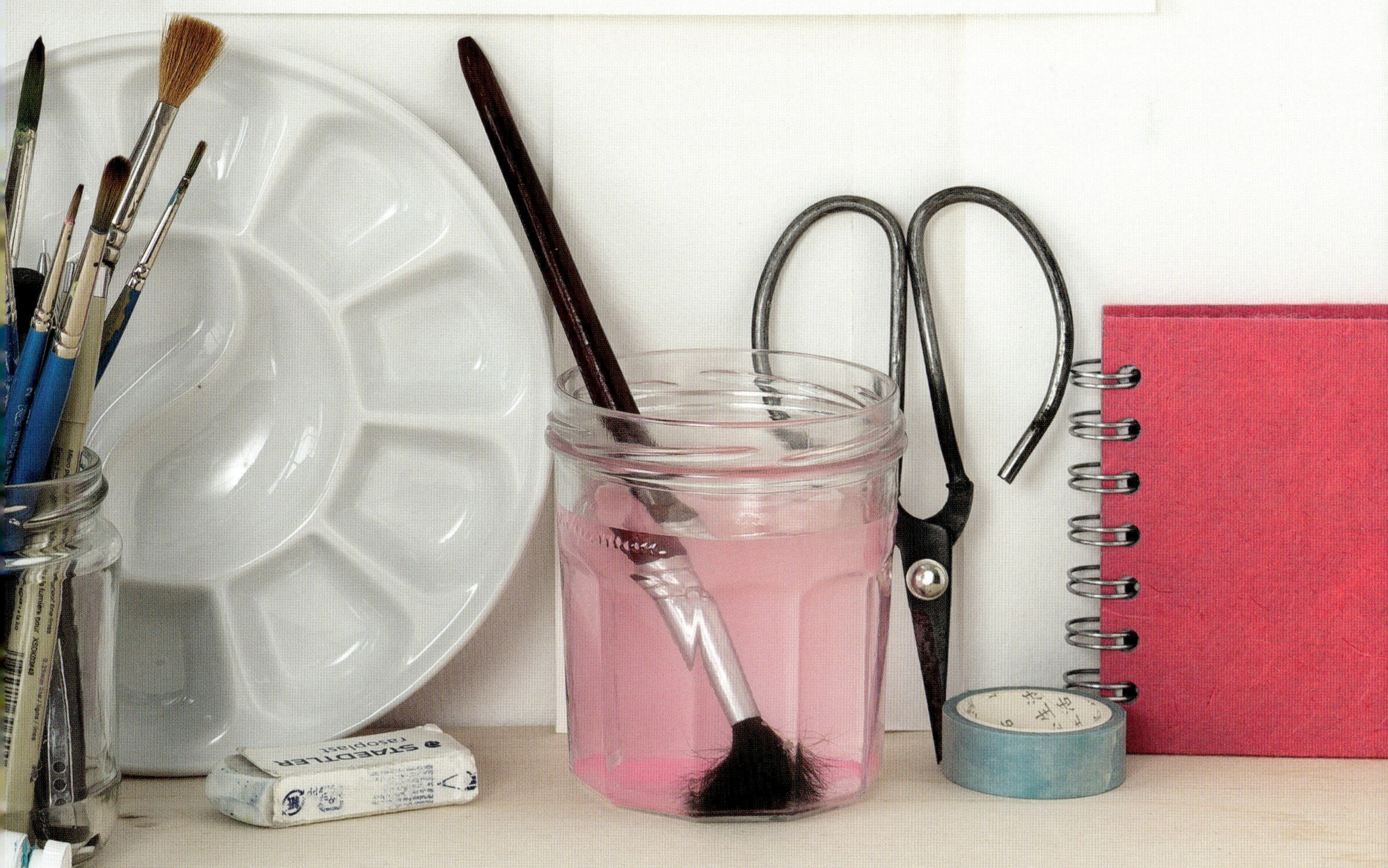

Die Farbe

Gouache:

[*gu̯a(:)ʃ*] **Substantiv**

Malerei mit in Wasser vermahlenen und mit Gummi arabicum gebundenen deckenden Pigmenten.

Deckende wasserlösliche Farbe für die Gouachemalerei.

In Gouachetechnik gemaltes Bild.

Ausgesprochen wird es wie „Guasch" mit kurzem oder langem A und Betonung auf der zweiten Silbe. Die Bezeichnung ist im 18. Jahrhundert in Frankreich entstanden, doch auch schon im alten Griechenland und Ägypten wurden Gouachefarben hergestellt. Damals waren sie aber noch transparenter als heute und ähnelten eher Temperafarben.

Berühmte Künstler haben mit Gouache gemalt, einer davon war Henri Matisse. Mit Gouache kreierte er die kräftigen Farbflächen, für die seine Scherenschnitte berühmt sind. Auch von Paul Klee gibt es Gouachewerke. Matisse und Klee gehören zu meinen Lieblingskünstlern – Sie sollten sich unbedingt ihre Werke ansehen und sich inspirieren lassen.

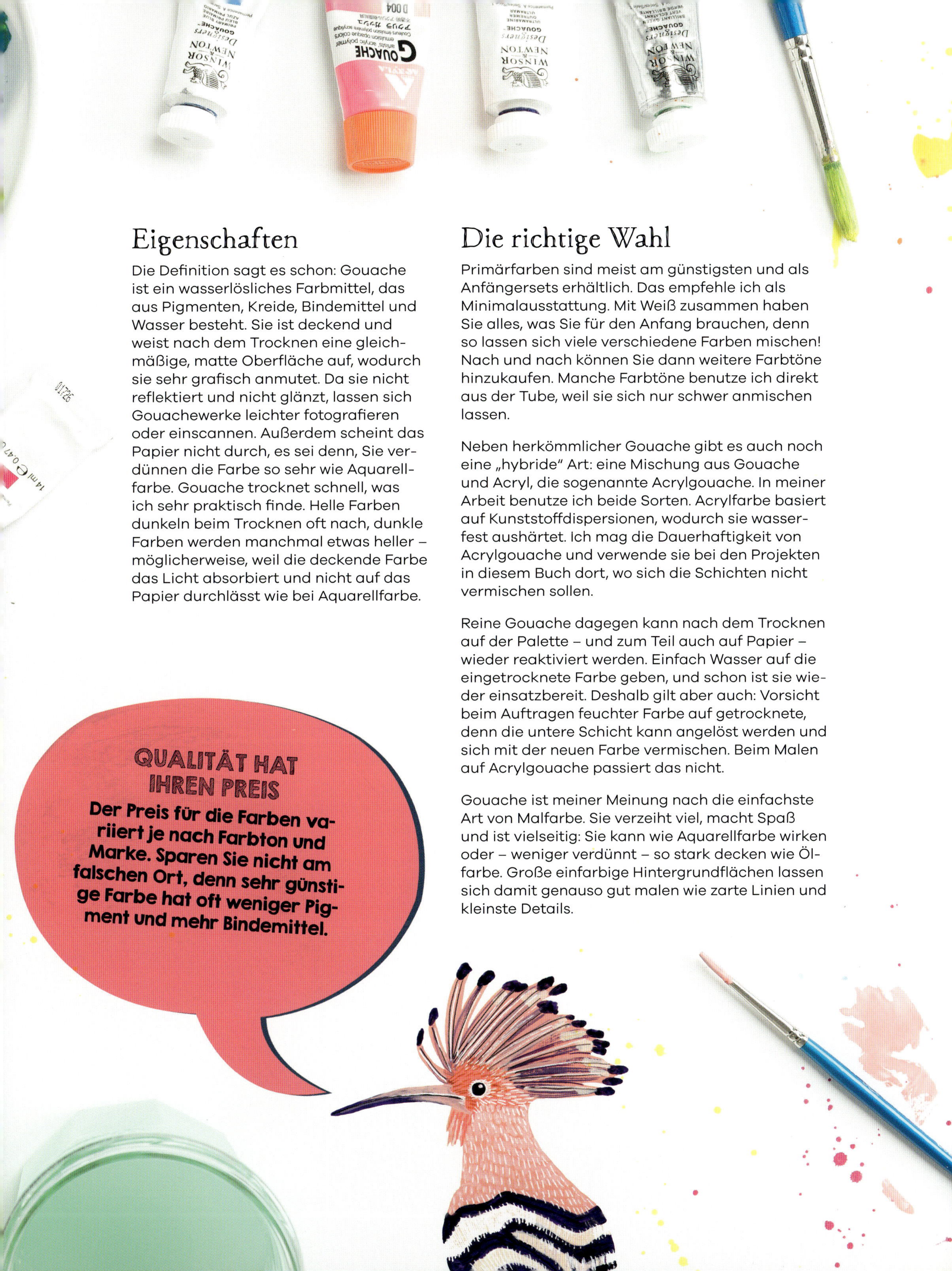

Eigenschaften

Die Definition sagt es schon: Gouache ist ein wasserlösliches Farbmittel, das aus Pigmenten, Kreide, Bindemittel und Wasser besteht. Sie ist deckend und weist nach dem Trocknen eine gleichmäßige, matte Oberfläche auf, wodurch sie sehr grafisch anmutet. Da sie nicht reflektiert und nicht glänzt, lassen sich Gouachewerke leichter fotografieren oder einscannen. Außerdem scheint das Papier nicht durch, es sei denn, Sie verdünnen die Farbe so sehr wie Aquarellfarbe. Gouache trocknet schnell, was ich sehr praktisch finde. Helle Farben dunkeln beim Trocknen oft nach, dunkle Farben werden manchmal etwas heller – möglicherweise, weil die deckende Farbe das Licht absorbiert und nicht auf das Papier durchlässt wie bei Aquarellfarbe.

Die richtige Wahl

Primärfarben sind meist am günstigsten und als Anfängersets erhältlich. Das empfehle ich als Minimalausstattung. Mit Weiß zusammen haben Sie alles, was Sie für den Anfang brauchen, denn so lassen sich viele verschiedene Farben mischen! Nach und nach können Sie dann weitere Farbtöne hinzukaufen. Manche Farbtöne benutze ich direkt aus der Tube, weil sie sich nur schwer anmischen lassen.

Neben herkömmlicher Gouache gibt es auch noch eine „hybride" Art: eine Mischung aus Gouache und Acryl, die sogenannte Acrylgouache. In meiner Arbeit benutze ich beide Sorten. Acrylfarbe basiert auf Kunststoffdispersionen, wodurch sie wasserfest aushärtet. Ich mag die Dauerhaftigkeit von Acrylgouache und verwende sie bei den Projekten in diesem Buch dort, wo sich die Schichten nicht vermischen sollen.

Reine Gouache dagegen kann nach dem Trocknen auf der Palette – und zum Teil auch auf Papier – wieder reaktiviert werden. Einfach Wasser auf die eingetrocknete Farbe geben, und schon ist sie wieder einsatzbereit. Deshalb gilt aber auch: Vorsicht beim Auftragen feuchter Farbe auf getrocknete, denn die untere Schicht kann angelöst werden und sich mit der neuen Farbe vermischen. Beim Malen auf Acrylgouache passiert das nicht.

Gouache ist meiner Meinung nach die einfachste Art von Malfarbe. Sie verzeiht viel, macht Spaß und ist vielseitig: Sie kann wie Aquarellfarbe wirken oder – weniger verdünnt – so stark decken wie Ölfarbe. Große einfarbige Hintergrundflächen lassen sich damit genauso gut malen wie zarte Linien und kleinste Details.

QUALITÄT HAT IHREN PREIS

Der Preis für die Farben variiert je nach Farbton und Marke. Sparen Sie nicht am falschen Ort, denn sehr günstige Farbe hat oft weniger Pigment und mehr Bindemittel.

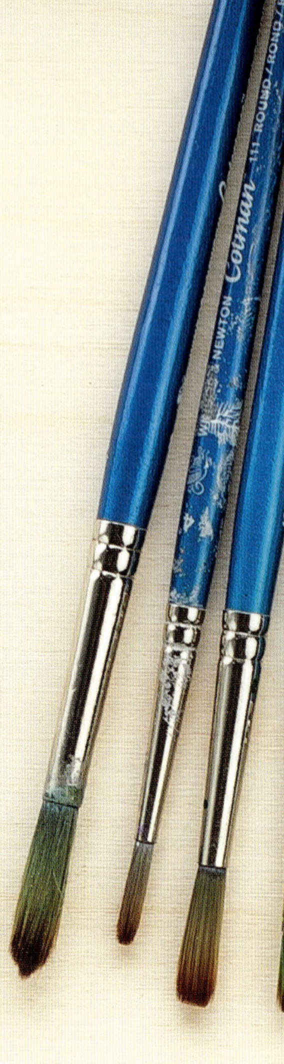

Pinsel und Paletten

Mit der Auswahl von Pinseln, Papier und Paletten fühlen sich zu Anfang viele überfordert. Wenn Sie in einem Künstlerbedarf einkaufen, lassen Sie sich am besten beraten, wenn Sie unsicher sind. Das Personal ist meist kompetent und kann Ihnen helfen, die richtigen Utensilien zu finden. Je mehr Sie üben, desto vertrauter wird Ihnen das Material, und bald schon werden Sie genau wissen, wonach Sie suchen.

Meine wichtigsten Tipps für den Einstieg:

Pinsel

Ich habe ungefähr eine Million Pinsel, alte und neue, dicke und dünne, flache und runde, aber meist benutze ich doch immer wieder die gleichen. Sie werden mit der Zeit feststellen, mit welchen Pinselformen von welchen Herstellern Sie am liebsten arbeiten. Ich brauche unterschiedliche Stärken, weil ich manchmal zügig und expressiv male, aber auch sehr kleine Bilder mit vielen Details und genau abgegrenzten Farbflächen, wofür ganz dünne Pinsel nötig sind. Meistens benutze ich Aquarellpinsel aus Synthetikfasern.

Es gibt ganz verschiedene – manchmal zu viele – Arten von Pinseln auf dem Markt: Rundpinsel, Flachpinsel, Spitzpinsel, Schreibpinsel, Schlepperpinsel, Schrägpinsel, Katzenzungenpinsel, Fächerpinsel … Für den Anfang empfehlen sich Rundpinsel in verschiedenen Stärken, denn das sind Alleskönner.

DIE PINSELSTÄRKEN REICHEN VON 0000 (DÜNNSTE) BIS 24 (DICKSTE). FÜR DIE GRUNDAUSSTATTUNG WÜRDE ICH EINE 0, 2, 4, 6 UND 8 ANSCHAFFEN, UND FALLS SIE SEHR KLEINE DETAILS MALEN MÖCHTEN, AUCH NOCH EINE 00 ODER 000.

Paletten

Ich habe schon viele unterschiedliche Paletten ausprobiert, aber mit Abstand am liebsten benutze ich einen alten weißen Porzellanteller. Auf der glatten Oberfläche lässt sich leicht mischen, und da er weiß ist und sich nicht verfärbt, sieht man die Farben gut. Vielleicht haben Sie noch einen alten Teller, den Sie nicht mehr benutzen, oder möchten im Secondhandladen auf die Suche gehen. Eine Abreißpalette aus Papier ist praktisch für unterwegs oder wenn Sie sich das Reinigen sparen wollen: Sie reißen einfach das oberste Blatt ab, wenn Sie eine frische Palette brauchen.

Paletten aus Plastik funktionieren auch, sind aber schwieriger zu reinigen und verfärben sich schnell. Ich mag es lieber, wenn ich für das nächste Bild eine ganz saubere Palette habe. Es gibt auch Paletten mit kleinen Fächern, damit die Farben nicht ineinanderlaufen, aber ich bevorzuge eine einfache glatte Fläche. Paletten mit Deckel sind praktisch, um übrig gebliebene Farbe abzudecken und vor dem Austrocknen zu schützen, aber mit Frischhaltefolie erreichen Sie das Gleiche.

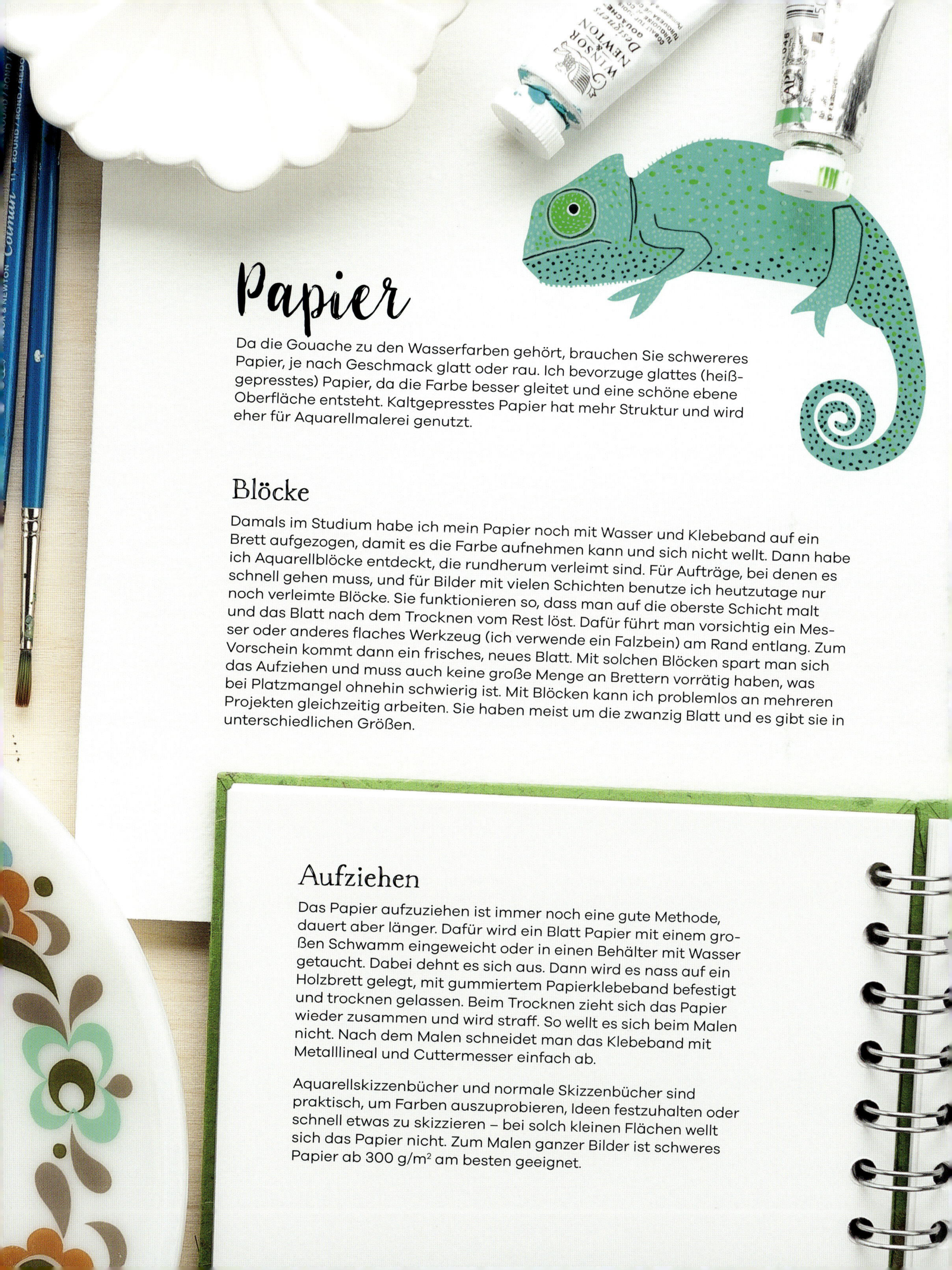

Papier

Da die Gouache zu den Wasserfarben gehört, brauchen Sie schwereres Papier, je nach Geschmack glatt oder rau. Ich bevorzuge glattes (heißgepresstes) Papier, da die Farbe besser gleitet und eine schöne ebene Oberfläche entsteht. Kaltgepresstes Papier hat mehr Struktur und wird eher für Aquarellmalerei genutzt.

Blöcke

Damals im Studium habe ich mein Papier noch mit Wasser und Klebeband auf ein Brett aufgezogen, damit es die Farbe aufnehmen kann und sich nicht wellt. Dann habe ich Aquarellblöcke entdeckt, die rundherum verleimt sind. Für Aufträge, bei denen es schnell gehen muss, und für Bilder mit vielen Schichten benutze ich heutzutage nur noch verleimte Blöcke. Sie funktionieren so, dass man auf die oberste Schicht malt und das Blatt nach dem Trocknen vom Rest löst. Dafür führt man vorsichtig ein Messer oder anderes flaches Werkzeug (ich verwende ein Falzbein) am Rand entlang. Zum Vorschein kommt dann ein frisches, neues Blatt. Mit solchen Blöcken spart man sich das Aufziehen und muss auch keine große Menge an Brettern vorrätig haben, was bei Platzmangel ohnehin schwierig ist. Mit Blöcken kann ich problemlos an mehreren Projekten gleichzeitig arbeiten. Sie haben meist um die zwanzig Blatt und es gibt sie in unterschiedlichen Größen.

Aufziehen

Das Papier aufzuziehen ist immer noch eine gute Methode, dauert aber länger. Dafür wird ein Blatt Papier mit einem großen Schwamm eingeweicht oder in einen Behälter mit Wasser getaucht. Dabei dehnt es sich aus. Dann wird es nass auf ein Holzbrett gelegt, mit gummiertem Papierklebeband befestigt und trocknen gelassen. Beim Trocknen zieht sich das Papier wieder zusammen und wird straff. So wellt es sich beim Malen nicht. Nach dem Malen schneidet man das Klebeband mit Metalllineal und Cuttermesser einfach ab.

Aquarellskizzenbücher und normale Skizzenbücher sind praktisch, um Farben auszuprobieren, Ideen festzuhalten oder schnell etwas zu skizzieren – bei solch kleinen Flächen wellt sich das Papier nicht. Zum Malen ganzer Bilder ist schweres Papier ab 300 g/m² am besten geeignet.

Werkzeuge zum Texturieren

Mit Texturen können Sie Ihre Arbeiten noch lebendiger und interessanter gestalten. Die gute Nachricht: Dafür können Sie praktisch alles verwenden, natürlich auch einfach Pinsel. Nehmen Sie sich einen alten, ausgefransten, trockenen Borstenpinsel, fahren Sie damit durch die Farbe und schauen Sie, was passiert.

Experimentieren Sie mit verschiedenen Werkzeugen. Mit dem Ende eines Wattestäbchens lassen sich bestens Punkte auftupfen, und auch alte Putzlappen, Wattebälle, Drucker-Farbwalzen, Zahnbürsten und Radiergummis erzeugen interessante Effekte.

Es macht Spaß, einfach alles Mögliche auszuprobieren und sich dabei eine Texturensammlung anzulegen, die Sie später entweder als Referenz oder für Collagen verwenden. Sie können Ihre Ergebnisse sogar einscannen und für den Einsatz in Photoshop digitalisieren (siehe Techniken: Digitalisieren).

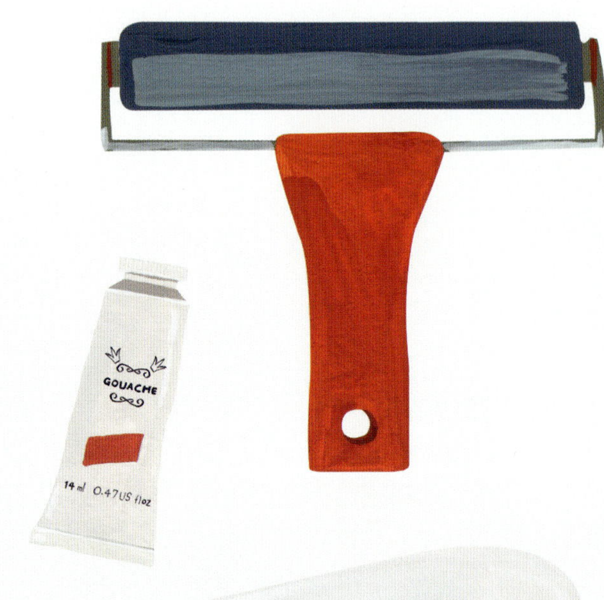

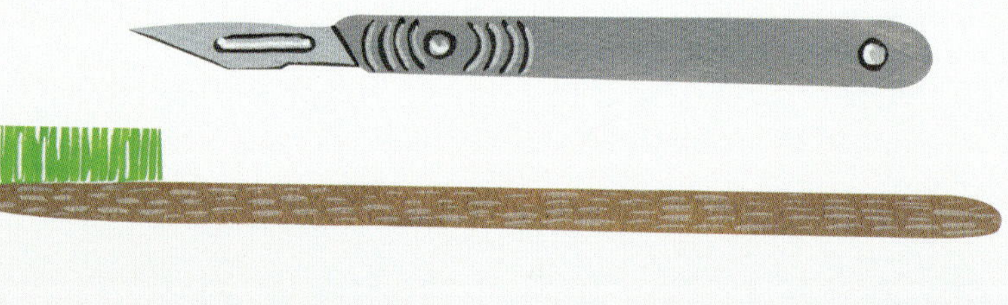

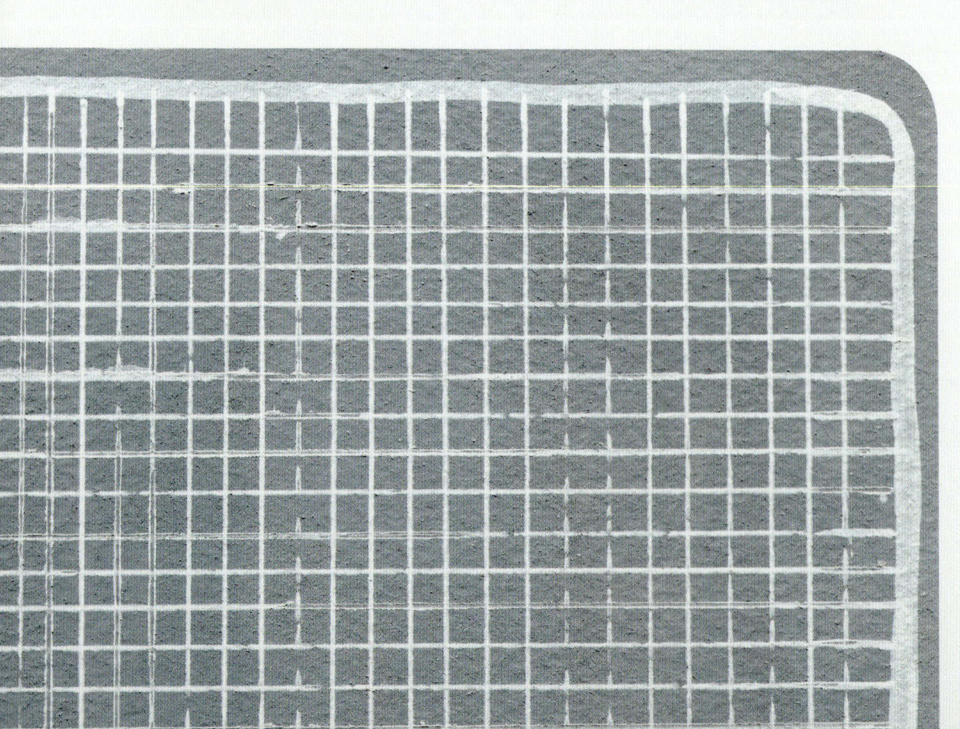

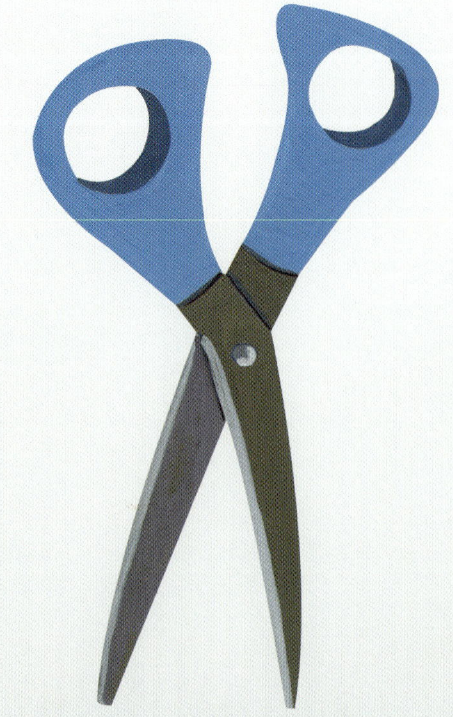

Weitere Tipps

Hier sind noch eine Reihe weiterer Dinge, die sich bei der Arbeit mit Gouache als praktisch erweisen könnten. Manches davon haben Sie bestimmt schon zu Hause. Den Rest bekommen Sie im Künstlerbedarf.

- Skizzenbuch – zum Testen von Farbkombinationen, Skizzieren, Zeichnen, Kritzeln, Stempeln usw.
- Maskierflüssigkeit – zum Abdecken von Bereichen, auf die keine Farbe gelangen soll.
- Maskierklebeband – auch „Kreppband" oder „Papierklebeband", für saubere Kanten oder zum Abkleben des Rands.
- Blei-/Buntstifte – zum Skizzieren oder Einzeichnen von Details am Ende. Sie brauchen ein paar hellere Farben und evtl. einen weißen Wachsstift für dunkle Hintergründe (siehe Techniken: Dunkle Hintergründe).
- Radiergummis – zum Entfernen noch sichtbarer Linien nach dem Malen oder für Skizzen.
- Fixativ – Gouachemalereien können durch Kontakt mit Wasser beschädigt werden. Um dem vorzubeugen, können Sie Ihr fertiges Bild mit einem Glanzmedium oder Fixativspray fixieren. Ich mache das normalerweise nicht, weil auch ein nasses Fixiermittel die Gouachefarbe anlösen und unter Umständen verwischen kann. Außerdem können sich die Farben durch die zusätzliche Schicht leicht verändern.
- Scanner – Wenn Sie Ihre Bilder digital bearbeiten möchten, sei es für Farbanpassungen oder zum Entfernen eines weißen Hintergrunds, benötigen Sie einen Scanner zum Digitalisieren der Bilder.
- Föhn – Gouache trocknet zwar ziemlich schnell, besonders im Warmen, doch wenn Sie es eilig haben, können Sie zwischendurch einen Haartrockner zu Hilfe nehmen, bevor Sie die nächste Schicht auftragen.
- Schere/Cuttermesser – Schneidwerkzeuge für Papier sind praktisch für Collagetechnik.
- Schneidmatte – für besonders sicheres Schneiden von Papier und zum Schutz anderer Oberflächen.
- Ein Brett, gummiertes Klebeband und Aquarellpapier – wenn Sie Ihr Papier selbst aufziehen möchten.
- Gläser – Wassergläser kann man nie genug haben. Ich benutze gern ausgewaschene Marmeladengläser, von denen ich einen großen Vorrat habe. Wenn Sie schon wissen, dass Sie viel mit einer Farbe malen werden, oder mehrere Farben in größerer Menge anmischen müssen, sollten Sie sie in kleinen Behältern mit Deckeln vor dem Austrocknen schützen. Ich habe dafür ausgewaschene alte Gewürzgläschen, aber auch die Saucenbecher vom Lieferdienst funktionieren gut.
- Küchentücher – Ich lege meine Pinsel nach dem Auswaschen flach auf ein Küchentuch, damit das Wasser nicht in den Griff läuft, was die Pinsel mit der Zeit ruinieren würde. Auch überschüssige Farbe lässt sich mit Küchenpapier gut vom Pinsel abnehmen.

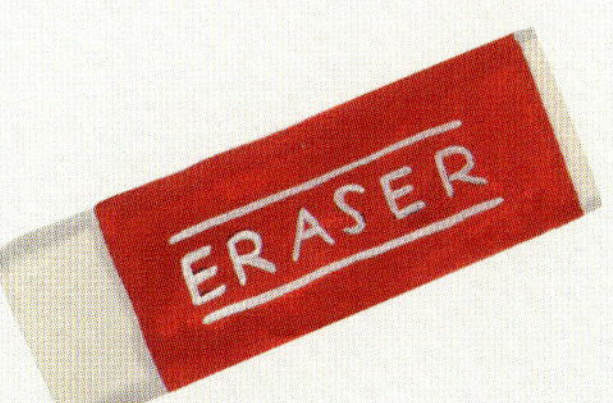

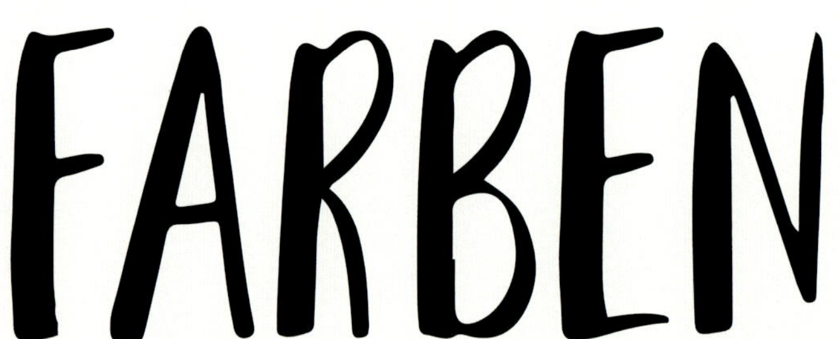

Farben haben etwas Magisches. Sie sind einer der Faktoren, die darüber entscheiden, ob ein Kunstwerk nur ganz gut oder einzigartig ist. Sie können einen Stil oder eine Marke definieren und dafür sorgen, dass wir gleich erkennen, wer ein bestimmtes Bild gemalt hat. Und vor allem: Es macht so viel Freude, mit Farben zu arbeiten!

Farben können Gefühle auslösen, eine Stimmung vermitteln und den Ton angeben. Ich vergleiche die Farben in einem Bild gern mit Musik in einem Film: So, wie im Film mit Musik Gefühle verstärkt werden können, wirken auch die Farben in Ihrem Bild. Sie unterstreichen die Aussage, und die Interaktion zwischen zwei oder drei aneinandergrenzenden Farben kann eine interessante Spannung erzeugen. Also: Keine Hemmungen, seien Sie mutig bei der Farbgebung!

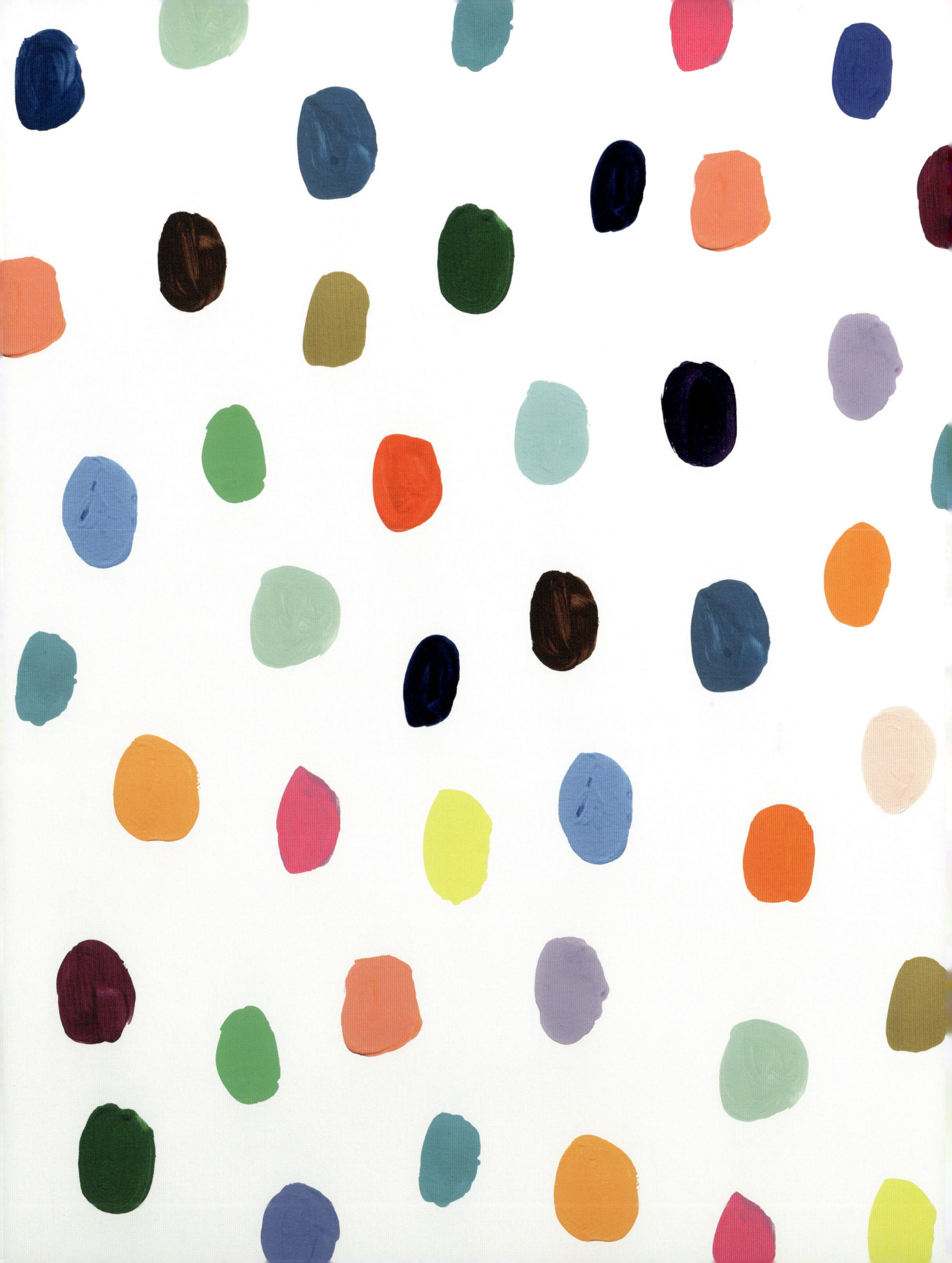

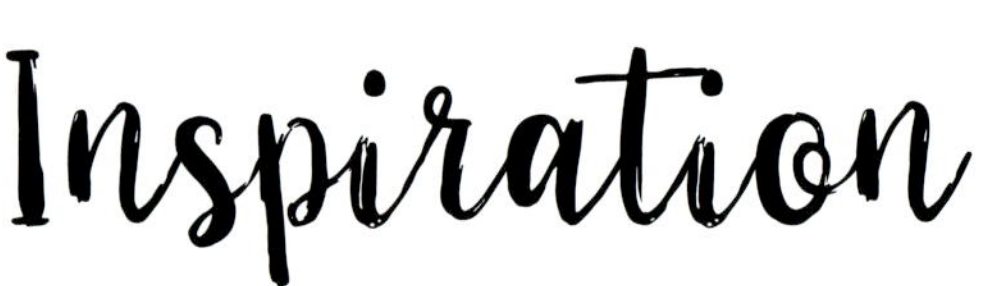

Inspiration

Farbinspiration findet sich überall. Am naheliegendsten ist wohl die Natur. Blumen, Blätterwerk, Vögel und andere Tiere inspirieren mich immer und überall. Mutter Natur versteht es so gut, spektakuläre Farbenspiele zu schaffen.

Was mich außerdem inspiriert: Früchte, historische Textilien und Tapeten, Retro-Schilder und -Verpackungen, Kleidung, Architektur, Interieurs, Sonnenuntergänge, Filme, Reisen, andere Kulturen und Millionen anderer Dinge. Immer, wenn mir etwas ins Auge fällt, fotografiere ich es mit dem Handy.

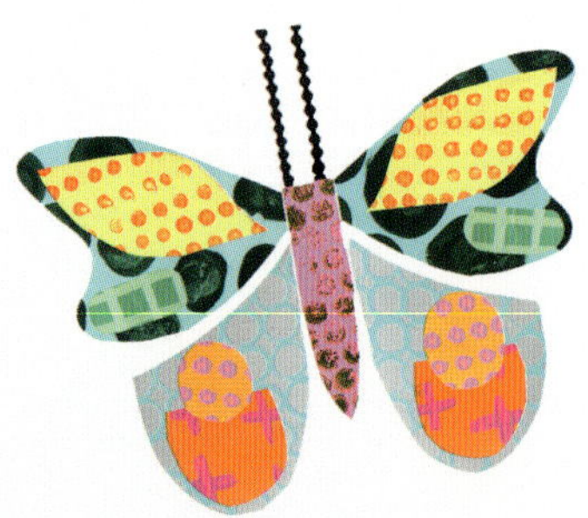

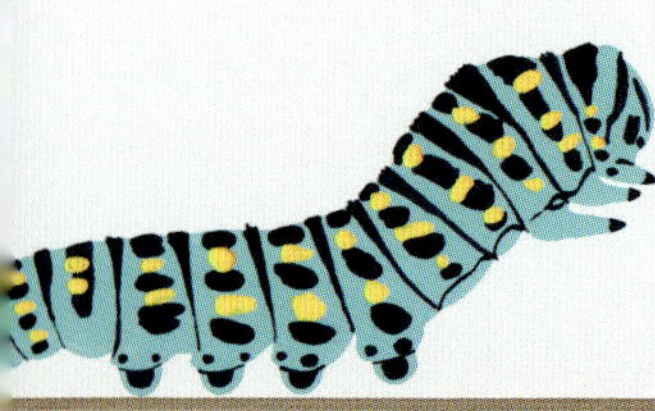

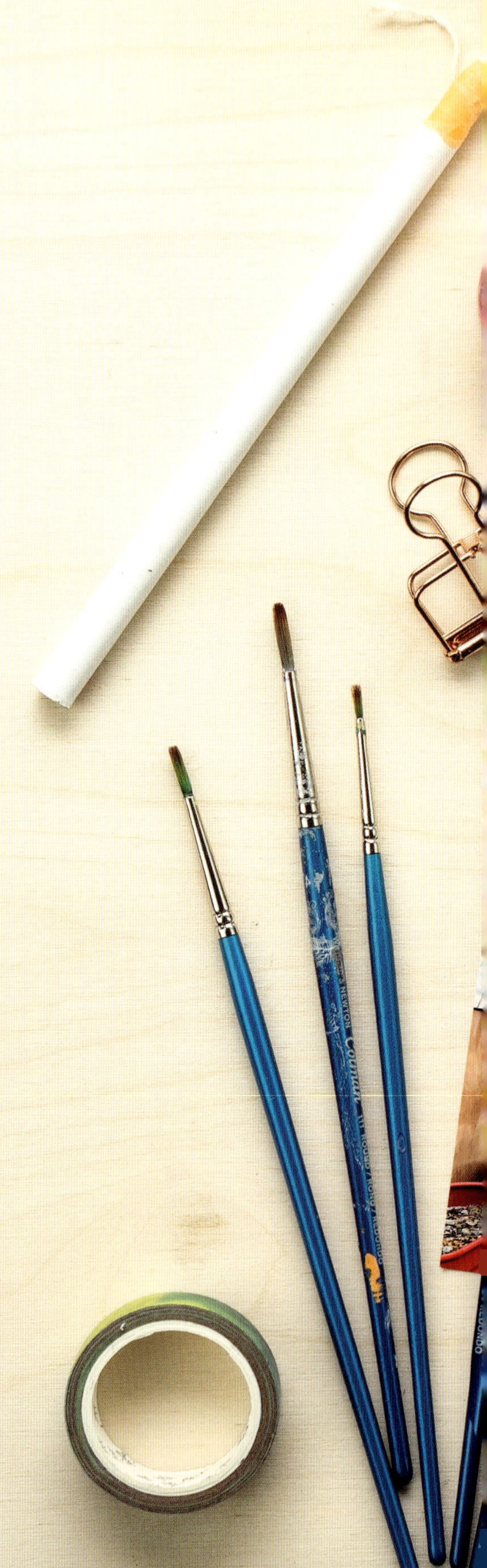

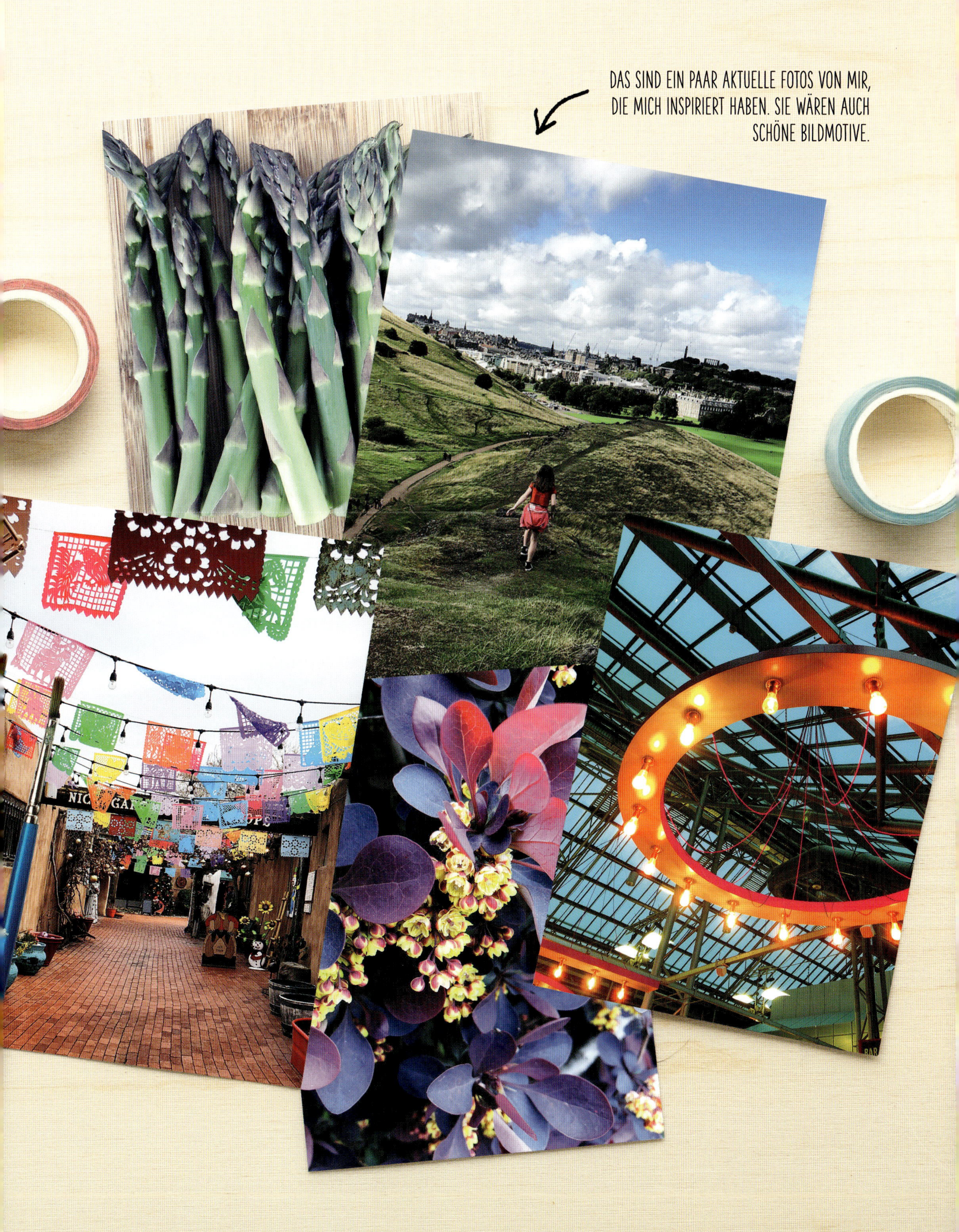

DAS SIND EIN PAAR AKTUELLE FOTOS VON MIR, DIE MICH INSPIRIERT HABEN. SIE WÄREN AUCH SCHÖNE BILDMOTIVE.

Farbenlehre

Um zu verstehen, wie Farben in der Malerei funktionieren, müssen wir sie auf die Grundlagen herunterbrechen. Das erfordert einen kleinen Exkurs in die Theorie, doch keine Sorge, kompliziert ist das nicht. Mit einem guten Verständnis von Farbenlehre wird Ihnen die Gouachemalerei noch mehr Spaß machen, versprochen.

Zuerst möchte ich Ihnen zeigen, wie einfach sich aus nur drei Primärfarben unzählige andere Farben mischen lassen. Dafür muss ich noch etwas erklären.

In der Farbenlehre sind die Farben in einem Farbkreis angeordnet und in drei Kategorien unterteilt. Primärfarben, Sekundärfarben und Tertiärfarben:

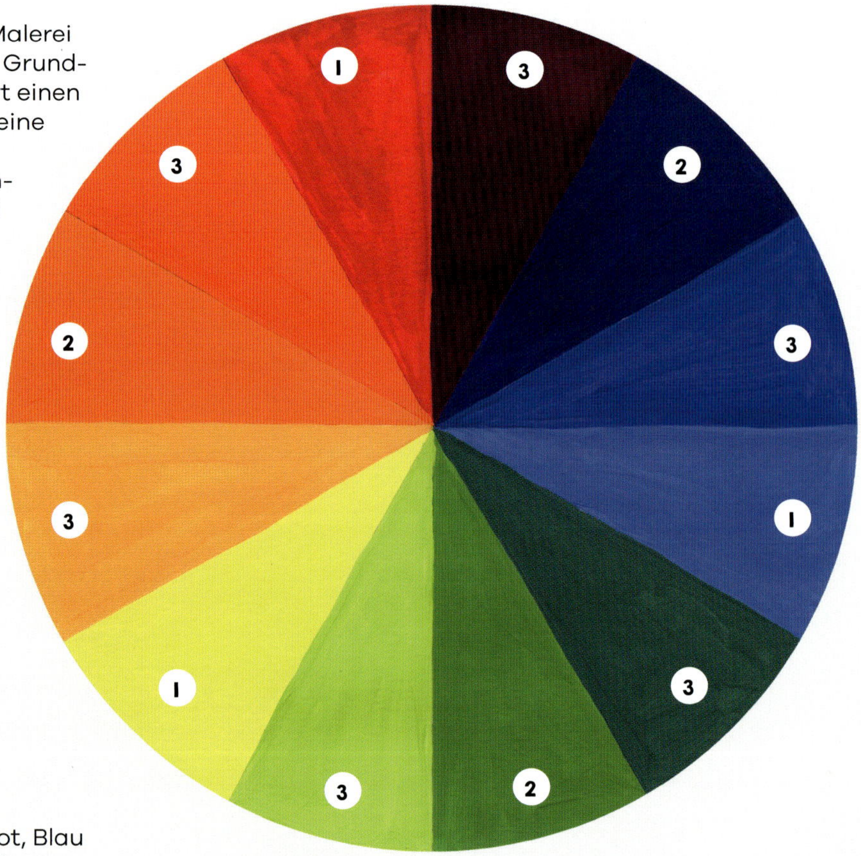

1. Primärfarben – die Eltern

In der Kunst sind die Primärfarben Rot, Blau und Gelb. Auf dem Farbkreis liegen sie an drei gleich weit auseinanderliegenden Punkten. Aus diesen Grundfarben lassen sich fast unendlich viele weitere Farben mischen.

2. Sekundärfarben – die Kinder

Mischt man die Primärfarben untereinander, entstehen drei neue Farben. Grün wird aus Blau und Gelb gemischt, Orange aus Gelb und Rot, Violett aus Rot und Blau.

3. Tertiärfarben – die Enkel

Die restlichen sechs Farben auf dem Kreis entstehen, wenn Primär- und Sekundärfarben gemischt werden.

AM FARBKREIS LASSEN SICH ANALOGE, KOMPLEMENTÄRE UND DISSONANTE FARBEN NACH DER FARBENLEHRE ABLESEN (SIEHE GEGENÜBERLIEGENDE SEITE).

Wie Farben interagieren

Analoge Farben

Farben, die auf dem Farbkreis nahe beieinanderliegen, werden als „analoge Farben" bezeichnet. Sie passen gut zusammen, wirken harmonisch und ruhig.

Komplementärfarben

Farben, die sich auf dem Farbkreis direkt gegenüberstehen, nennt man „Komplementärfarben" – zum Beispiel Blau und Orange, Violett und Gelb, Rot und Grün. Nebeneinander platziert wirken sie sehr lebhaft, vermischt ergeben sie immer Braun.

Dissonante Farben

Dissonante Farben stehen sich auf dem Farbkreis fast, aber nicht ganz gegenüber. Solche Paare wirken meist weder ruhig noch lebhaft, sondern eher interessant und anregend. Ein Beispiel für ein solches Farbpaar wären Orange und das Grünblau zwischen Blau und Grün auf dem Farbkreis. Dissonante Farben wirken gut in Kombination mit neutralen Farben, die nicht im Farbkreis vertreten sind – Schwarz, Weiß oder Grau.

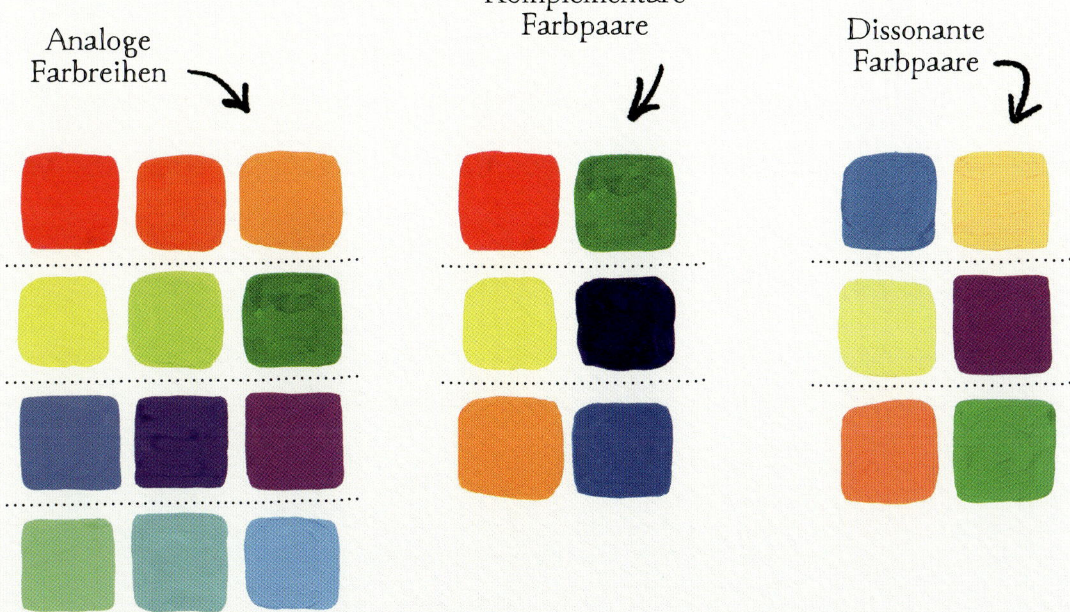

Farben mischen

Durch Beimischung von Schwarz und Weiß zu den Primär-, Sekundär- und Tertiärfarben erhält man unendlich viele Schattierungen und Tönungen. Dabei sind nur ein paar einfache Gesetzmäßigkeiten zu beachten.

Tönungen

Die Farben auf dem Farbkreis werden Farbtöne genannt. Wird Weiß beigemischt, entsteht eine Tönung dieser Farbe, die heller und blasser ist.

Schattierungen

Mischt man eine Farbe hingegen mit Schwarz, entsteht eine dunklere, kräftigere Schattierung. Schwarz aus der Tube schluckt viel Licht und sollte möglichst gemieden werden. Mischen Sie Ihr Schwarz besser selbst aus allen drei Primärfarben. Das ergibt eine fast schwarze/graue Farbe (siehe Farbübung 2). Im folgenden Experiment sehen Sie den Unterschied zwischen gekauftem Schwarz (6) und dem Schwarz, das ich aus Blau, Rot und Gelb gemischt habe (5). Das Schwarz aus der Tube ist viel härter. Ultramarin gemischt mit Umbra gebrannt kann auch ein sehr gutes Schwarz ergeben.

Tönungen anmischen

Hier habe ich verschiedenen Farben nach und nach mehr Weiß zugegeben, um zu zeigen, wie sie sich mit zunehmendem Weißanteil verändern. Für dieses Experiment habe ich Deckweiß benutzt (siehe Gouachefarben mischen: Empfohlene Farben für den Einstieg).

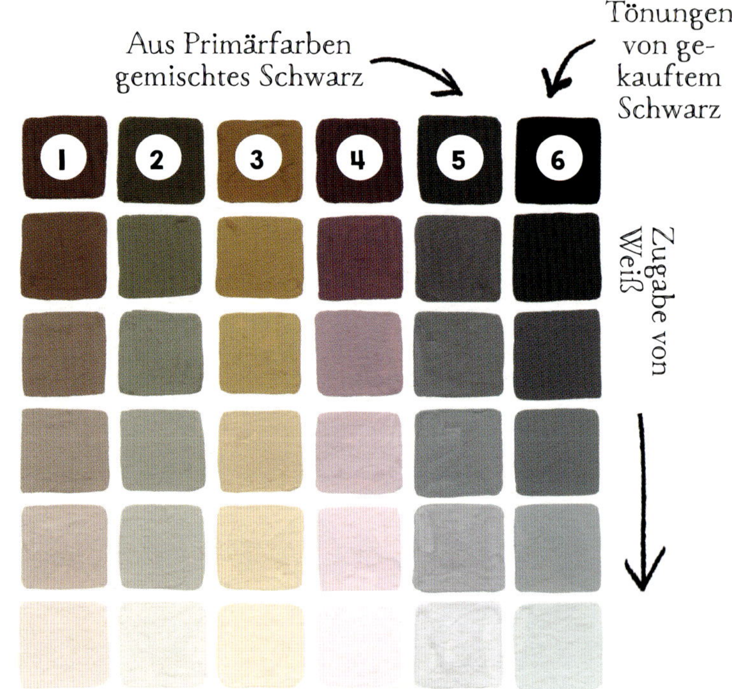

Spalte 1: Braun aus Rot und Grün

Spalte 2: Olivgrün aus Rot und Grün mit mehr Grünanteil

Spalte 3: Hellbraun aus Blau und Orange mit Tendenz zu Orange

Spalte 4: Violett und Gelb mit mehr Violett

Spalte 5: Mein selbst gemischtes Schwarz aus allen drei Primärfarben unter allmählicher Zugabe von mehr Blau, Rot oder Gelb, bis sie sich gegenseitig neutralisiert haben

Spalte 6: Elfenbeinschwarz direkt aus der Tube

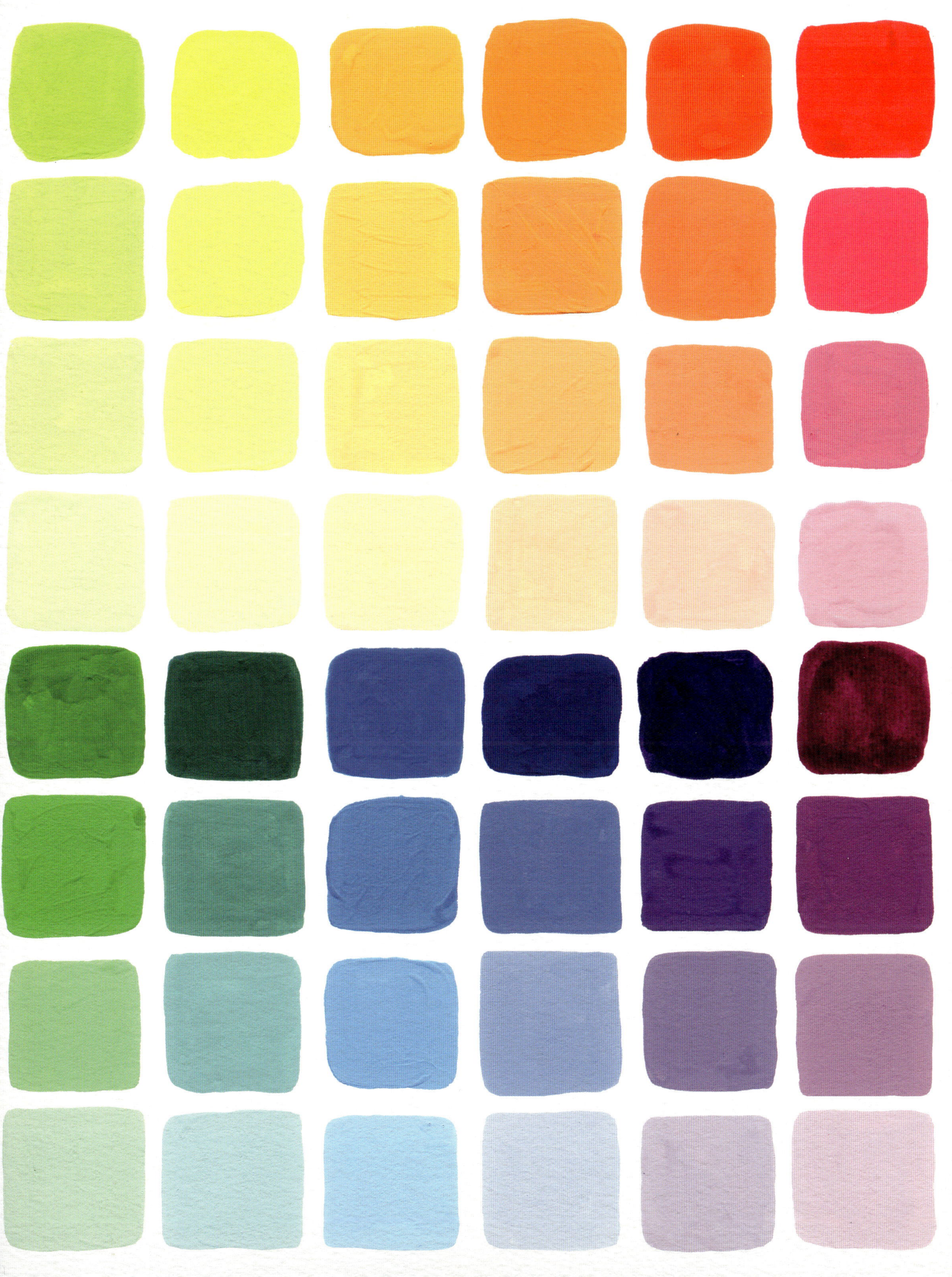

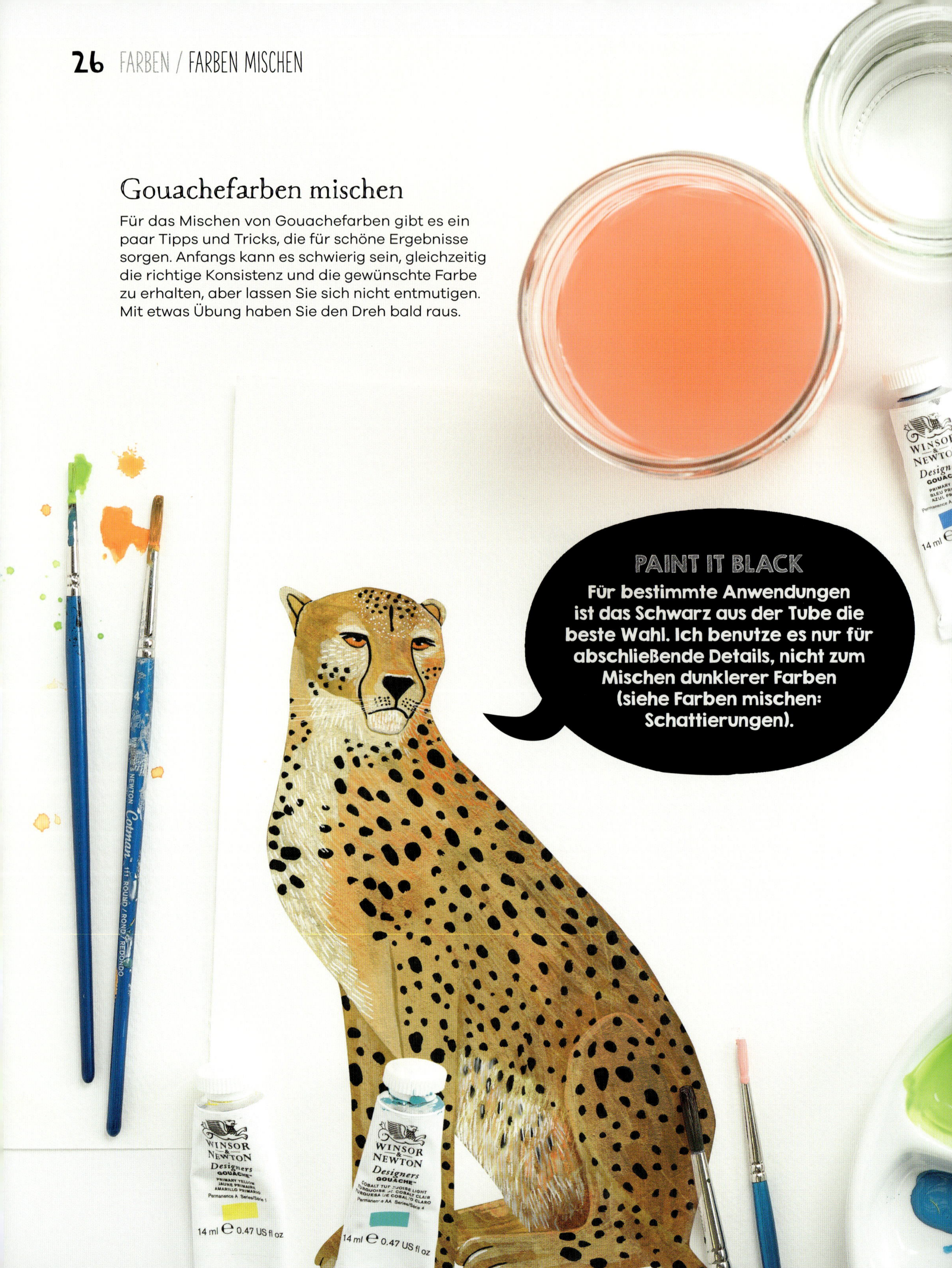

Gouachefarben mischen

Für das Mischen von Gouachefarben gibt es ein paar Tipps und Tricks, die für schöne Ergebnisse sorgen. Anfangs kann es schwierig sein, gleichzeitig die richtige Konsistenz und die gewünschte Farbe zu erhalten, aber lassen Sie sich nicht entmutigen. Mit etwas Übung haben Sie den Dreh bald raus.

PAINT IT BLACK

Für bestimmte Anwendungen ist das Schwarz aus der Tube die beste Wahl. Ich benutze es nur für abschließende Details, nicht zum Mischen dunklerer Farben (siehe Farben mischen: Schattierungen).

Konsistenz

Gouachefarbe verarbeitet man am besten in einer leichten cremigen Konsistenz. Drücken Sie dafür etwas Farbe aus der Tube auf die Palette, und geben Sie mit dem Pinsel sauberes Wasser hinzu, bis die Konsistenz stimmt. Mit noch mehr Wasser können Sie die Gouache auch wie Aquarellfarbe verwenden. Wenn Sie hingegen mehr Struktur und sichtbare Pinselstriche wünschen, fügen Sie einfach weniger Wasser hinzu. Im Laufe der Zeit werden Sie ein Gefühl für die ideale Konsistenz entwickeln. Wenn die Farbe beim Malen eher klebt, ist sie zu dick und braucht mehr Wasser. Der Pinsel soll mühelos über das Papier gleiten. Auf einem separaten Stück Papier oder im Skizzenbuch können Sie die Farben und die Konsistenz testen, bevor Sie den Pinsel auf dem richtigen Bild ansetzen.

Wasser

Ich benutze beim Malen zwei Wassergläser und wechsle das Wasser regelmäßig. Das ist wichtig, damit die Farben beim Mischen nicht trübe werden. In einem Glas wasche ich den Pinsel aus, aus dem anderen hole ich sauberes Wasser zum Mischen.

Menge

Manchmal lässt sich die benötigte Farbmenge nur schwer einschätzen. Das lernt man mit der Zeit, aber ich drücke trotzdem noch manchmal viel zu viel Farbe auf die Palette. Nicht vergessen: Bei Bedarf mehr hinzuzugeben ist viel leichter, als etwas wegzunehmen. Größere Mengen einer Farbe sollten Sie gleich in einem Behälter mit gut schließendem Deckel anmischen, damit Sie ihn später verschließen können (siehe Material & Utensilien: Weitere Tipps). Nachträglich noch einmal den exakt gleichen Farbton zu treffen ist wirklich schwierig.

Empfohlene Farben für den Einstieg

Wenn Sie bei null anfangen, empfehle ich, mindestens die Primärfarben Rot (Magenta), Blau (Cyan) und Gelb anzuschaffen, entweder im Set oder einzeln. Zusätzlich finde ich Deckweiß und Zinkweiß ganz wichtig. Deckweiß deckt am besten, wie der Name schon sagt, und eignet sich damit sehr gut für Details und um ganz zum Schluss Lichter zu setzen. Zinkweiß ist transparenter und eignet sich besser zum Mischen. Wenn es Ihr Budget hergibt, können Sie sich noch Gelbocker, Siena gebrannt, Preußischblau und ein kräftiges Opernpink zulegen. Aber nicht vergessen: Mit den Primärfarben und Weiß lassen sich auch schon Hunderte Farben mischen!

Mit Farben üben

Farbübung 1:
Einen Farbkreis malen

Bei dieser Übung mischen wir Sekundär- und Tertiärfarben aus Primärfarben. Sie werden staunen, was die drei Grundfarben alles können.

1. Zeichnen Sie mithilfe eines Zirkels oder kleinen Tellers einen Kreis. Unterteilen Sie diesen in zwölf gleich große „Tortenstücke".

2. Drücken Sie etwas Primärrot aus der Tube auf Ihre Palette. Fügen Sie für die richtige Konsistenz etwas Wasser hinzu (siehe Farbe: Farben mischen), und malen Sie damit eine der dreieckigen Flächen aus. Lassen Sie drei Dreiecke leer und malen Sie das vierte dann mit Primärblau aus. Überspringen Sie wieder drei Flächen und malen Sie die vierte mit Primärgelb aus.

3. Mischen Sie auf der Palette Violett aus Rot und Blau und malen Sie damit die Fläche genau in der Mitte zwischen Blau und Rot aus. Wiederholen Sie dasselbe mit Blau und Gelb für die grüne Fläche und mit Rot und Gelb, um Orange hinzuzufügen. Achten Sie darauf, die Farben ausgewogen anzumischen – nicht zu rot, zu blau oder zu gelb.

4. Zum Schluss mischen Sie die Tertiärfarben aus den Sekundärfarben (Grün, Violett und Orange), indem Sie ein klein wenig mehr von der jeweiligen Primärfarbe hinzugeben. Malen Sie dann die entsprechenden Flächen aus.

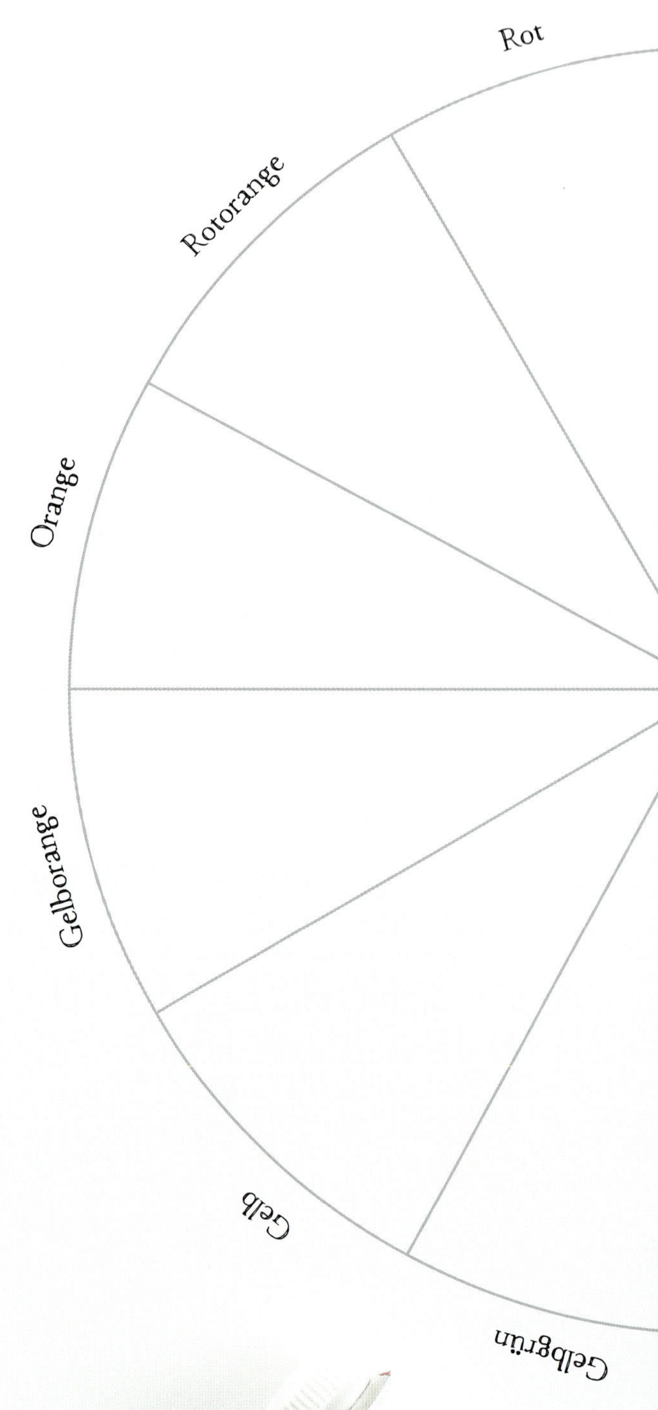

Rotviolett

Violett

Blauviolett

Blau

Blaugrün

Grün

Farbübung 2:
Schwarz anmischen

Versuchen Sie, aus allen drei Primärfarben Schwarz zu mischen. Am Anfang kommt wahrscheinlich eine deutlich blaue oder rote Farbe dabei heraus. Dann muss zum Neutralisieren etwas von den anderen Farben hinzugefügt werden. Wenn Sie mit Ihrem Schwarz zufrieden sind, könnten Sie nach und nach noch Weiß hinzugeben, um zu testen, wie neutral Ihr Schwarz ist (siehe Farbe: Farben mischen).

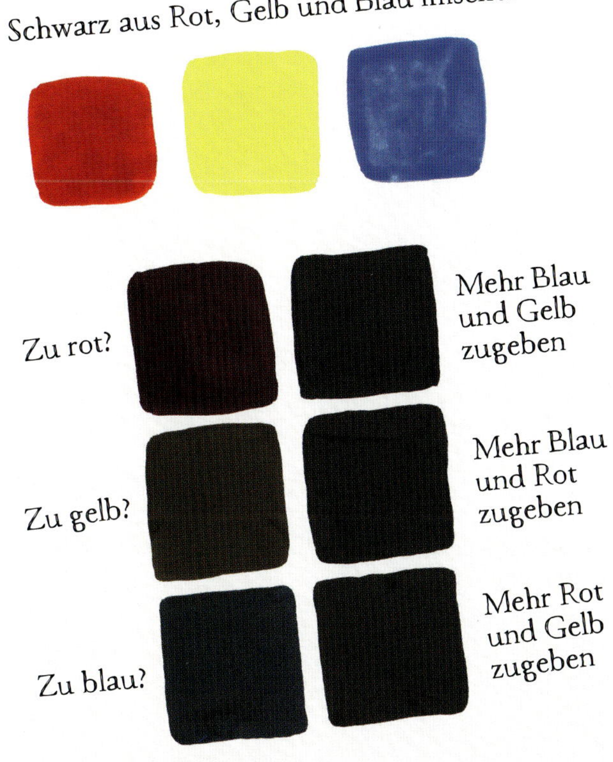

Möchten Sie noch mehr Farben mischen, bevor Sie mit dem Malen anfangen? Zeichnen Sie ein Raster und mischen Sie Farben, Tönungen und Schattierungen, wie im Experiment unter „Farben mischen“ gezeigt. Solche Übungen sind eine gute Vorbereitung auf das Malen und können als Referenz aufbewahrt werden.

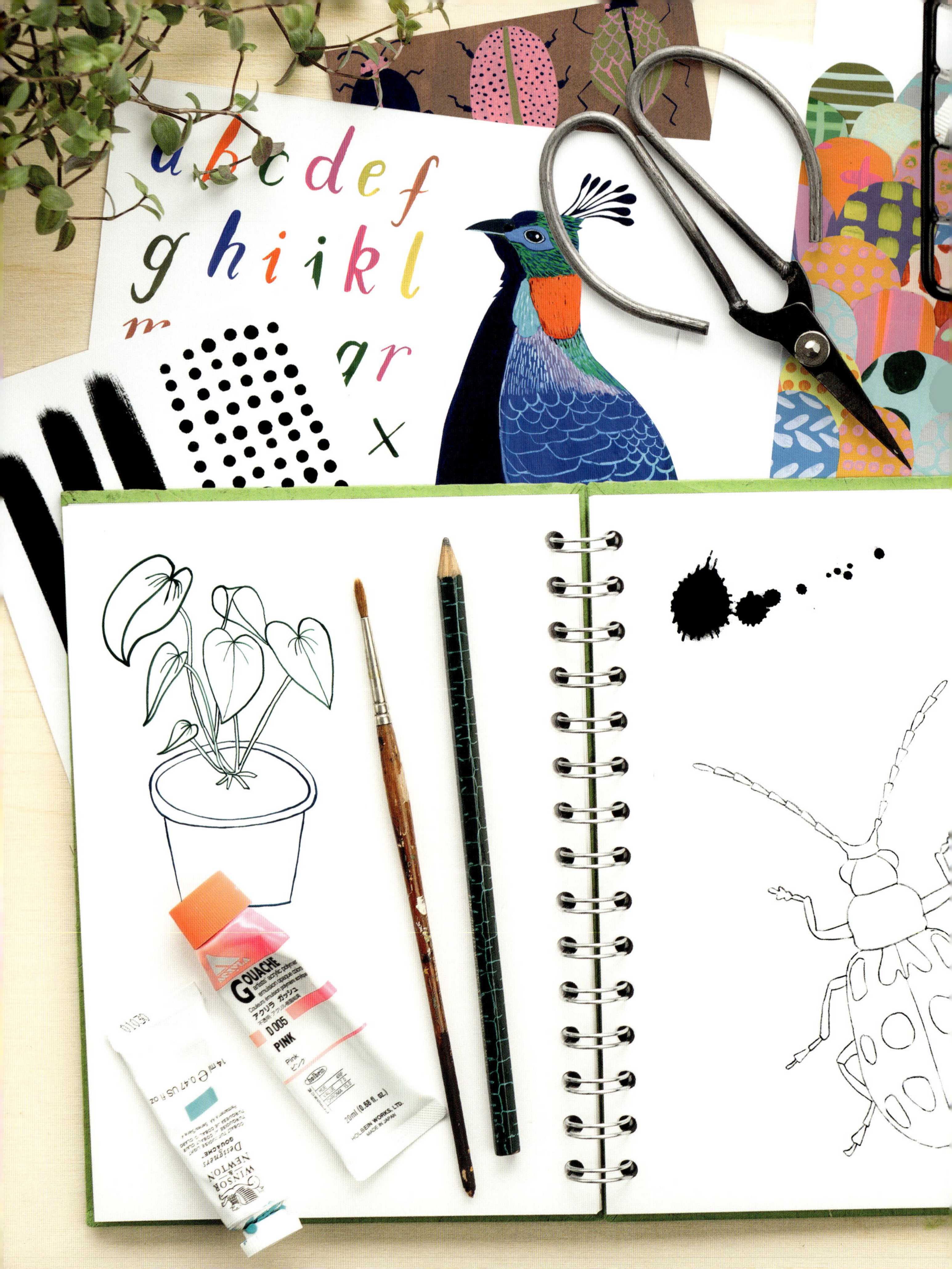
a b c d e f
g h i i k l
GOUACHE
D005
PINK
20ml (0.68 fl. oz)
HOLBEIN WORKS, LTD.
MADE IN JAPAN

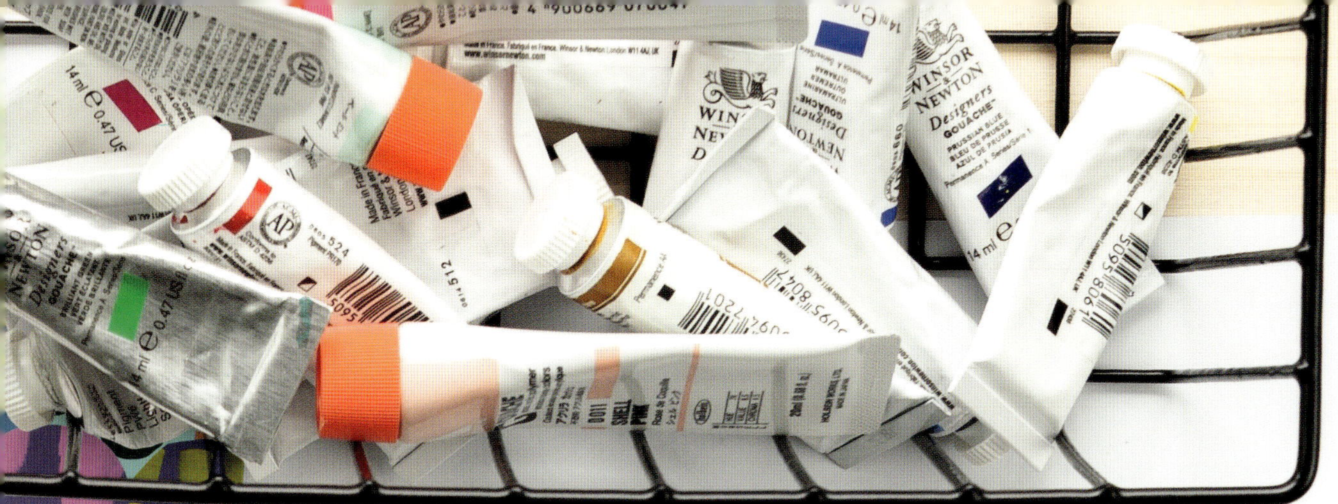

TECHNIKEN

Auf den nächsten Seiten zeige ich Ihnen verschiedene Techniken, die ich beim Arbeiten mit Gouache einsetze. Einige davon, wie Skizzieren und Digitalisieren, haben zwar nichts mit Malerei an sich zu tun, gehören aber zu meiner Vorgehensweise. In meinen Werken setze ich sehr gern Mischtechnik ein.

Zu jeder Technik gibt es eine kleine Übung für Sie, bei der Sie das Medium ausprobieren können.

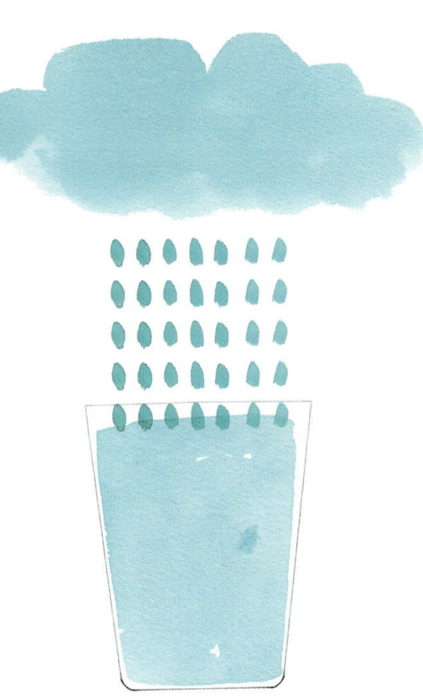

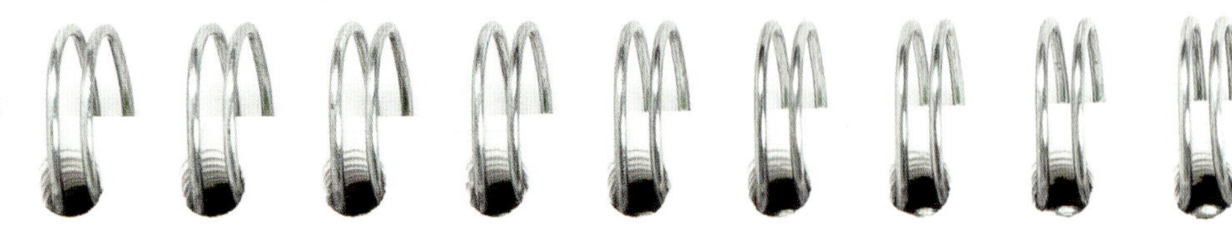

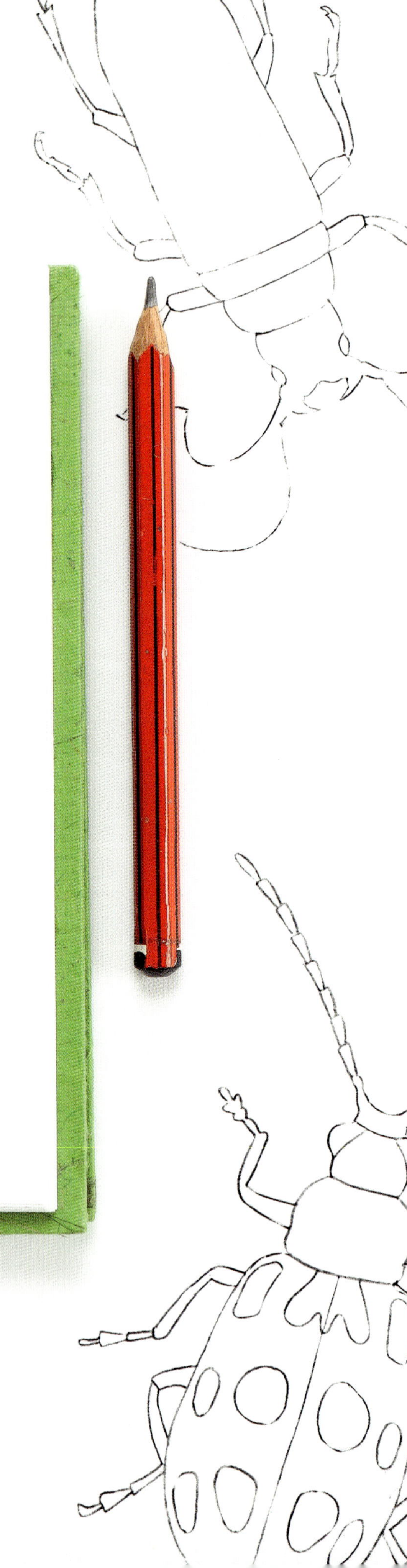

Skizzieren

Zum Skizzieren brauchen Sie nichts weiter als Papier, Bleistift und Radiergummi. Ich benutze am liebsten Druckbleistifte der Stärke 0,5 oder 0,7 mm, denn die muss ich nie spitzen. Außerdem haben sie einen praktischen Radiergummi am Ende, mit dem sich kleine Stellen schnell korrigieren lassen.

Ich skizziere meine Motive meist, bevor ich mit dem Malen anfange, um schon einmal die grobe Form festzuhalten. Details zeichne ich dabei noch nicht. Die Spontaneität kommt beim Malen selbst, nicht beim Skizzieren, und solange Sie nicht mit stark verdünnter Farbe arbeiten, verschwinden die Bleistiftlinien sofort beim Darübermalen.

Mit der Skizze zeichne ich nur die allgemeine Form vor, es ist keine detaillierte Zeichnung. Ich nutze oft Fotos als Vorlage, male aber auch vom lebenden Modell.

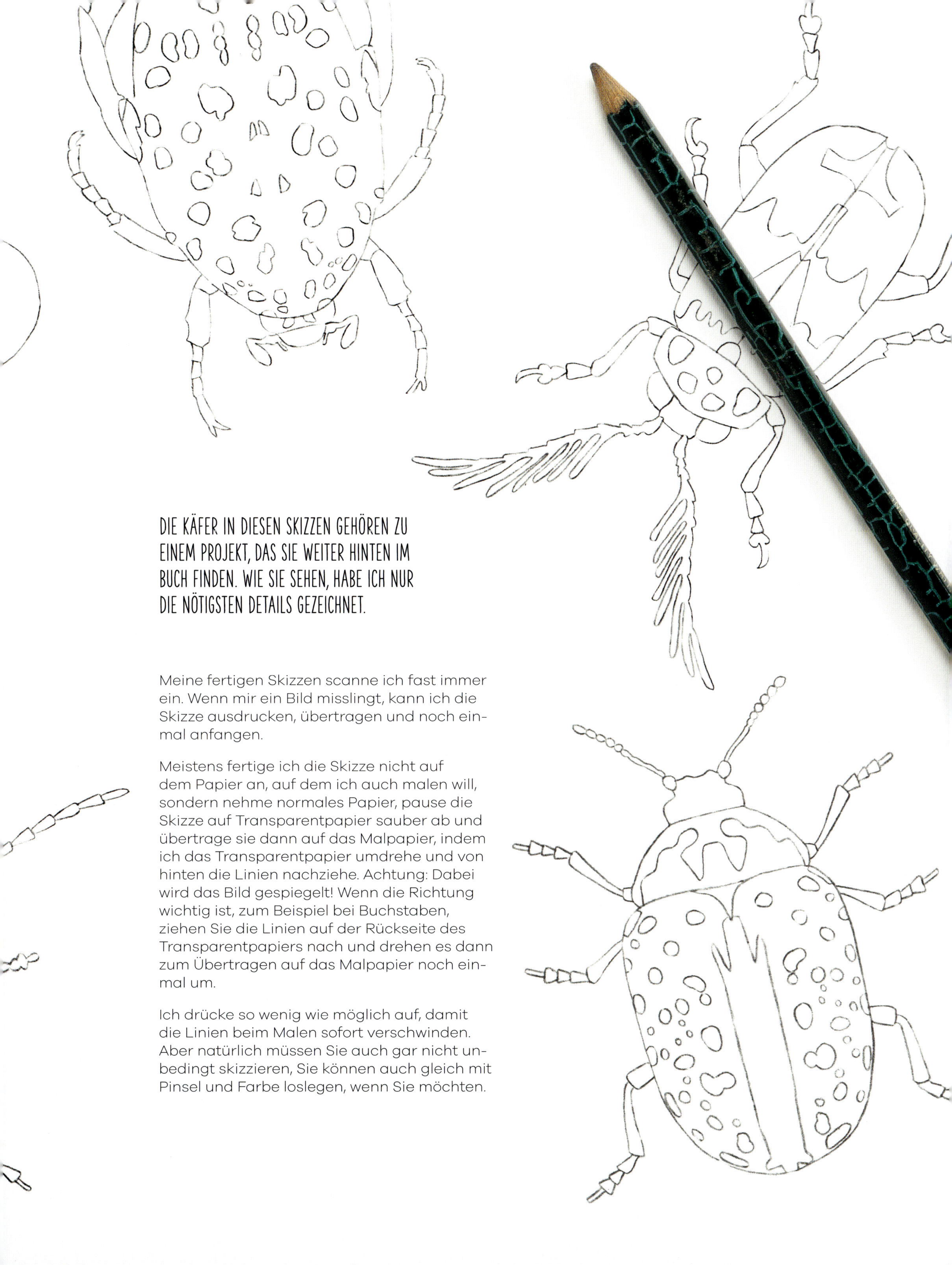

DIE KÄFER IN DIESEN SKIZZEN GEHÖREN ZU EINEM PROJEKT, DAS SIE WEITER HINTEN IM BUCH FINDEN. WIE SIE SEHEN, HABE ICH NUR DIE NÖTIGSTEN DETAILS GEZEICHNET.

Meine fertigen Skizzen scanne ich fast immer ein. Wenn mir ein Bild misslingt, kann ich die Skizze ausdrucken, übertragen und noch einmal anfangen.

Meistens fertige ich die Skizze nicht auf dem Papier an, auf dem ich auch malen will, sondern nehme normales Papier, pause die Skizze auf Transparentpapier sauber ab und übertrage sie dann auf das Malpapier, indem ich das Transparentpapier umdrehe und von hinten die Linien nachziehe. Achtung: Dabei wird das Bild gespiegelt! Wenn die Richtung wichtig ist, zum Beispiel bei Buchstaben, ziehen Sie die Linien auf der Rückseite des Transparentpapiers nach und drehen es dann zum Übertragen auf das Malpapier noch einmal um.

Ich drücke so wenig wie möglich auf, damit die Linien beim Malen sofort verschwinden. Aber natürlich müssen Sie auch gar nicht unbedingt skizzieren, Sie können auch gleich mit Pinsel und Farbe loslegen, wenn Sie möchten.

Finden Sie Ihren eigenen Skizzierstil:

Holen Sie sich drei oder mehr Gegenstände aus Ihrer Küche und skizzieren Sie sie mit Bleistift im Skizzenbuch oder einfach auf Druckerpapier. Das können Saucenflaschen, Gewürzdöschen, Tassen oder Kochutensilien sein. Wenn Ihnen das als Motiv nicht zusagt, suchen Sie etwas anderes nach Ihrem Geschmack. Zeichnen Sie manche mit nur einer durchgehenden Linie und andere etwas detaillierter. Dabei nähern Sie sich Ihrem persönlichen Stil an und merken, was Ihnen liegt.

Lasieren

Das Tolle an Gouache ist, dass die Farbe fast unendlich verdünnt werden kann und dann wie Aquarell wirkt. Sie muss nicht immer gleichmäßig deckend aufgetragen werden. Je mehr Wasser Sie zur Farbe geben, desto weiter verteilen sich die Pigmente, was den durchsichtigen („lasierenden") Effekt erzeugt, der wie mit Aquarellfarbe gemalt wirkt. Für eine solche Lasur ist nur ganz wenig Farbe nötig.

Lasuren mit Gouachefarbe finde ich sehr hübsch. Sie können die verdünnte Farbe auf feuchtes Papier auftragen oder mit einem großen Pinsel einen schönen Hintergrund malen. Überlegen Sie, wo in Ihrem Bild Sie Transparenz brauchen – zum Beispiel zum Darstellen von Flüssigkeiten.

WOLKE, REGEN UND GLASINHALT HABE ICH MIT WENIG EISBLAU GEMALT UND DIE GLASFORM DANN MIT BLEISTIFT EINGEZEICHNET.

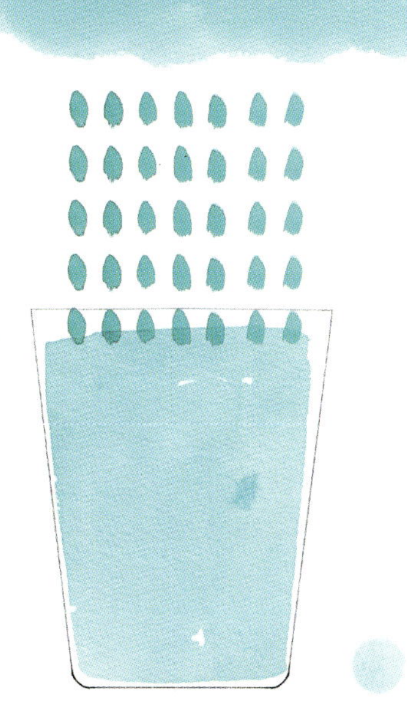

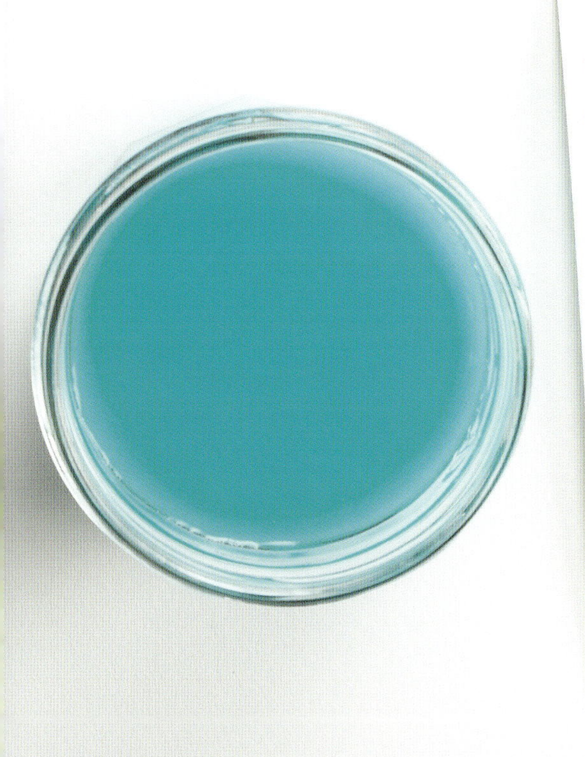

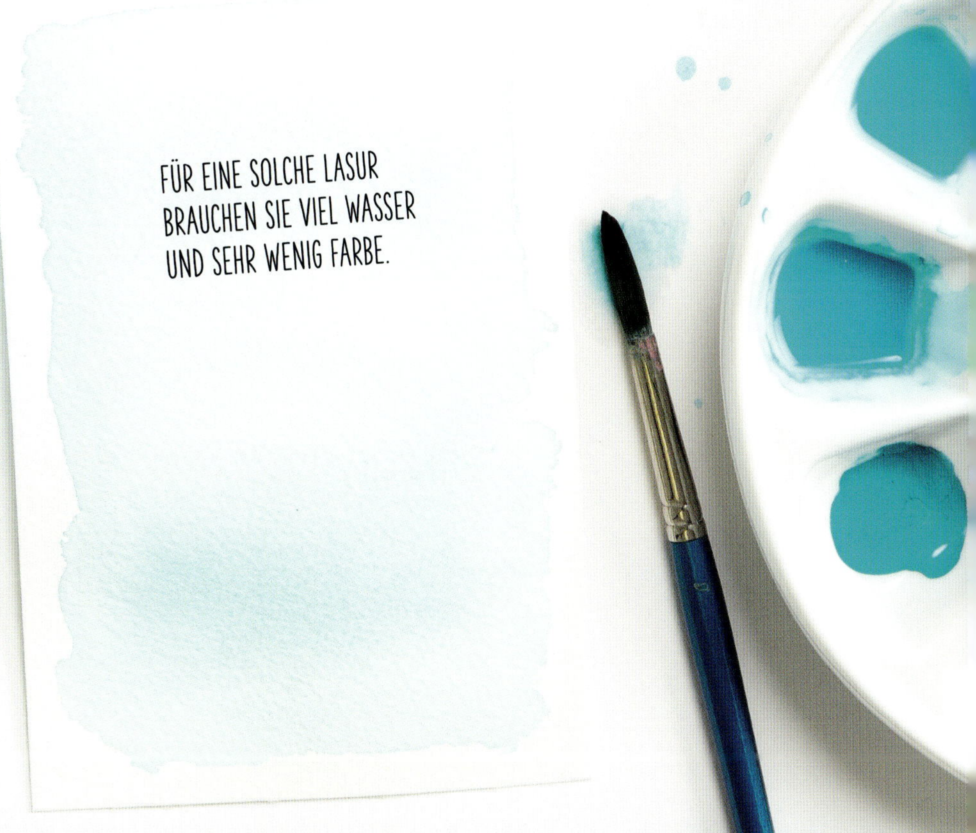

FÜR EINE SOLCHE LASUR BRAUCHEN SIE VIEL WASSER UND SEHR WENIG FARBE.

Keine Angst vor dem leeren Blatt

Wenn ich ein Bild anfange, lege ich zuerst mit verdünnter Farbe die Formen an. Nachdem die erste Schicht getrocknet ist, folgen deckendere Schichten. Wenn Sie das leere Blatt einschüchtert, tragen Sie vor oder nach dem Skizzieren erst einmal dünne Lasuren auf. Danach geht es meist von ganz allein weiter.

ZU VIEL WASSER?

Überschüssiges Wasser nehmen Sie mit einer Küchentuchecke oder einem Wattestäbchen auf. Die Farbe wird dabei ganz schnell aufgesaugt.

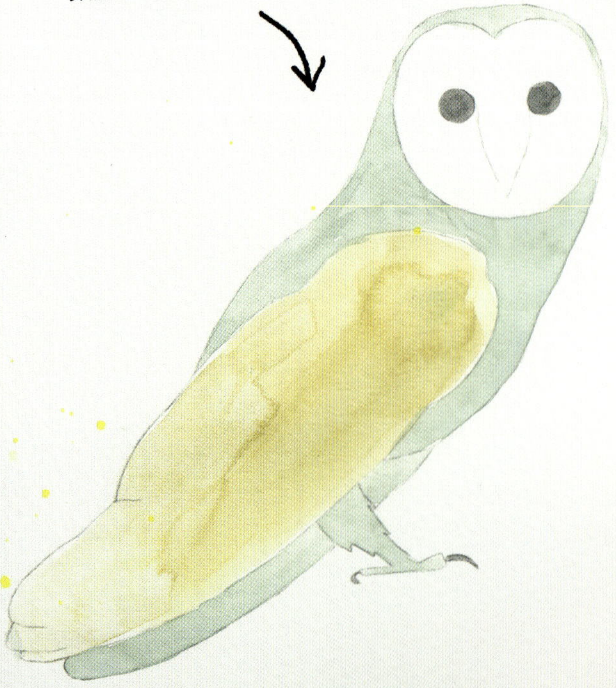

DIESE EULE HABE ICH MIT EINER DÜNNEN LASUR ANGEFANGEN. DABEI TRETEN DIE FLÄCHEN KLARER HERVOR, UND DARAUF KANN ICH DANN AUFBAUEN.

1. Diesen Pilz habe ich lasierend gemalt. Die Details auf dem Stiel sind mit weißem Gelstift entstanden.

2. Lasuren eignen sich wunderbar als durchscheinender Hintergrund für Strichzeichnungen. An manchen Stellen läuft die Farbe zusammen und erzeugt einen interessanten wässrigen Effekt.

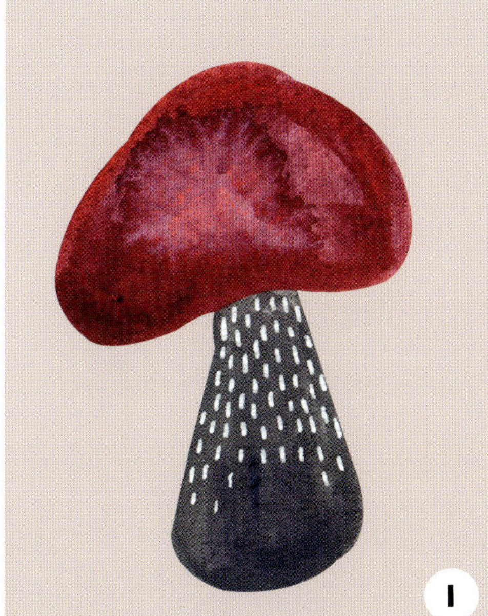

1

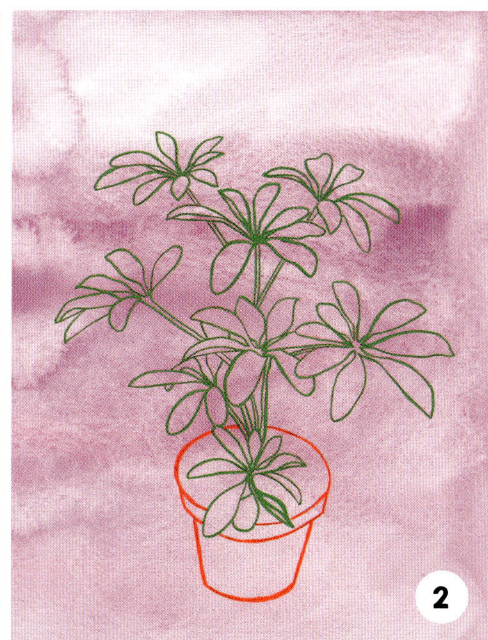

2

Alles fließt

Zeichnen Sie grob vier bis sechs Rechtecke auf ein Blatt Aquarellpapier. Mit einem großen Pinsel füllen Sie dann jedes mit einer anderen Lasur. Wechseln Sie die Farben, und experimentieren Sie mit unterschiedlich starker Verdünnung. Versuchen Sie, Farben ineinander übergehen zu lassen. Lassen Sie nach dem Trocknen mit einem Pinsel Wasser auf ein Rechteck tropfen. Sie können auch ein Karomuster malen und beobachten, wie sich die Farbe an den überlappenden Stellen verhält.

3. Zwei nebeneinander aufgetragene Farben auf kaltgepresstem, rauem Papier.

4. Ein zweifarbiges Karomuster zum Testen, wie die transparente Farbe reagiert.

5. Hier habe ich eine grüne Lasur trocknen lassen, dann Wasser darauf getropft und die Tropfen mit einem Wattestäbchen aufgenommen.

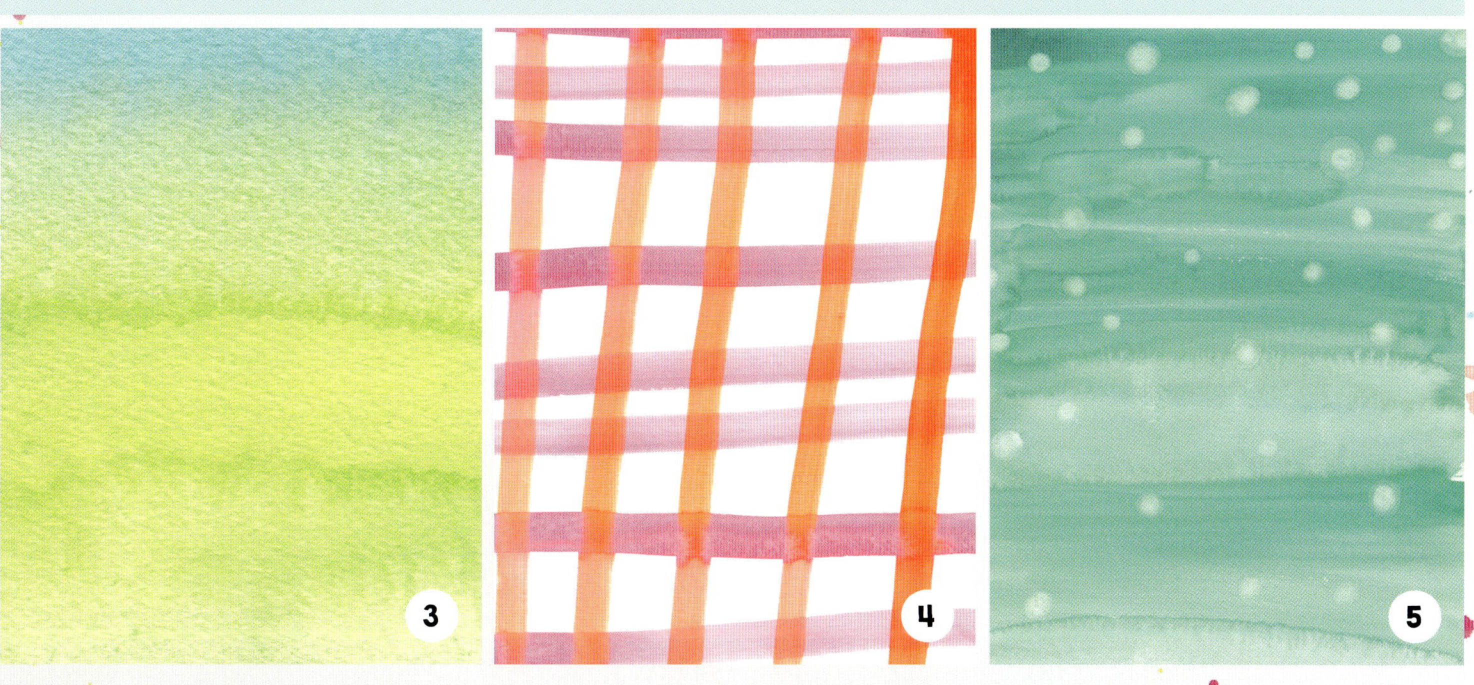

3 4 5

Prägestift

Muster

Muster bringen eine interessante Struktur und Tiefe in Ihre Bilder. Sie können dafür einfach unterschiedliche Pinselstärken und -formen einsetzen, aber auch mit ganz unkonventionellen Utensilien wild drauflosstempeln.

Die Technik wird auch als „Mark Making" bezeichnet, und besonders beliebt sind kontrastreiche Schwarz-Weiß-Muster. Die können Sie später auch gut einscannen und bei Bedarf digital über Ihre Bilder legen. Für Collagen bemale ich sehr gern ganze Blätter mit farbenfrohen Mustern.

dicker Pinsel

Gummiband

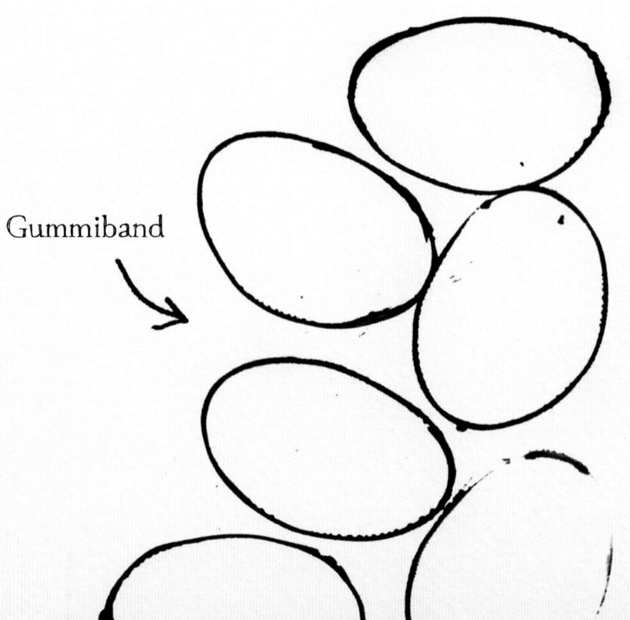

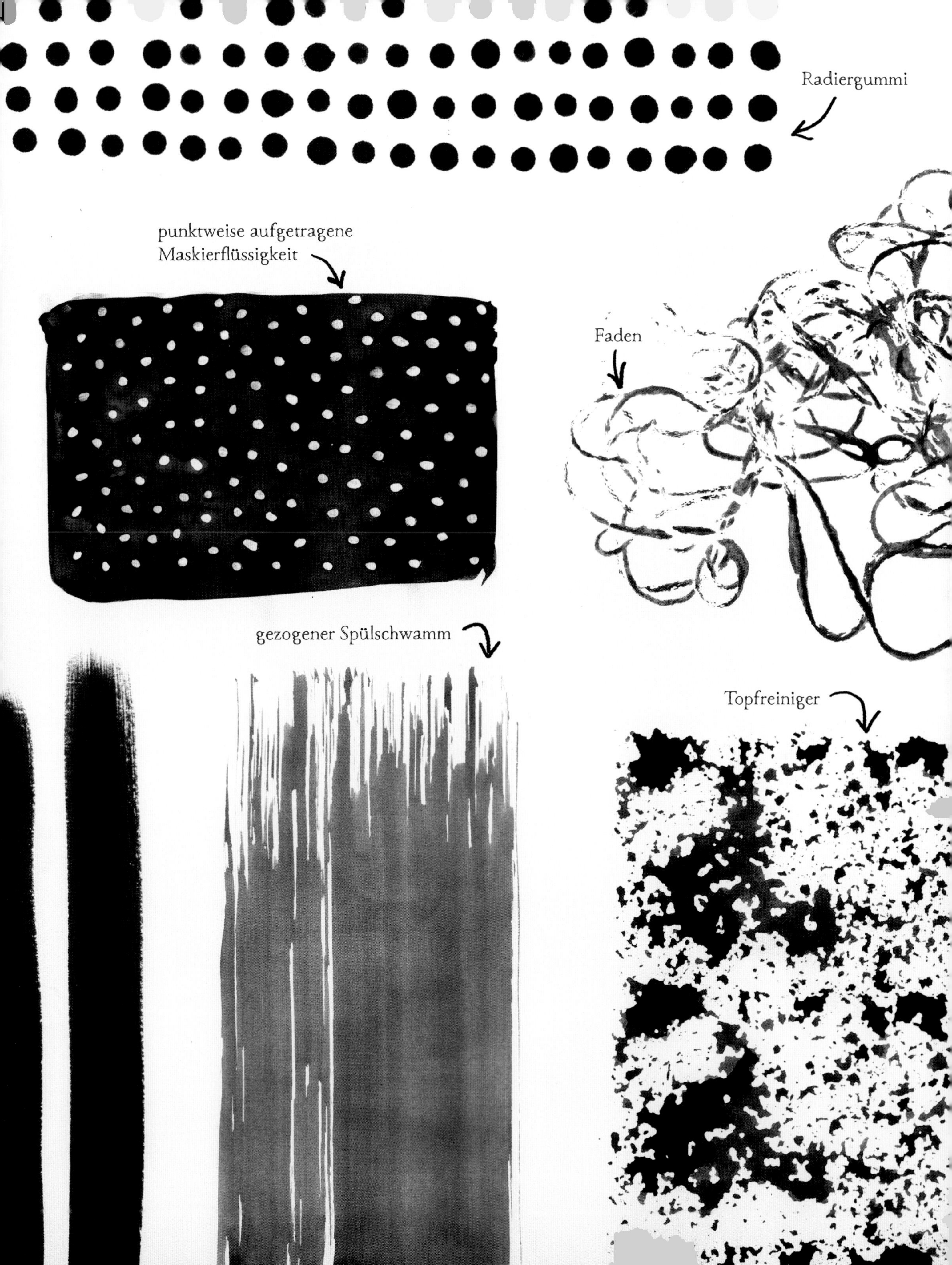
Radiergummi
punktweise aufgetragene
Maskierflüssigkeit
Faden
gezogener Spülschwamm
Topfreiniger

Etwas Farbe dazu ...

Für die folgenden Muster habe ich verschiedenste Gegenstände verwendet, die ich zu Hause gefunden habe. Ich habe die Blätter einfarbig bemalt, sie trocknen lassen und dann mit einer anderen Farbe sozusagen „bedruckt". Weiter hinten im Buch benutze ich etwas von diesem bunten Papier für eine abstrakte Collage (siehe Techniken: Collage).

Wie Sie sehen, können Sie mit ganz alltäglichen Dingen interessante Effekte erzielen. Viel Spaß beim kreativen Experimentieren!

1. Türkise Kreise auf Grau

Unterseite eines Weinstopfens aus Gummi.

2. Rosa Punkte auf Orange

Wattestäbchen, in Farbe getunkt und auf das Papier gedrückt.

3. Türkis auf Hellgelb

Zahnbürste, auf das Blatt geklopft und dann zum Verreiben benutzt.

4. Rot auf hellem Lachsrosa

Sehr dicker Pinsel, in Farbe getaucht und dann immer wieder auf das Blatt getupft.

5. Hellblaue Streifen auf Grün

Dünner Pinsel, über das Blatt gezogen.

6. Dunkelgrün auf Türkis

Mittelgroßer Pinsel, senkrecht aufgesetzt und dann kreisen lassen.

7. Hellblau auf Grau

Geknülltes, in Farbe getunktes Küchenpapier, auf das Papier getupft und dann reibend eingesetzt.

8. Grüne Punkte auf Rosa

Luftpolsterfolie, bestrichen und auf das Papier gedrückt.

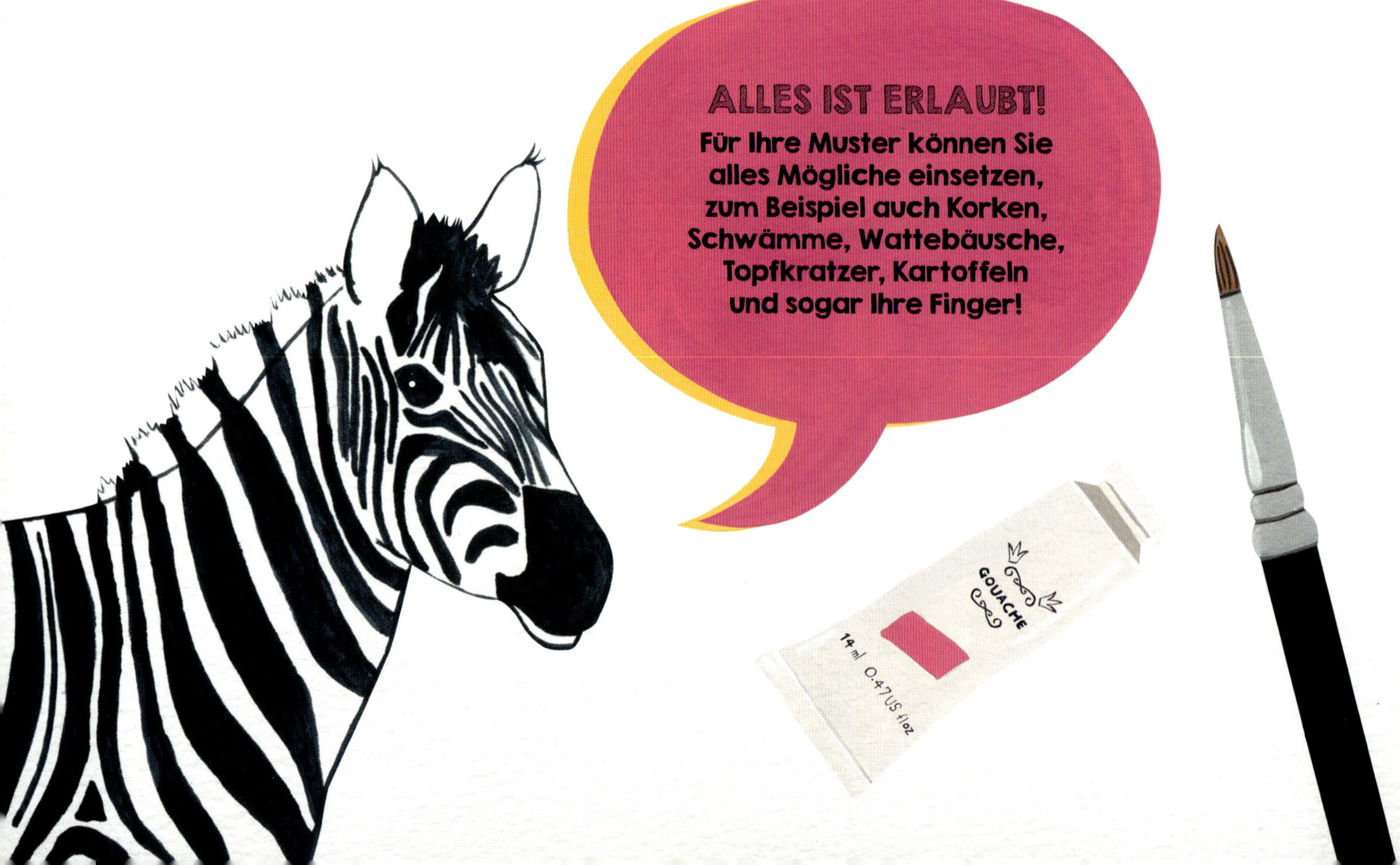

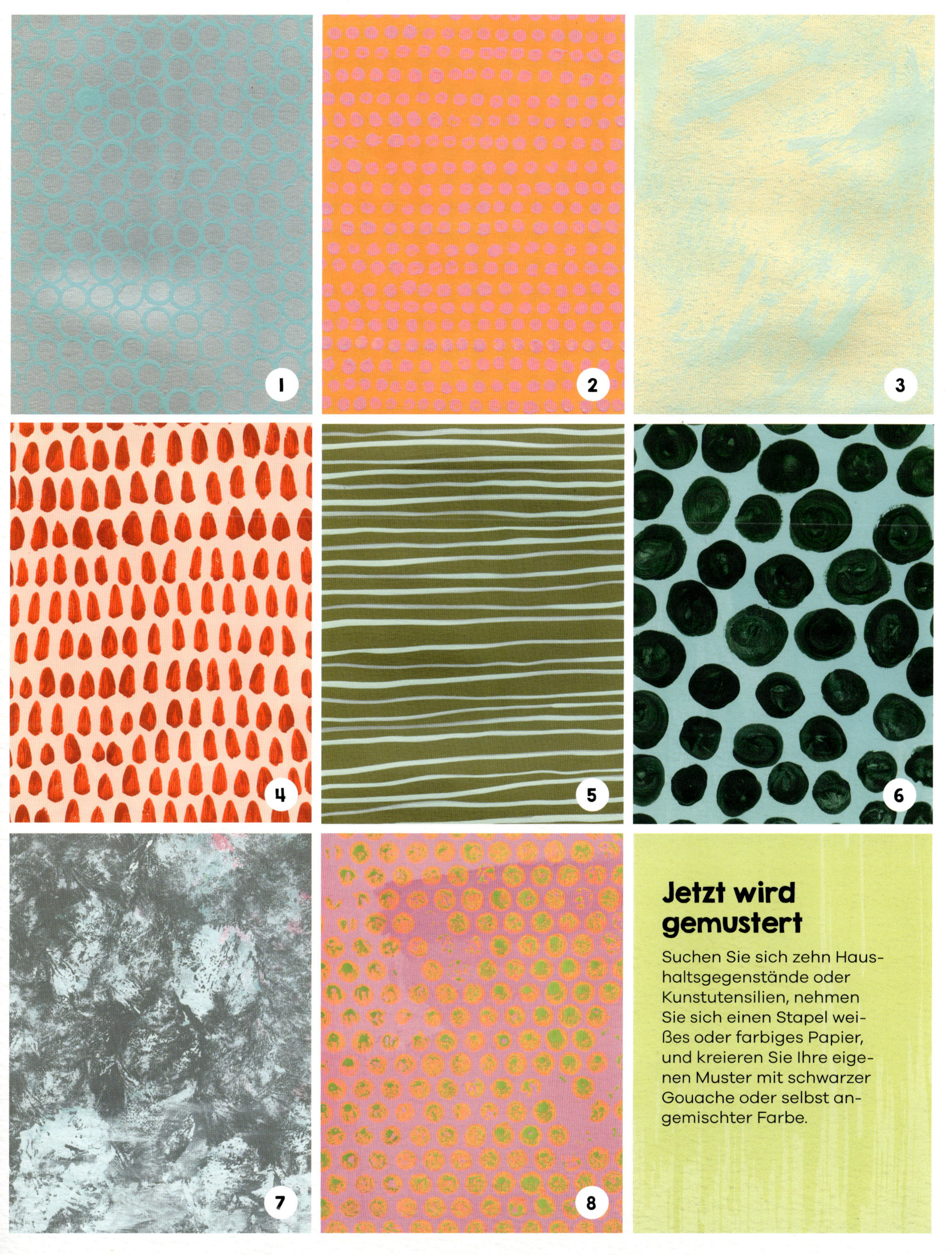

Jetzt wird gemustert

Suchen Sie sich zehn Haushaltsgegenstände oder Kunstutensilien, nehmen Sie sich einen Stapel weißes oder farbiges Papier, und kreieren Sie Ihre eigenen Muster mit schwarzer Gouache oder selbst angemischter Farbe.

Linien

Zeichnen mit dem Pinsel macht mir richtig viel Spaß. Das fühlt sich freier an als mit einem Stift, und die entstehenden Linien sehen schön natürlich aus. Gewellte, gepunktete, gestrichelte und durchgehende Linien wirken in Malereien oft besonders interessant – ob als schmückende Details oder als ganze Strichzeichnung. Mit Maskierklebeband erreicht man besonders exakte Linien.

1. Beim Faultier habe ich die Struktur des langen, strähnig herunterhängenden Fells mit einem langborstigen Pinsel nachgeahmt, den ich von oben nach unten gezogen habe.

2. Mit Maskierklebeband gelingen saubere Linien ganz leicht. Hier habe ich grünes Band aufgeklebt, wo das Papier weiß bleiben sollte, und dann das ganze Blatt rot bemalt.

3. Wenn nach dem Trocknen der Farbe das Band abgezogen wird, erscheinen die klaren Linien des Musters. Maskierflüssigkeit funktioniert ähnlich.

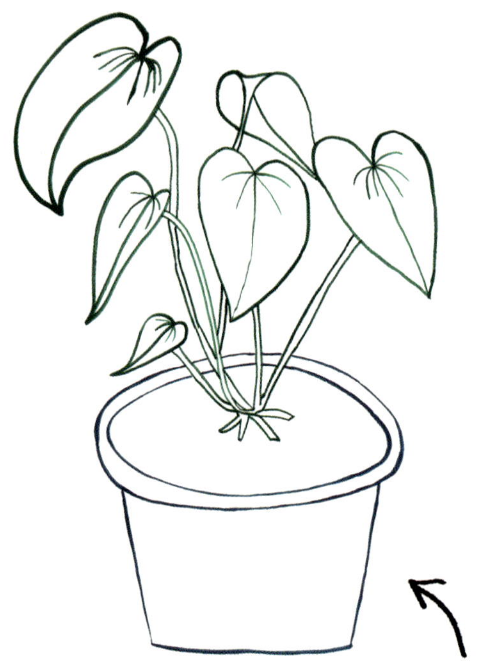

ZEICHNEN SIE MIT BLEISTIFT VOR ODER MALEN SIE GLEICH DRAUFLOS, WIE ICH HIER, DAMIT DIE BLÄTTER NATÜRLICH AUSSEHEN.

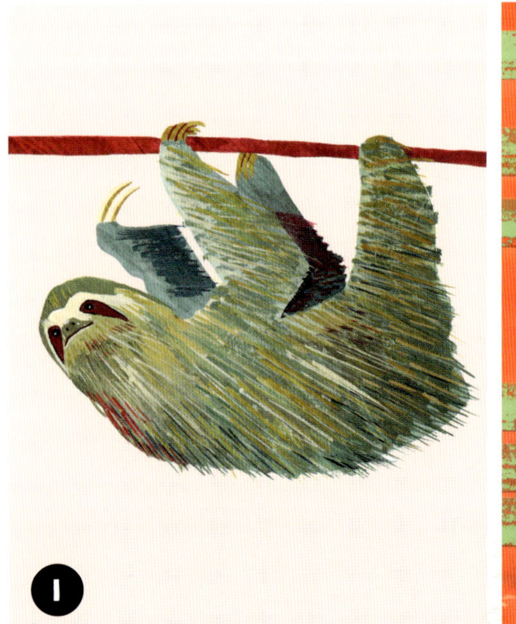

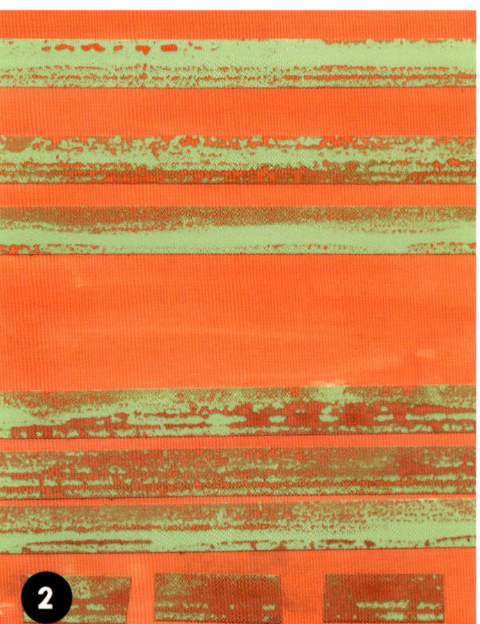

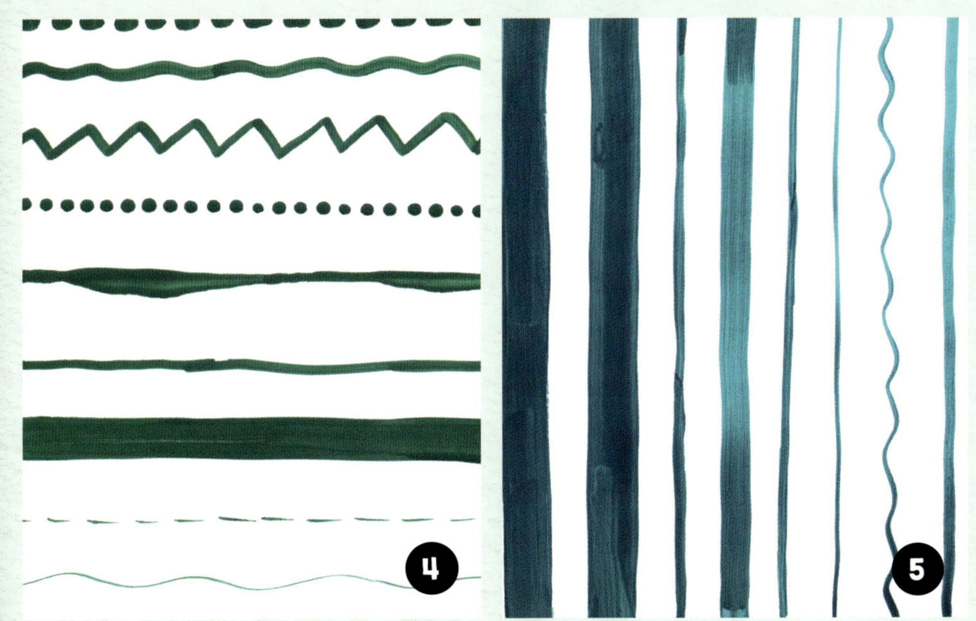

Linien zeichnen üben

Testen Sie, wie viele unterschiedliche Linien Sie mit einem Pinsel zeichnen können (4). Variieren Sie den Druck und den Winkel des Pinsels, um unterschiedlich breite Linien zu erhalten (5). Üben Sie dann, die Textur von Federn, Fell und Blütenblättern nachzuahmen, wie Sie es in den Beispielen sehen.

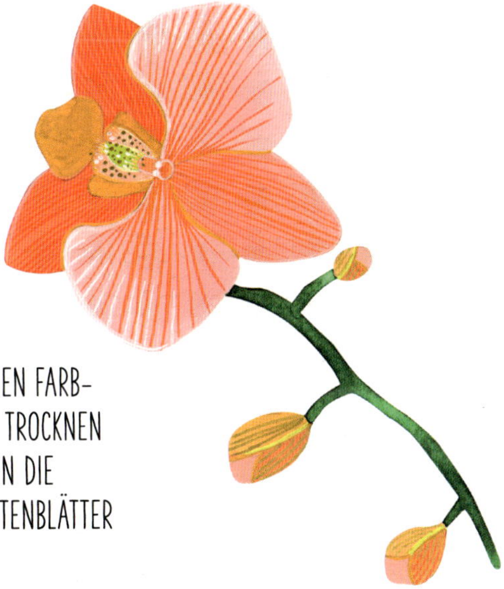

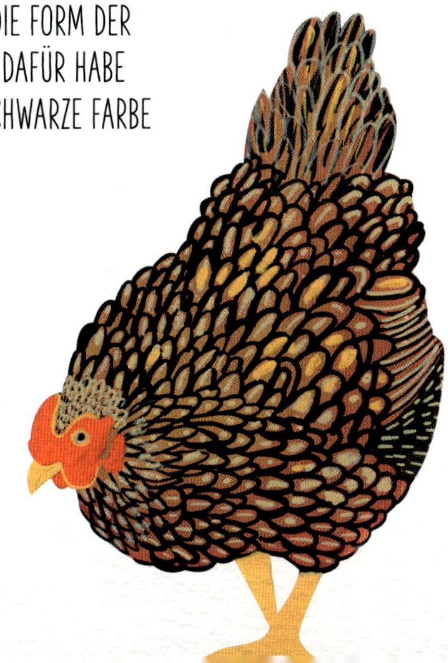

MIT PINSELN UNTERSCHIEDLICHER STÄRKE HABE ICH HIER UNTERSCHIEDLICH DICKE LINIEN GEMALT.

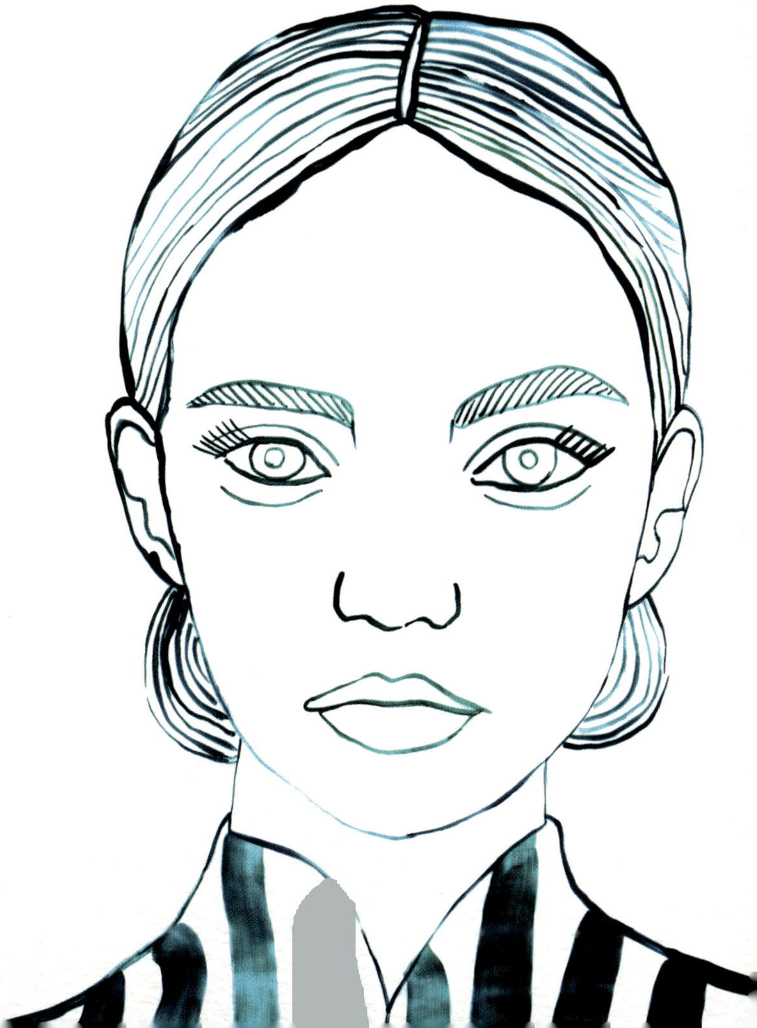

LINIEN IN ÄHNLICHEN FARBTÖNEN, NACH DEM TROCKNEN AUFGEMALT, SOLLEN DIE STRUKTUR DER BLÜTENBLÄTTER ANDEUTEN.

BEI DIESEM FERTIGEN BILD HABE ICH MIT LINIEN DIE FORM DER FEDERN BETONT. DAFÜR HABE ICH EINE FAST SCHWARZE FARBE BENUTZT.

Formen und Kanten

Aufgrund ihrer Beschaffenheit lassen sich mit Gouachefarbe schön saubere Kanten malen. Sie brauchen nur einen guten Pinsel und eine ruhige Hand. Leichter gesagt als getan? Keine Sorge: Bei exakten geometrischen Formen hilft Maskierklebeband (siehe Techniken: Linien). Maskierflüssigkeit können Sie einsetzen, um Flächen mit gerundeten Kanten zu blockieren („maskieren"), auf die keine Farbe kommen soll. Nachdem alles getrocknet ist, lässt sich die Flüssigkeit ganz einfach mit dem Radiergummi oder Finger abrubbeln.

Manchmal sollen Ränder aber ungleichmäßig oder verwischt aussehen, wie zum Beispiel beim Fell dieses Bären. Um den Anschein von Haaren zu erwecken, können Sie einen trockenen Pinsel mit sehr wenig Farbe benutzen und damit leicht klopfend oder „kratzend" malen.

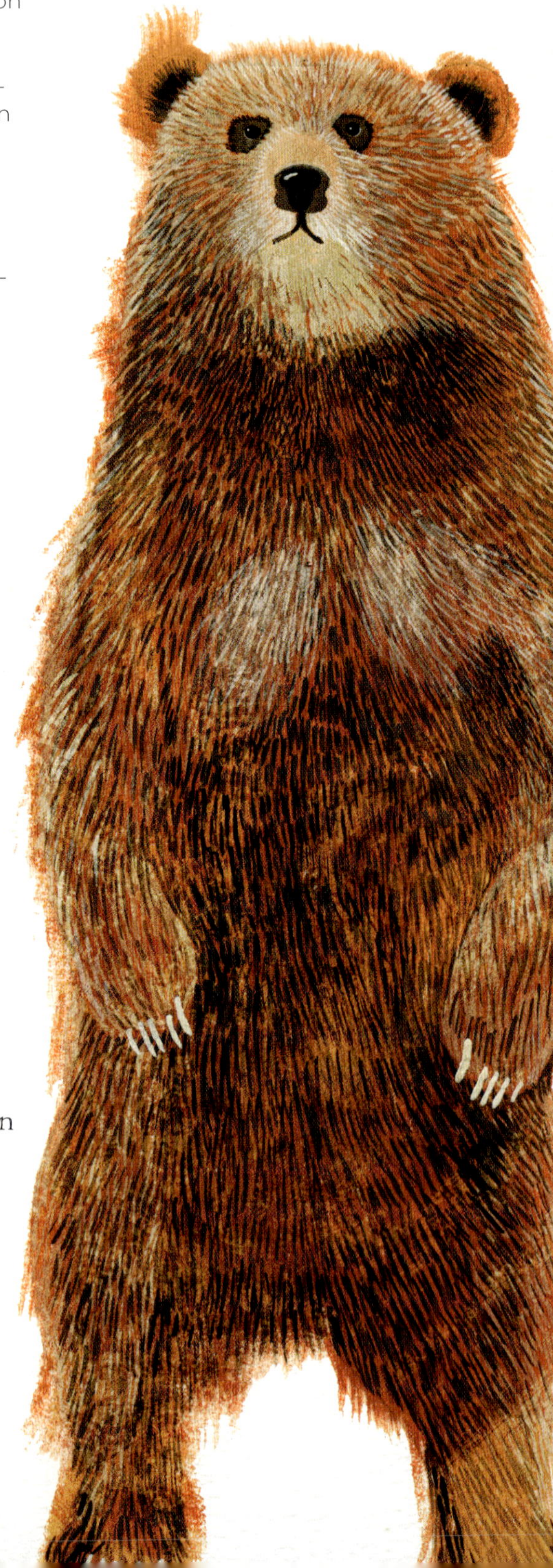

Ausschneiden

Wenn Sie Photoshop nutzen, können Sie zum Glätten Ihrer Kanten auch das Bild einscannen und die Form mit dem Zeichenstift-Werkzeug, dem Radiergummi, dem Zauberstab oder dem magnetischen Lasso freistellen (siehe Techniken: Digitalisieren). Das geht auch manuell mit der Schere oder dem Cuttermesser. So können Sie ganz frei und ungehemmt malen, ohne auf die Kanten zu achten, da Sie die Form ja später ohnehin ausschneiden.

Manuell mit der Schere ausgeschnitten

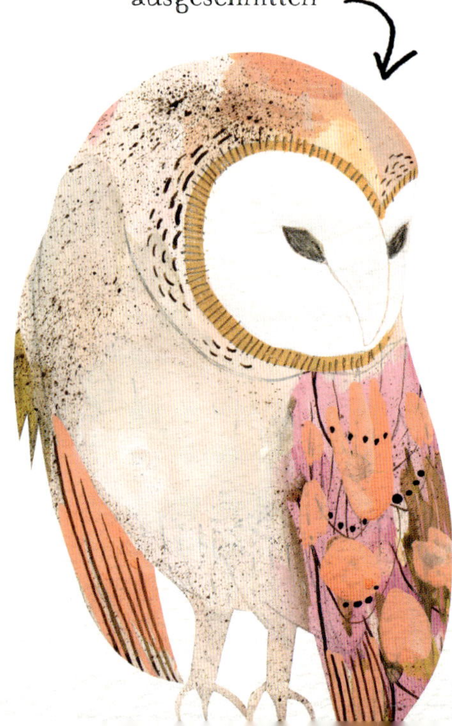

Eingescannt und digital ausgeschnitten

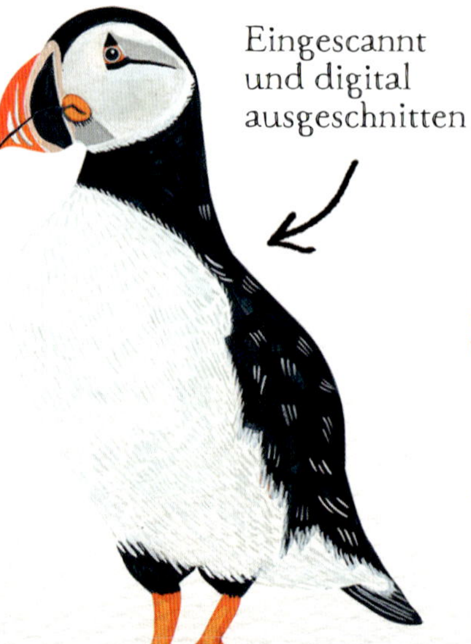

GEDULD ZAHLT SICH AUS

Wenn Sie anfangen zu malen, solange die Maskierflüssigkeit noch feucht ist, wird das Ergebnis nicht so schön. Auch das Entfernen der Maskierflüssigkeit, wenn die Farbe noch feucht ist, ruiniert Ihre sauberen Kanten.

Vergittert

Kleben Sie mit Maskierband ein Gitter ab – zuerst alle waagerechten Streifen, dann alle senkrechten (oder umgekehrt), damit es sich später leicht wieder ablösen lässt. Malen Sie die frei gebliebenen Quadrate in unterschiedlichen Farben aus (1). Ziehen Sie nach dem Trocknen das Band ab (2). Zurück bleiben perfekt aufgereihte bunte Quadrate (3).

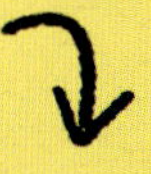

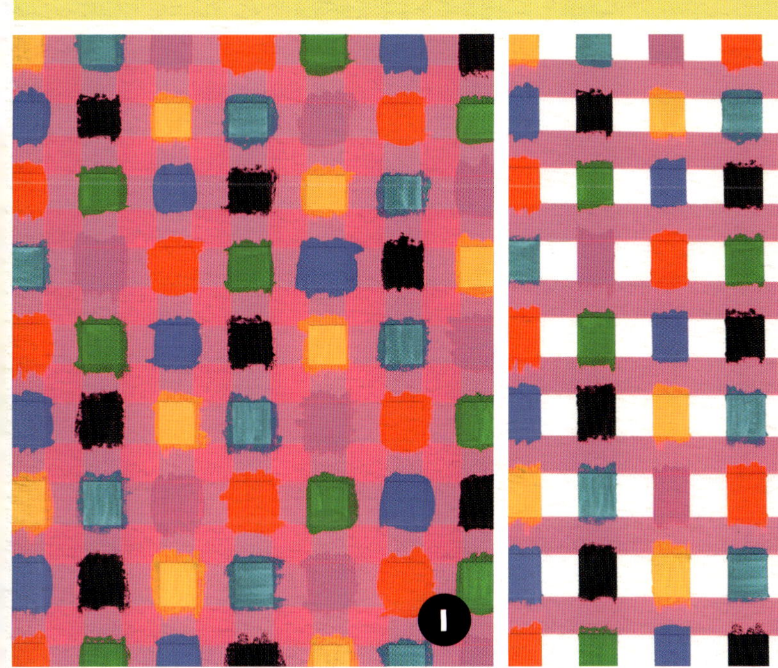

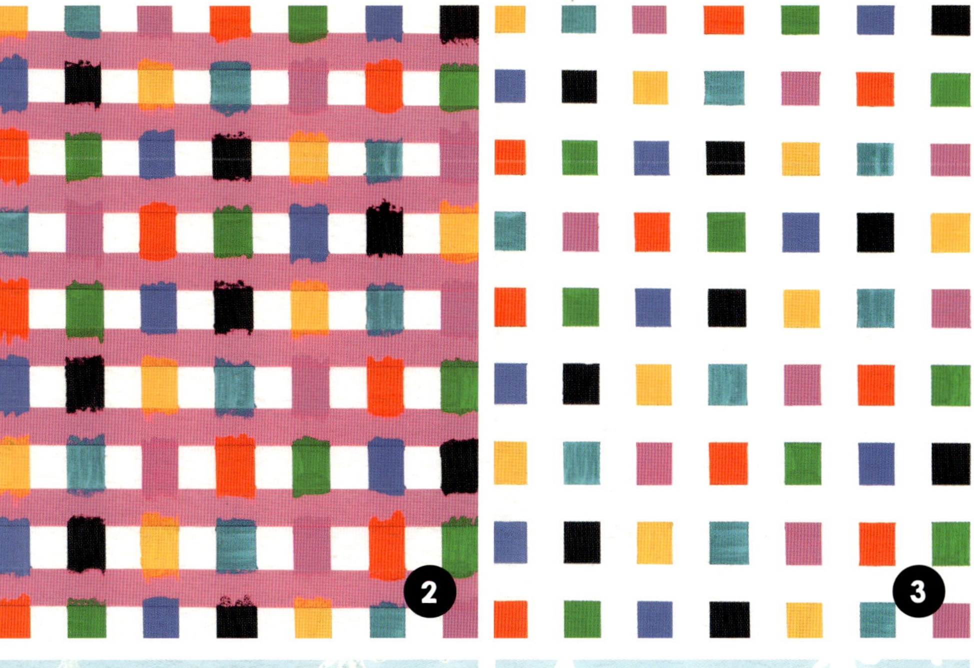

Maskiert

Malen Sie mit Maskierflüssigkeit ein paar einfache Formen. Nach dem Trocknen tragen Sie eine Lasur auf (4). Wenn die Farbe trocken ist, entfernen Sie die Maskierflüssigkeit mit einem Radierer und bringen die Formen zum Vorschein (5).

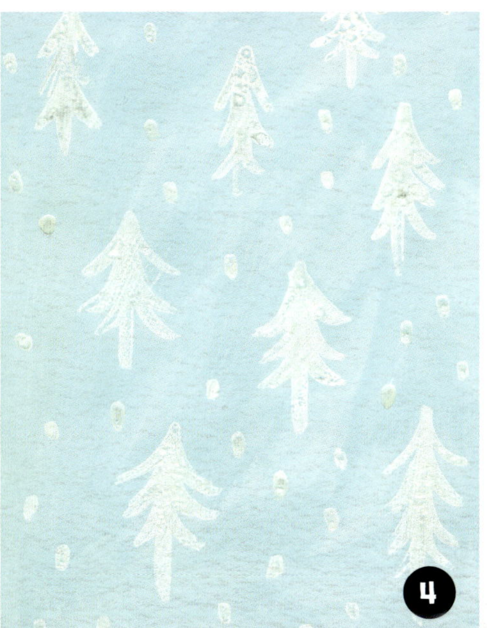

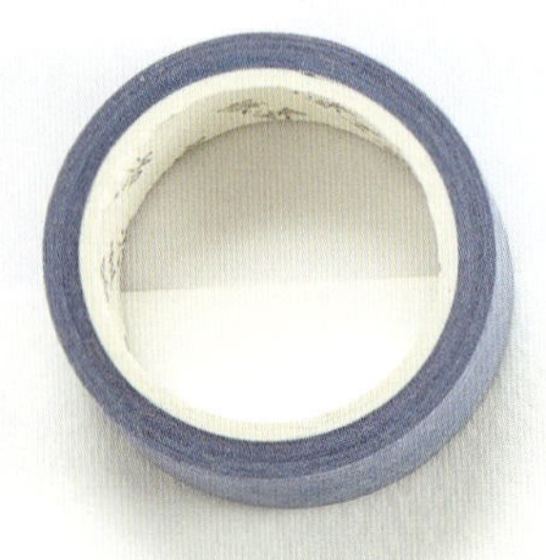

Lettering

Bevor digitale Techniken Einzug gehalten haben, wurde für Poster und Typografie viel Gouache verwendet. Für das Malen von Buchstaben – englisch „Lettering" oder „Handlettering" – ist sie also perfekt.

Buchstaben sind auch nur Formen, die aber immer wieder neu interpretiert werden können. Gemalte Buchstaben können Ihren Werken eine ganz neue Dimension verleihen. Für den Anfang sehen Sie sich am besten verschiedene Schriftarten an. Auch von Schrift auf Verpackungen und Schildern können Sie sich inspirieren lassen.

Beim Lettering können Sie die Umrisse mit einer Linie zeichnen oder die Formen einfarbig ausmalen. Oder aber Sie schneiden Papier, das Sie für Collagen bemalt haben, in Buchstabenform aus. Besonders interessant sind aufwendig verzierte Buchstaben wie das getigerte T auf der gegenüberliegenden Seite.

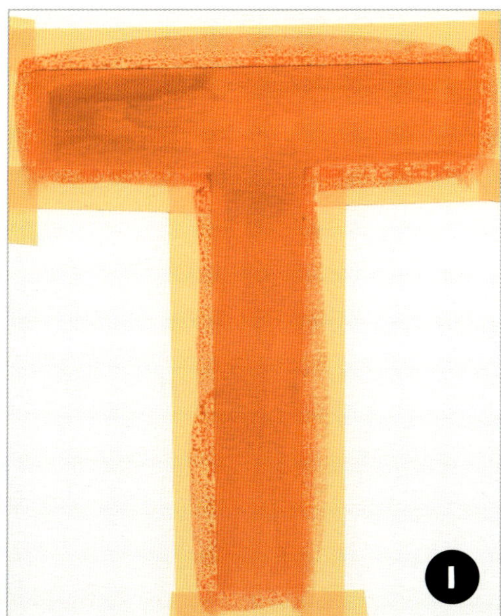
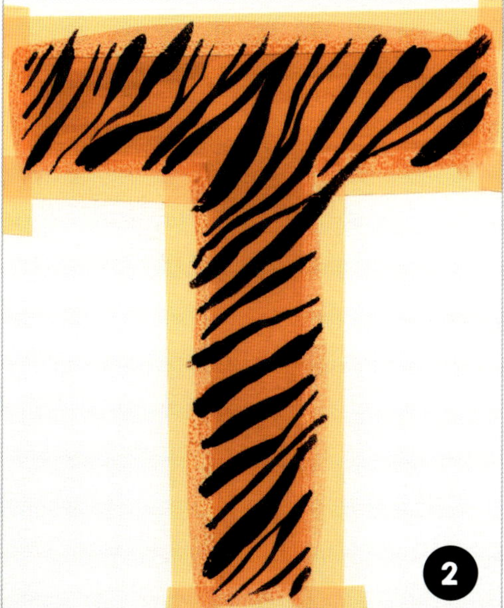
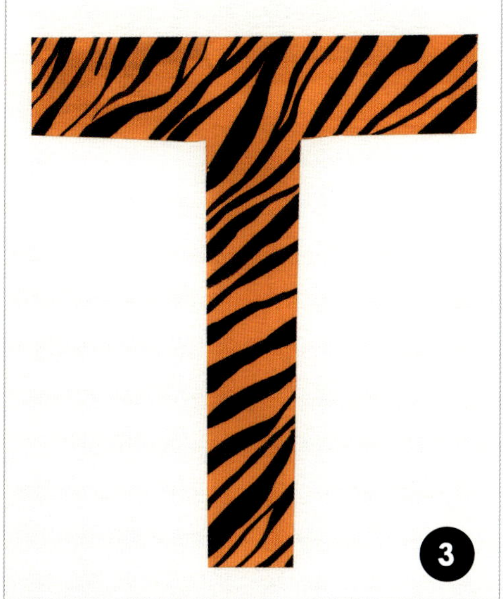

Ein Tiger kommt zum T

1. Buchstabenform mit Maskierband abkleben, einfarbig ausmalen und trocknen lassen.

2. Mit einer dunkleren Farbe diagonale Tigerstreifen über die Hintergrundfarbe malen. Trocknen lassen.

3. Klebeband abziehen und voilà: Perfekt saubere Kanten.

Locker aus dem Handgelenk

Jetzt kreieren wir mit Freihand-Lettering auf hellem Untergrund ein ausdrucksstarkes, lebhaftes Werk. Nehmen Sie sich ein Blatt Malkarton in einer leuchtenden Farbe (gekauft oder selbst bemalt). Ich habe hier gelben Karton benutzt. Damit alles schön gerade untereinander sitzt, können Sie mit Bleistift dünne Hilfslinien einzeichnen, die Sie später wegradieren.

4. Mit einer etwas dunkleren leuchtenden Farbe freihändig die Buchstaben OMG untereinander malen.

5. In derselben oder einer anderen Farbe ein paar Sterne um die Buchstaben verteilen.

6. Nach dem Trocknen zur Dekoration kleine weiße Lichter auf die Buchstaben und Sterne setzen. Ich habe sie mit der Spitze eines runden Radierers gestempelt.

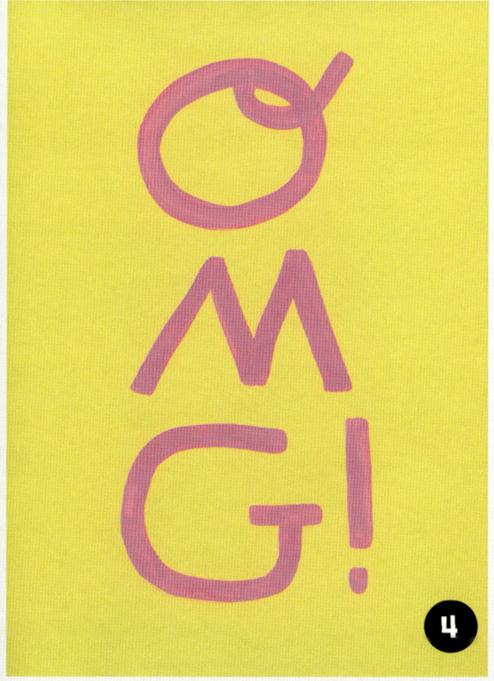

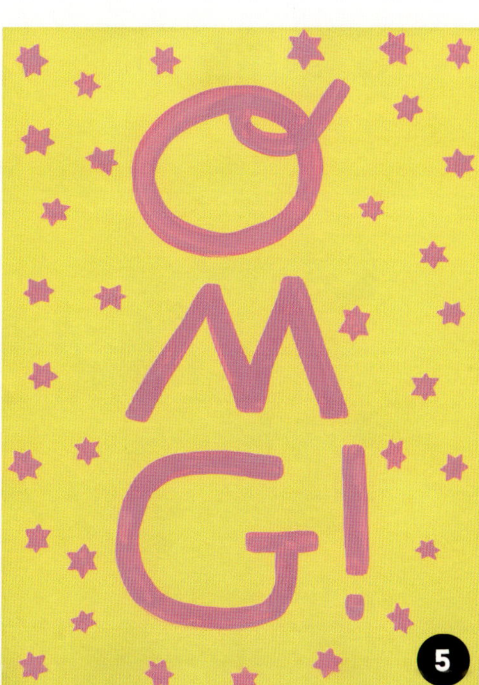

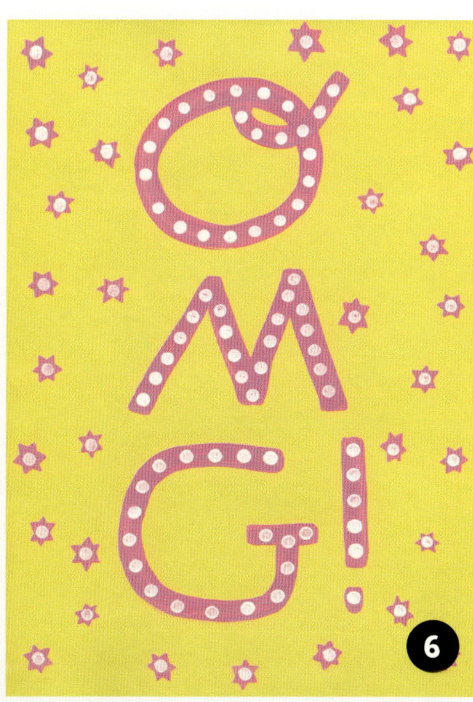

Drei Buchstabenideen

1. Schneiden Sie Buchstaben aus bemaltem Papier aus und kreieren Sie eine Collage Ihres Namens.

2. Sehen Sie sich verschiedene Schriftarten an und malen Sie jeden Buchstaben des Alphabets in einem anderen Stil, um mit Formen, Linien und Stilen zu experimentieren (siehe auch Techniken: Linien).

3. Malen Sie mit dem Pinsel ein paar Buchstaben oder Wörter, um ein Gefühl für das Verhalten der Farbe und die optimale Konsistenz zu bekommen. Wenn Sie Mut gefasst haben, malen Sie doch ein Zitat, das Ihnen gefällt!

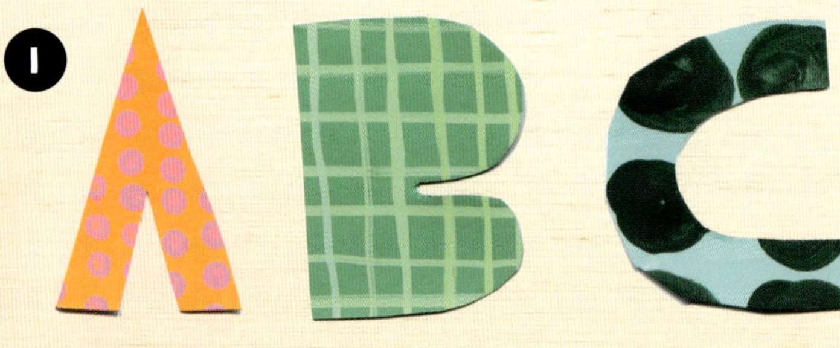

ABCD
EFGh
IJKL
MNOP
QRSTU
VWXYZ
2

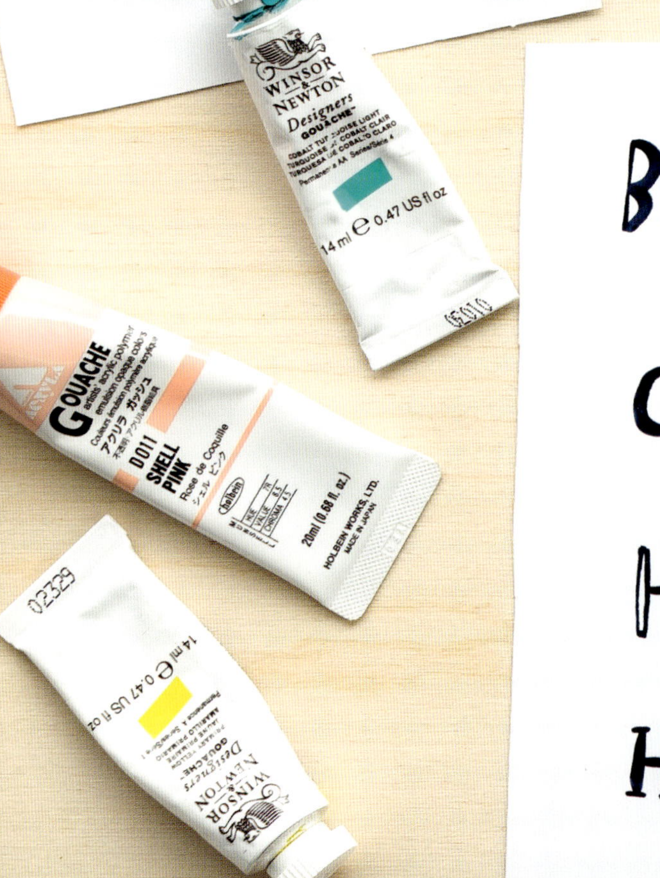

3
Bonjour.
HEY
ciao
¡hola!
HEJ
HALLO
HELLO
HI

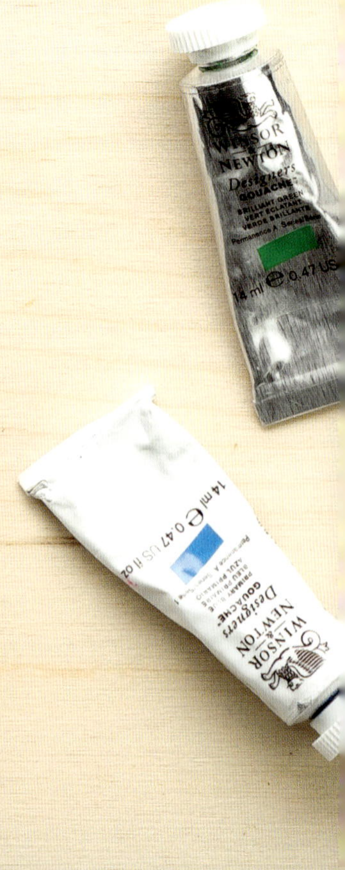

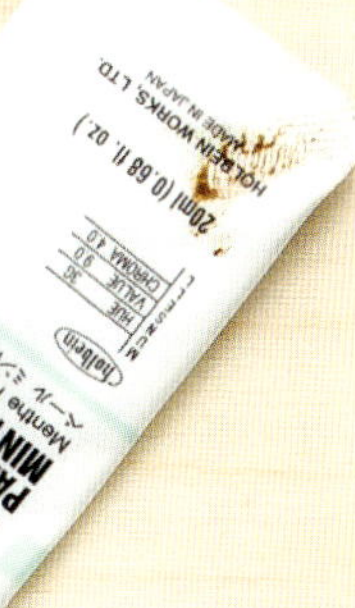

(Fast) kalligraphisch

Beim Handlettering können Sie mit Farbe auch kalligraphisch wirkende Buchstaben malen. Die Grundregel bei der sogenannten „Faux Calligraphy": Die Abstriche müssen dicker sein als die Aufstriche. Sie können die Buchstabenformen mit Bleistift vorzeichnen oder es gleich freihändig probieren.

SCHÖN SCHNÖRKELIG

Lassen Sie die Buchstaben dort, wo sie in Schreibschrift miteinander verbunden wären, für einen richtig kalligraphischen Effekt schwungvoll auslaufen.

Schichttechnik

Die deckende Eigenschaft der Gouache – und insbesondere der Acrylgouache – machen wir uns bei dieser Technik zunutze. Indem Sie immer neue Ebenen übereinanderlegen, können Sie Texturen andeuten, einer Landschaft Tiefe verleihen und Details hervorheben.

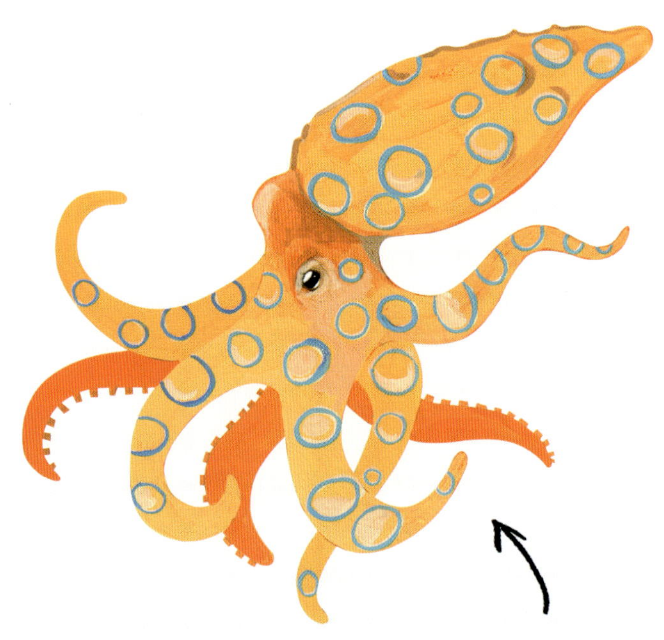

BEI DIESEM GÜRTELTIER HABE ICH EINE HELLE CREMEFARBE AUF DUNKLES GRAUBRAUN GESETZT. DIE DECKKRAFT VON GOUACHE IST HIER EIN GROSSER VORTEIL.

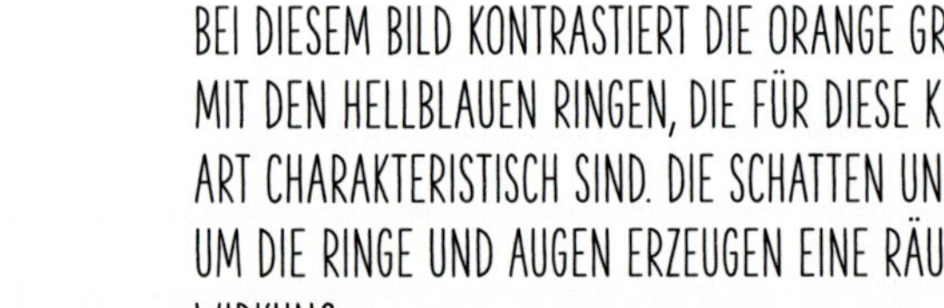

BEI DIESEM BILD KONTRASTIERT DIE ORANGE GRUNDFARBE MIT DEN HELLBLAUEN RINGEN, DIE FÜR DIESE KRAKENART CHARAKTERISTISCH SIND. DIE SCHATTEN UND LICHTER UM DIE RINGE UND AUGEN ERZEUGEN EINE RÄUMLICHE WIRKUNG.

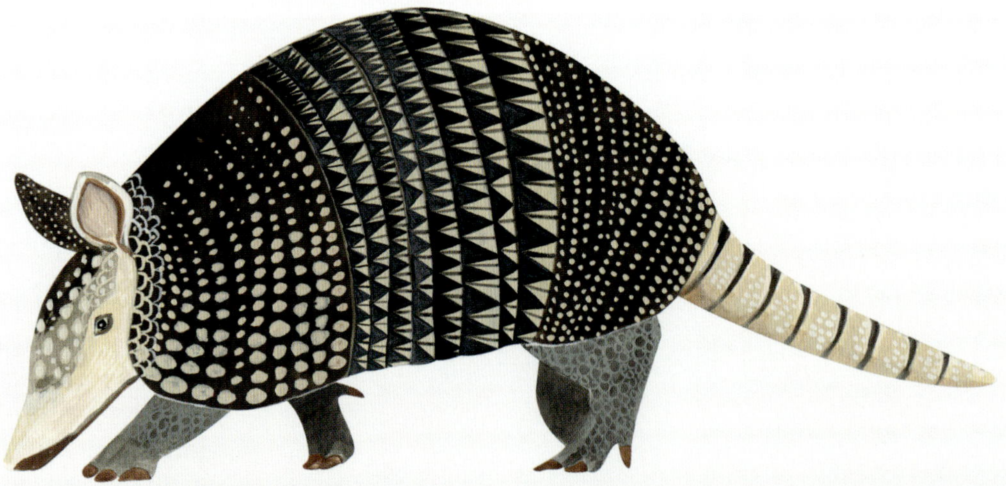

Hölzerner Charme

1. Für diese Holztextur habe ich das Blatt zuerst mit einer orangebraunen Farbe so bemalt, dass sichtbare Pinselstriche blieben.

2. Dann habe ich in Dunkelbraun Maserungslinien eingezeichnet.

3. Als Nächstes habe ich etwas hellere braune Linien neben einige der dunklen gemalt, um Lichter und die Struktur herauszuarbeiten.

4. Mit einem Weiß, das nur noch einen Braunstich hat, habe ich Schritt 3 wiederholt, um die Struktur noch besser hervortreten zu lassen. Diese Methode können Sie auch bei Fell, Federn, Haaren, Wasser und allen anderen kleinteiligen Texturen verwenden, zum Beispiel bei einer Porzellanvase mit aufwendigem Relief.

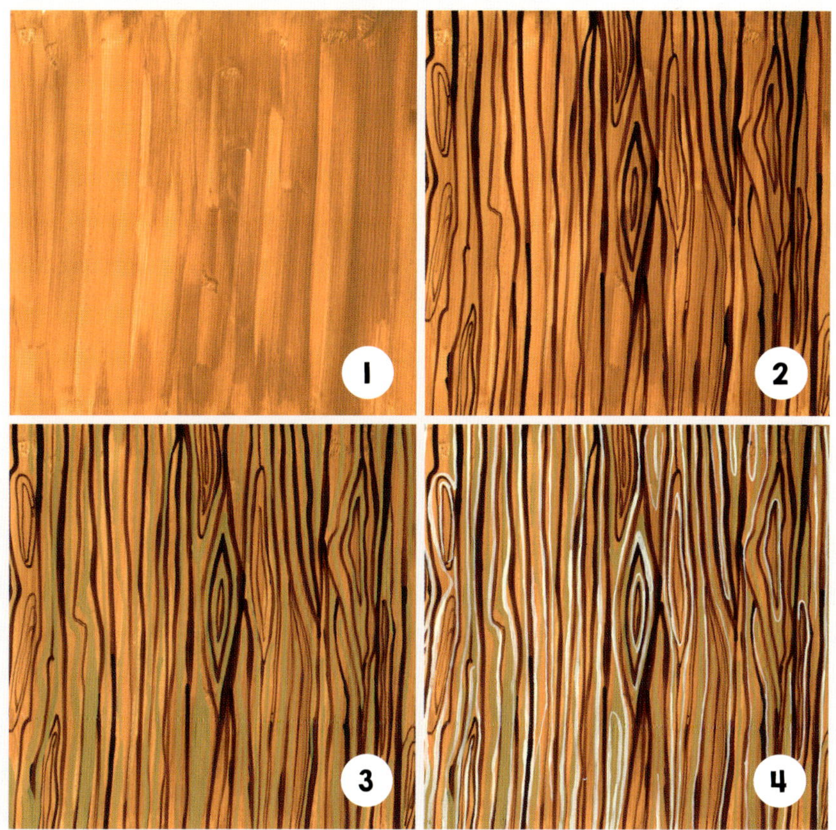

Naturtexturen

Sehen Sie sich in Ihrem Umfeld nach Texturen und Mustern um – Gras, Wasser, Rinde, Fell usw. Versuchen Sie, diese durch das Übereinanderlegen mehrerer Schichten nachzuempfinden. Sie werden feststellen, dass Sie mit jeder neuen Ebene Teile der Schicht darunter überdecken. Passen Sie auf, dass die Farbe, die Sie auftragen, nicht zu nass ist, damit die Farbe darunter nicht wieder angelöst wird.

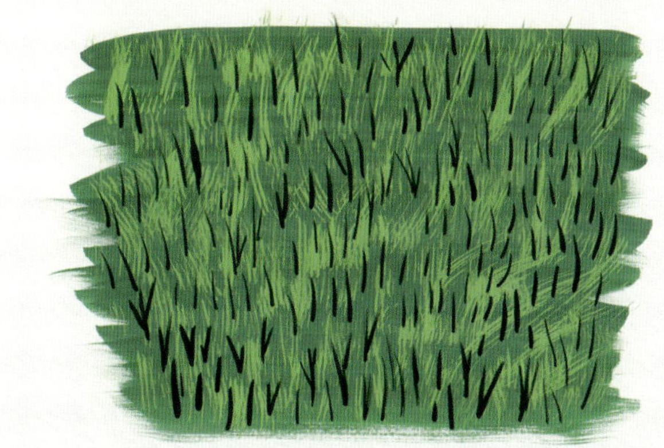

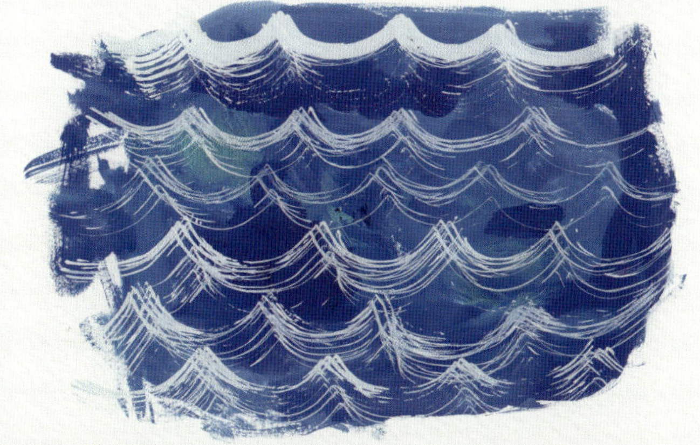

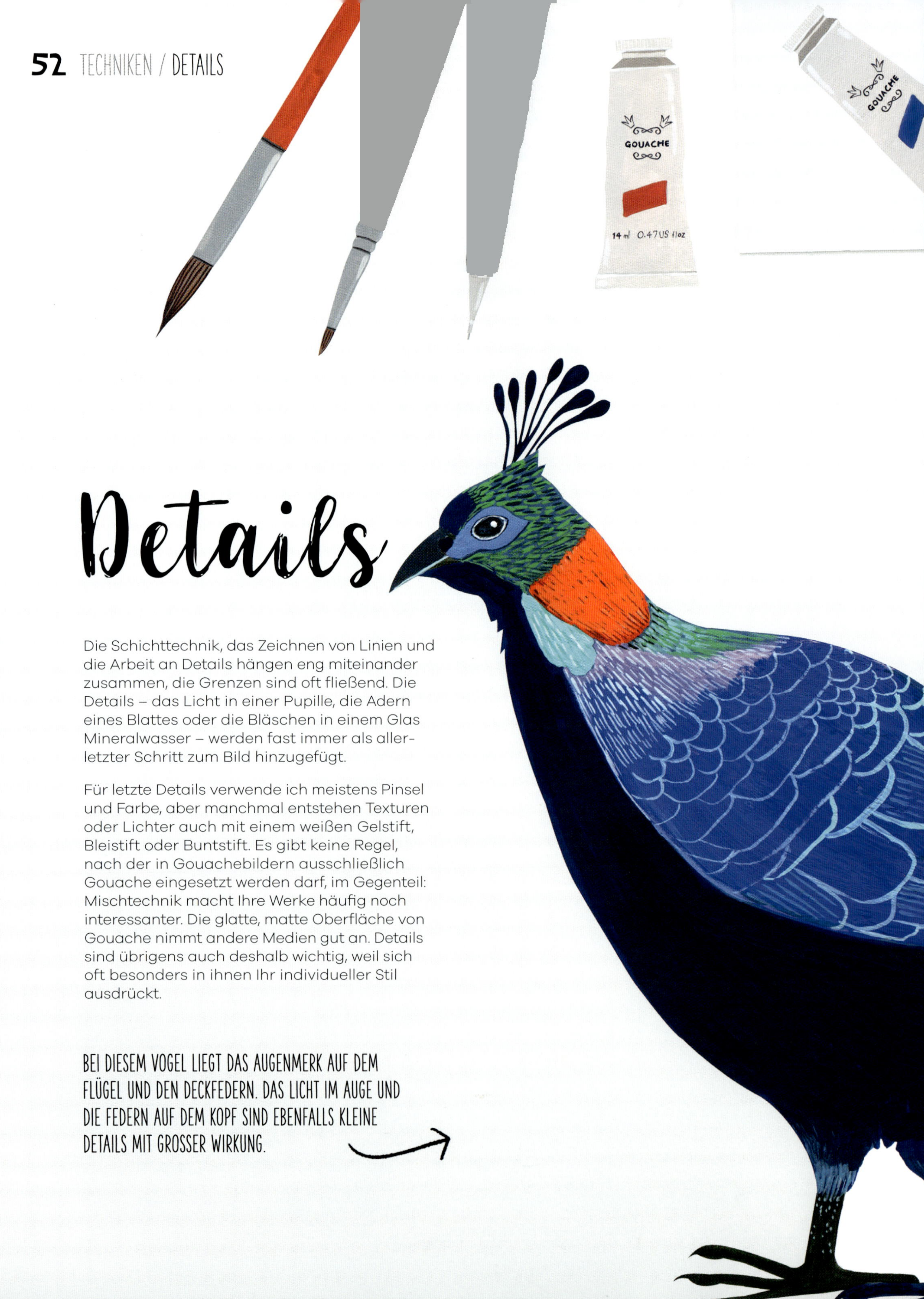

Details

Die Schichttechnik, das Zeichnen von Linien und die Arbeit an Details hängen eng miteinander zusammen, die Grenzen sind oft fließend. Die Details – das Licht in einer Pupille, die Adern eines Blattes oder die Bläschen in einem Glas Mineralwasser – werden fast immer als allerletzter Schritt zum Bild hinzugefügt.

Für letzte Details verwende ich meistens Pinsel und Farbe, aber manchmal entstehen Texturen oder Lichter auch mit einem weißen Gelstift, Bleistift oder Buntstift. Es gibt keine Regel, nach der in Gouachebildern ausschließlich Gouache eingesetzt werden darf, im Gegenteil: Mischtechnik macht Ihre Werke häufig noch interessanter. Die glatte, matte Oberfläche von Gouache nimmt andere Medien gut an. Details sind übrigens auch deshalb wichtig, weil sich oft besonders in ihnen Ihr individueller Stil ausdrückt.

BEI DIESEM VOGEL LIEGT DAS AUGENMERK AUF DEM FLÜGEL UND DEN DECKFEDERN. DAS LICHT IM AUGE UND DIE FEDERN AUF DEM KOPF SIND EBENFALLS KLEINE DETAILS MIT GROSSER WIRKUNG.

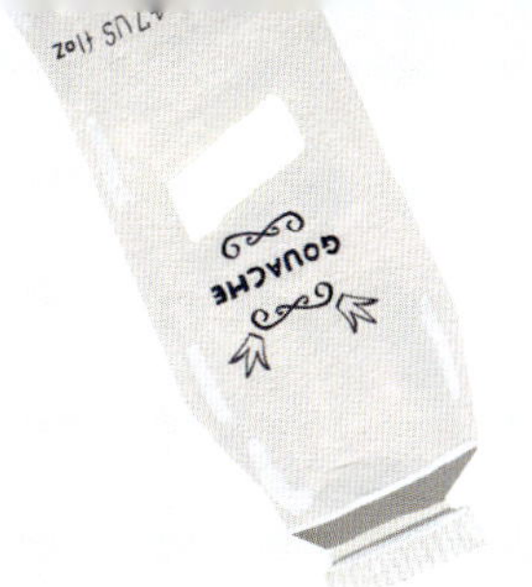

Blattwerk

Malen Sie ein paar Blattformen, und fügen Sie nach dem Trocknen die Adern hinzu. Je nach Sorte kann die Aderung ganz unterschiedlich aussehen. In der Wahl der Technik sind Sie frei. Denkbar sind Gouachefarbe, Buntstift, weißer Gelstift oder Wachsstift, Pastellkreide, Bleistift oder sogar zugeschnittenes Papier.

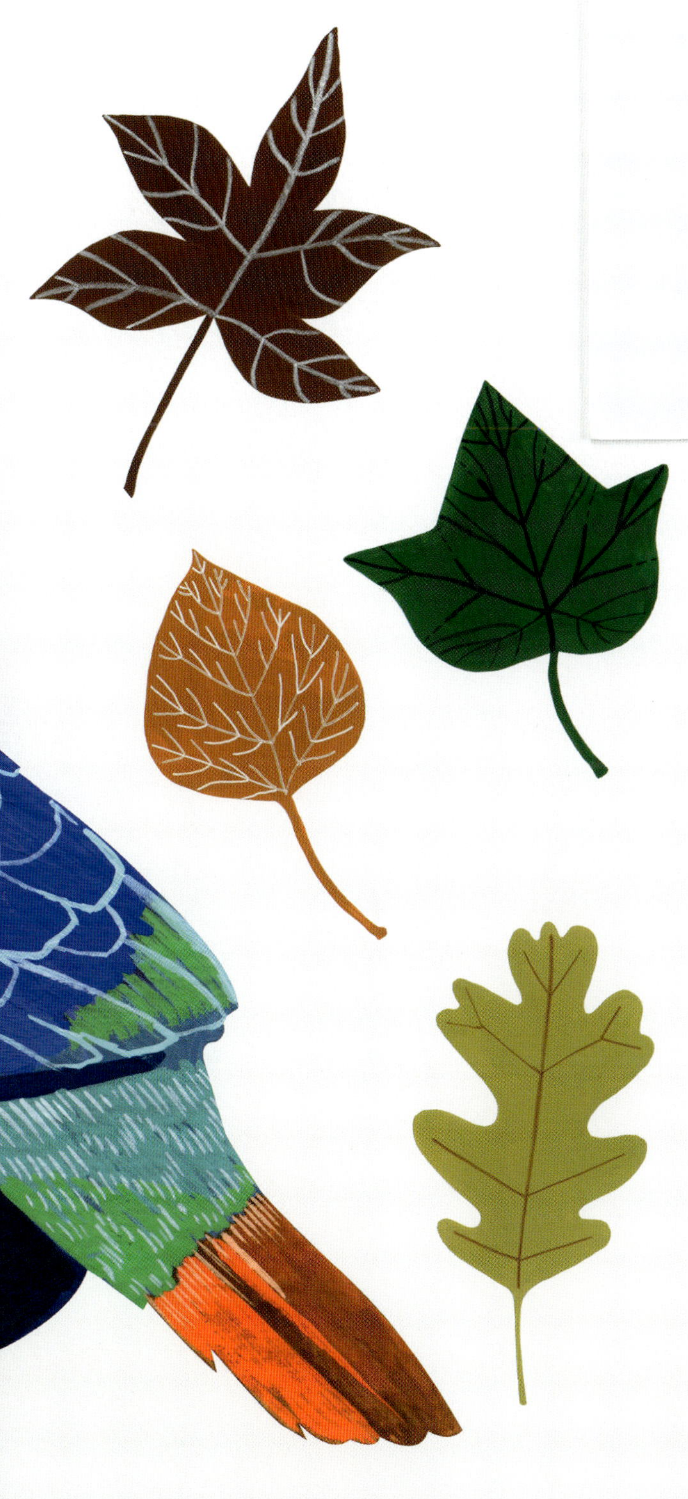

DIE DETAILS IN DIESEM BILD SIND MIT BUNTSTIFT ENTSTANDEN. ICH WOLLTE EINEN SCHLICHTEN LOOK MIT NUR GANZ KLEINEN DETAILS - DIE PERFORATION AN DER TOILETTENPAPIERROLLE, DIE BESCHRIFTUNG DER HANDSEIFE UND DER MEDIKAMENTENPACKUNG SOWIE DIE KLEINEN TABLETTEN.

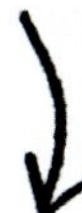

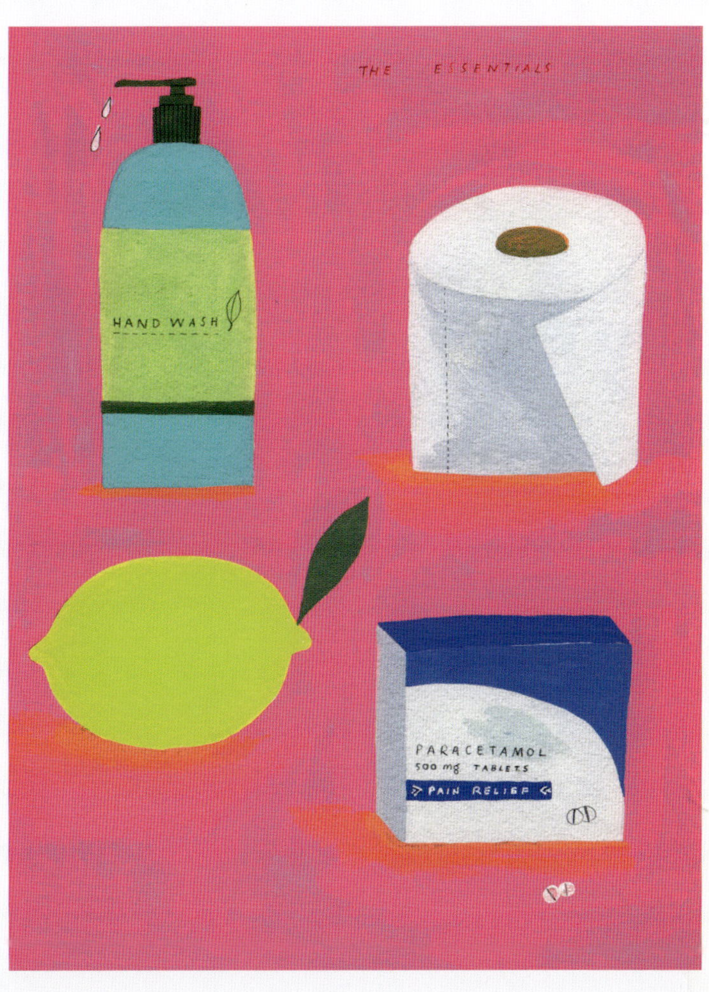

Dunkle Hintergründe

Gouache eignet sich perfekt zum Malen auf dunklem Hintergrund. Anders als die sehr transparente Aquarellfarbe scheint der Untergrund kaum durch die deckende Gouachefarbe durch, und damit lassen sich beeindruckende Effekte erzielen. Sie können direkt auf gekauftes schwarzes oder farbiges Papier malen, mit Packpapier experimentieren oder selbst Papier in Ihrer Wunschfarbe bemalen.

Soll die Farbe komplett decken, mischen Sie sie etwas dicker an, oder tragen Sie mehrere Schichten auf. Ist Transparenz gewünscht, fügen Sie mehr Wasser hinzu. Überladen Sie das Papier nicht, da lose Blätter sich sonst wellen. Wenn Sie stabileres Papier brauchen, können Sie schwarze Aquarellpapierblöcke kaufen oder Ihr Papier auf ein Brett aufziehen (siehe Material & Utensilien: Papier).

Zum Vorzeichnen auf sehr dunklem Papier benutzen Sie am besten einen hellen oder weißen Buntstift. Wenn Sie die Skizze mit Transparentpapier übertragen möchten, nutzen Sie einen normalen Bleistift, um Ihre Augen zu schonen, und ziehen Sie die Linien dann mit etwas Hellerem nach. Grundsätzlich empfiehlt es sich, auf dunklen Hintergründen mit helleren Farben zu malen.

Die Beispiele auf der gegenüberliegenden Seite sind kleine Experimente und Versuche aus meinem Skizzenbuch. Das sind nur Studien, keine fertigen Bilder, aber sie helfen mir trotzdem bei der Entscheidung über Farben, Muster und Bildaufbau. Man sieht hier gut, wie und wo die Farbe deckt. Die Hintergründe habe ich im Voraus mit Gouache gemalt und trocknen lassen.

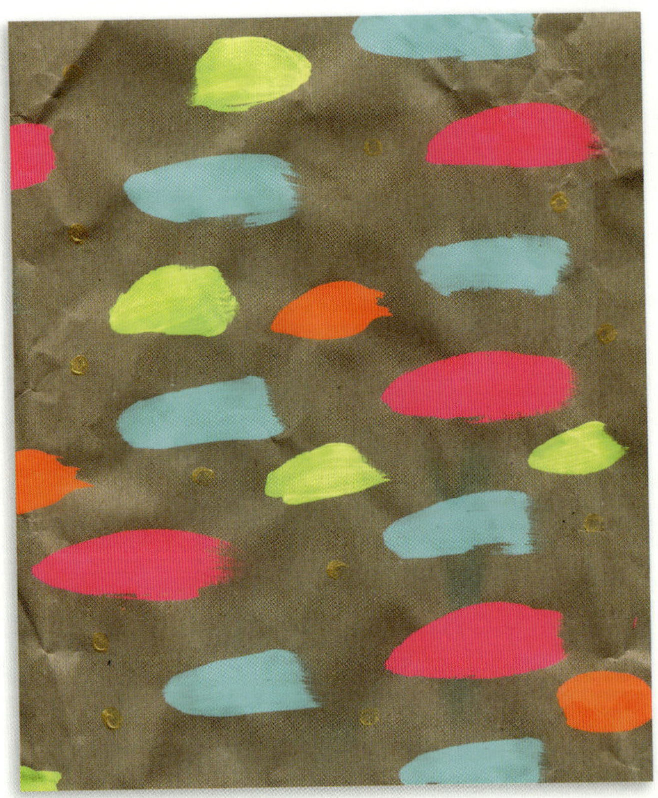

LEUCHTENDE FARBEN AUF PACKPAPIER KÖNNEN SEHR SCHÖN AUSSEHEN - HIER HABE ICH GESCHENKPAPIER FÜR MEINE TOCHTER GESTALTET. MIT VIER KRÄFTIGEN FARBEN HABE ICH EIN MUSTER AUS PINSELABDRÜCKEN „GESTEMPELT" UND ANSCHLIESSEND NOCH PUNKTE AUS GOLDENER GOUACHE DAZWISCHENGESETZT. NACH DEM GESCHENKEAUSPACKEN KAM DAS PAPIER IN MEINEN COLLAGEVORRAT.

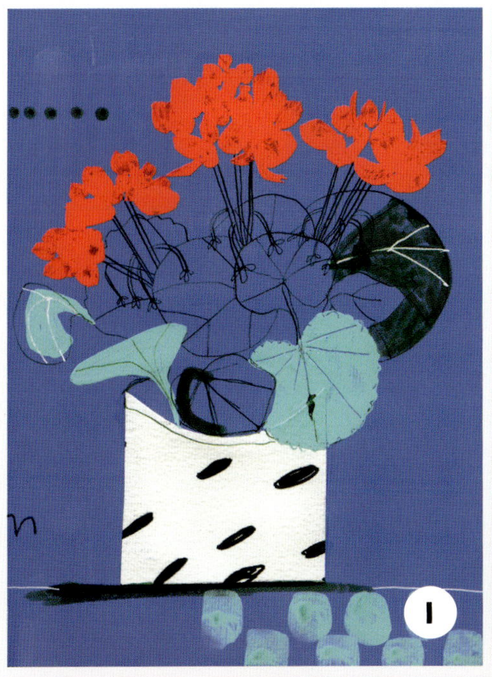

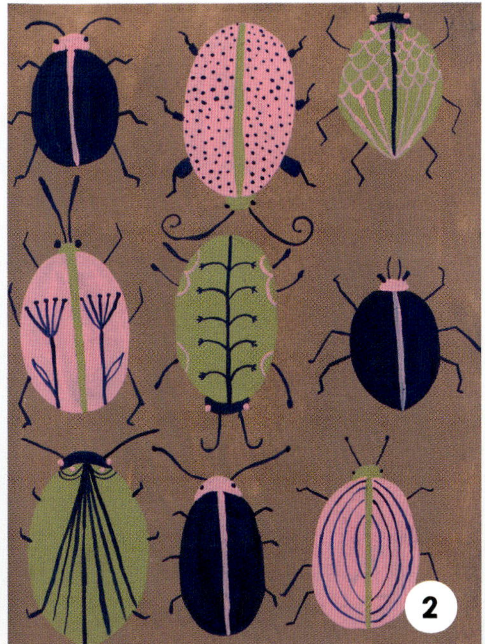

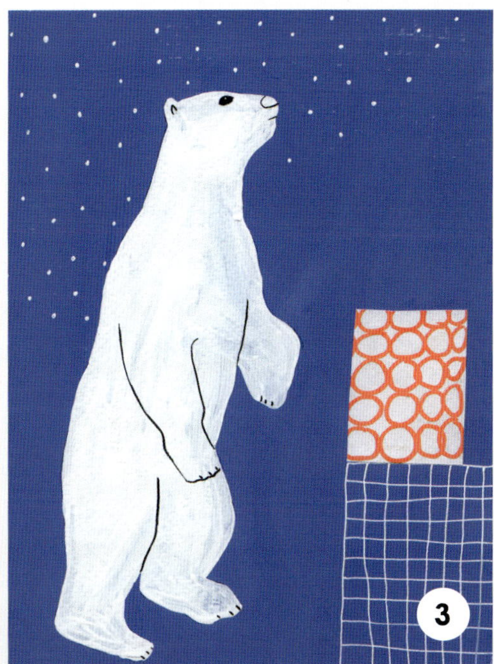

1. Oben habe ich Mischtechnik eingesetzt: Die (Blüten-)Blätter sind mit Gouache gemalt, die Vase aus Papier ausgeschnitten und die Stiele mit Tusche gezeichnet.

2. Dieses Muster begann mit ein paar Eiformen auf dem Papier. Dann habe ich mit Gouache weitere Details hinzugemalt, bis lauter kleine Käfer entstanden.

3. Hier sieht man gut, wie Weiß auf einem dunklen Hintergrund wirkt. Das ist nur ein schnelles, skizzenhaftes Bild, aber ich mag den Kontrast zwischen Blau und Weiß mit einem Collage-Element rechts.

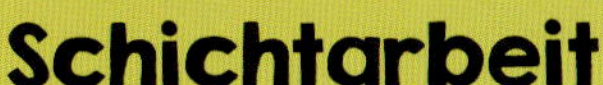

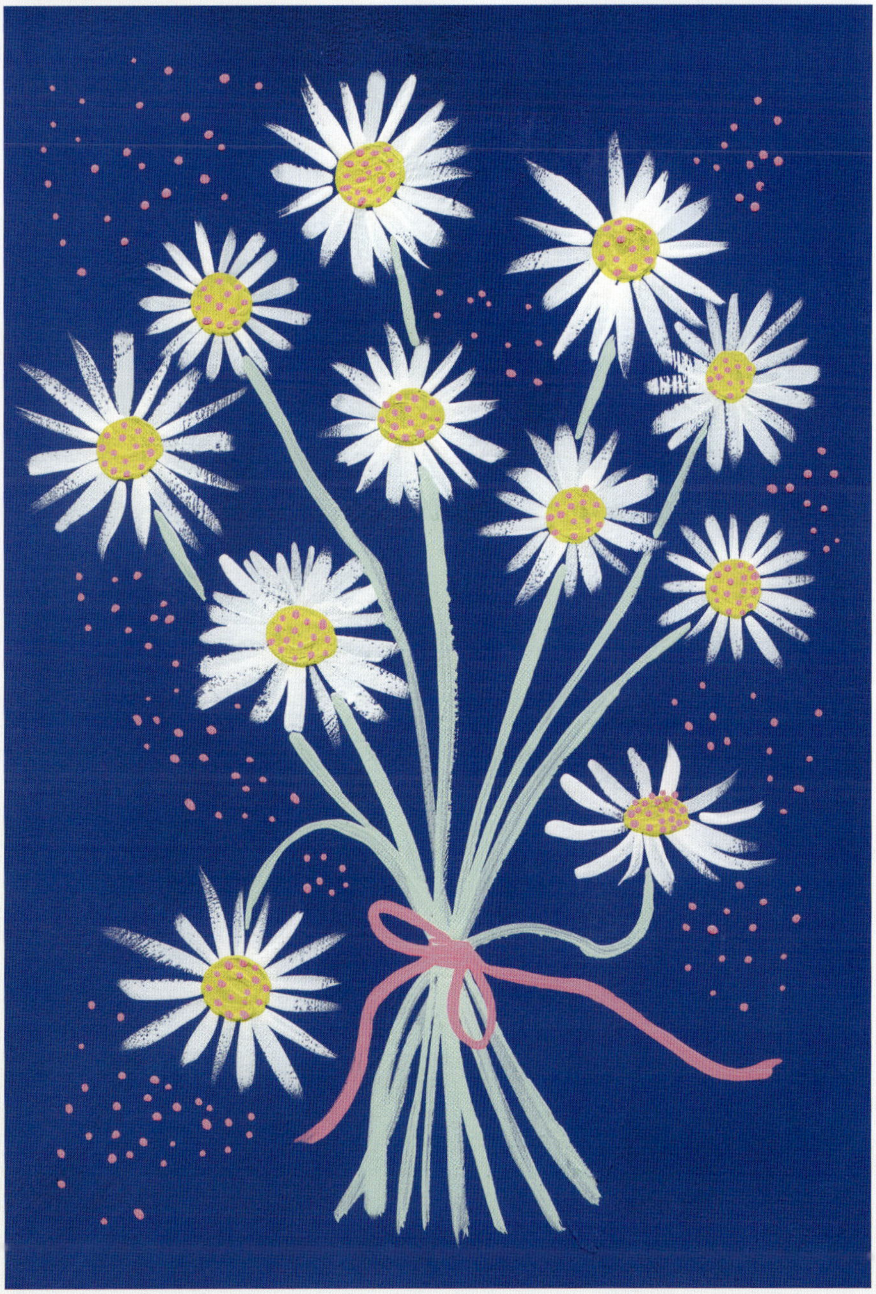

Schichtarbeit

Nehmen Sie sich dunkles Papier (gekauft oder selbst bemalt), und malen Sie weiße Blumen, einen weißen Vogel o. ä. Achten Sie auf die Dicke der Farbe und wie sich vor dem dunklen Hintergrund eine deckende Schicht bildet.

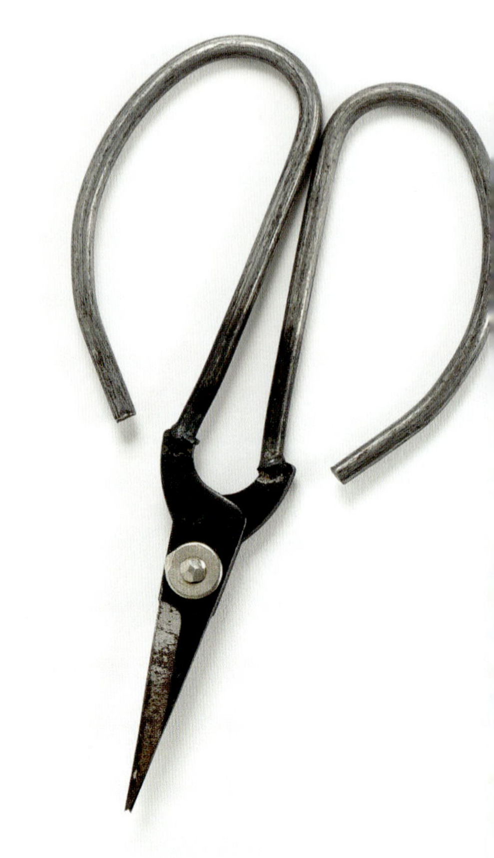

Collage

Die Collagetechnik kann wie kaum eine andere einen persönlichen Stil ausdrücken und eignet sich wunderbar sowohl für gegenständliche als auch für abstrakte Werke. Ich habe eine riesige Kiste mit gesammelten Papierstücken – Papier, das ich selbst gemacht oder gefunden habe, wie Geschenkpapier, Umschläge und Zeitungen.

Für den Anfang könnten Sie sich in etwas Abstraktem und Dekorativem wie in diesem Beispiel versuchen. Ich habe ein paar der Blätter verwendet, die ich bei der Musterübung bemalt hatte (siehe Techniken: Muster), diese in Formen kleiner Hügel zugeschnitten und versetzt übereinandergeschichtet. Bei so vielen Schichten müssen Sie auf einem stabilen Brett oder einer Holztafel arbeiten, damit sich nichts wellt.

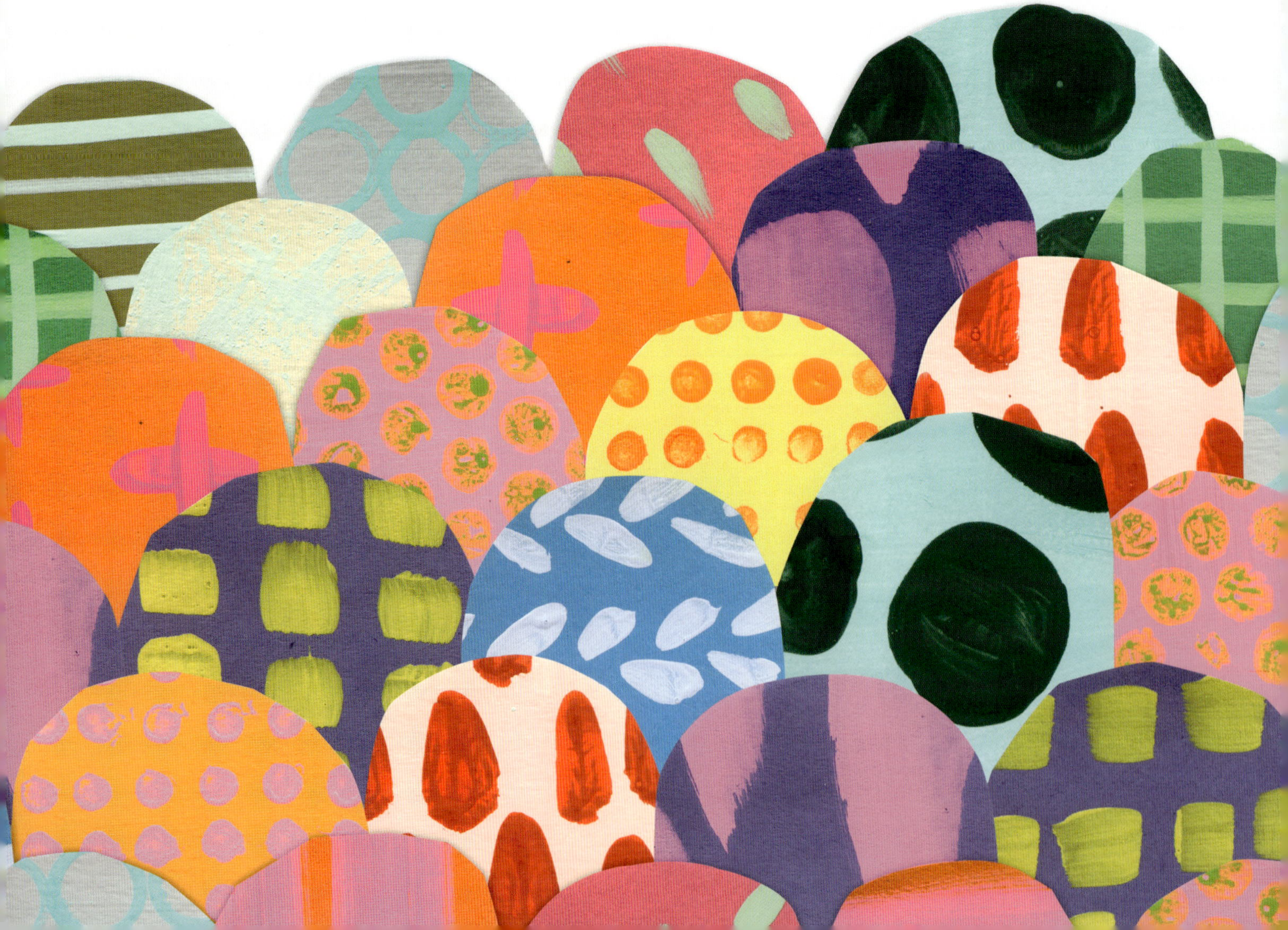

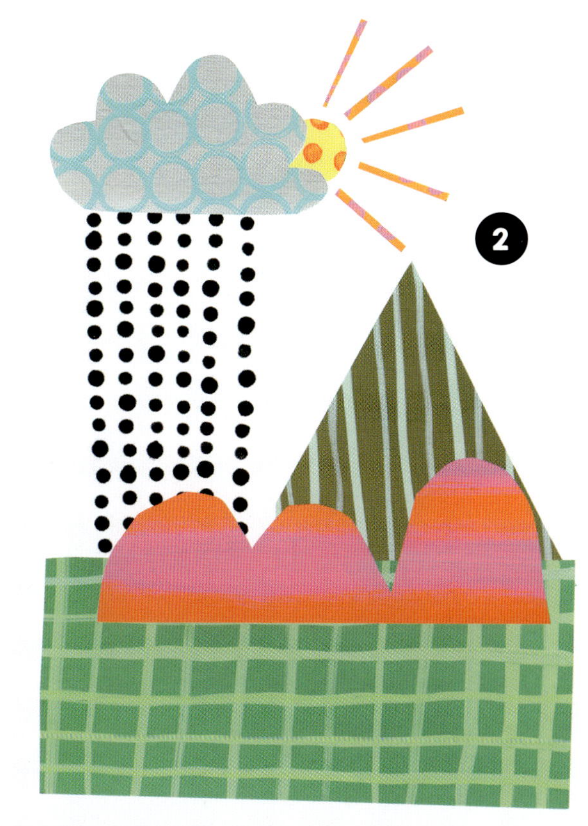

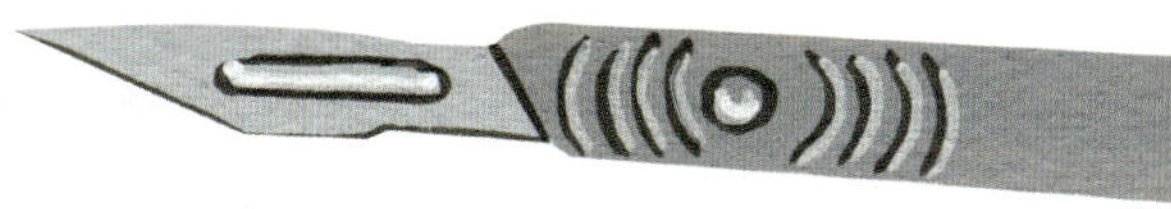

Einfache, abstrakte Collagen

An Material brauchen Sie nur buntes Papier, eine Schere oder ein scharfes Cuttermesser, eine Schneidematte und etwas Bastelkleber oder, falls vorhanden, Glanzmedium. Ich lege gern alles zurecht und mache ein Foto, wenn ich zufrieden bin. Dann fange ich an aufzukleben und orientiere mich dabei am Foto.

Bei Projekten wie dem abstrakten Hügelmuster (links) fängt man am besten oben an, da diese Schicht am weitesten im Hintergrund ist. Dann arbeitet man sich langsam nach vorn (unten) vor. Ist alles festgeklebt und getrocknet, können Sie das fertige Bild einscannen, um es digital zu reproduzieren, oder zum Schutz hinter Glas einrahmen. Diese traditionelle Collagetechnik können Sie, wenn Ihnen das liegt, auch auf dem Computer imitieren, indem Sie die einzelnen Papierstücke einscannen und in Photoshop zusammensetzen (siehe Techniken: Digitalisieren).

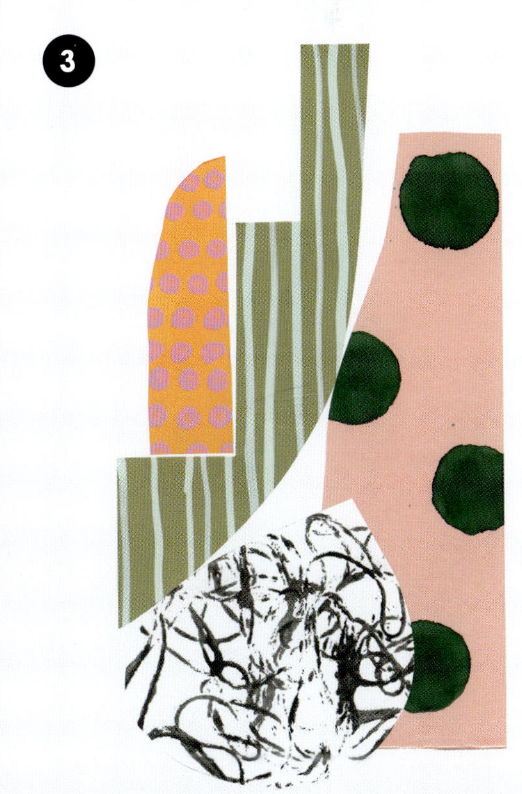

1. Ich habe Erdbeerformen aus dem bemalten Papier ausgeschnitten. Nach dem Aufkleben habe ich grüne Blätter dazugemalt. So lässt sich eine Collage mit gemalten Elementen kombinieren.

2. Diese bezaubernde Landschaft mit einem Feld vor einer Hügelkette und einem Berg, einer Regenwolke und der dahinter hervorlugenden Sonne besteht aus ganz simplen Formen.

3. Ich mag abstrakte Collagen, bei denen ich mich auf das Zusammenspiel zwischen Farben, Formen und Mustern konzentrieren kann, ohne auf Wiedererkennbarkeit achten zu müssen. Hier habe ich vor dem Kleben eine ganze Weile mit Formen, Kontrastfarben, Mustern und Bildaufteilung herumprobiert.

Digitalisieren

Zum Digitalisieren Ihrer Bilder brauchen Sie einen Computer mit einer Fotobearbeitungssoftware wie Adobe Photoshop sowie einen Scanner.

Ich male meistens keine ganzen Szenen, sondern „schwebende" Einzelbilder, damit ich sie nach dem Einscannen in Photoshop mit dem Zeichenstift-Werkzeug ausschneiden kann. Danach füge ich die Einzelbilder zu einem Gesamtwerk – sozusagen einer digitalen Collage – zusammen. Ich arbeite gern so, denn wenn etwas geändert werden muss (weil zum Beispiel das Layout an einer Stelle nicht funktioniert), kann ich das betreffende Teil herausnehmen und muss nicht noch einmal von vorn anfangen.

Das Digitalisieren hat zwar mit Gouache an sich nichts zu tun, ist aber ein wichtiger Teil meiner Vorgehensweise. Vielleicht finden Sie hier ja auch Anregungen, in welche Richtung Ihre Malerei einmal gehen könnte. Wenn Sie Drucke Ihrer Arbeiten verkaufen möchten, sollten Sie sie vorher digital „säubern". Außerdem können Sie auf dem Computer alle Ihre Werke ohne Platzsorgen speichern und archivieren.

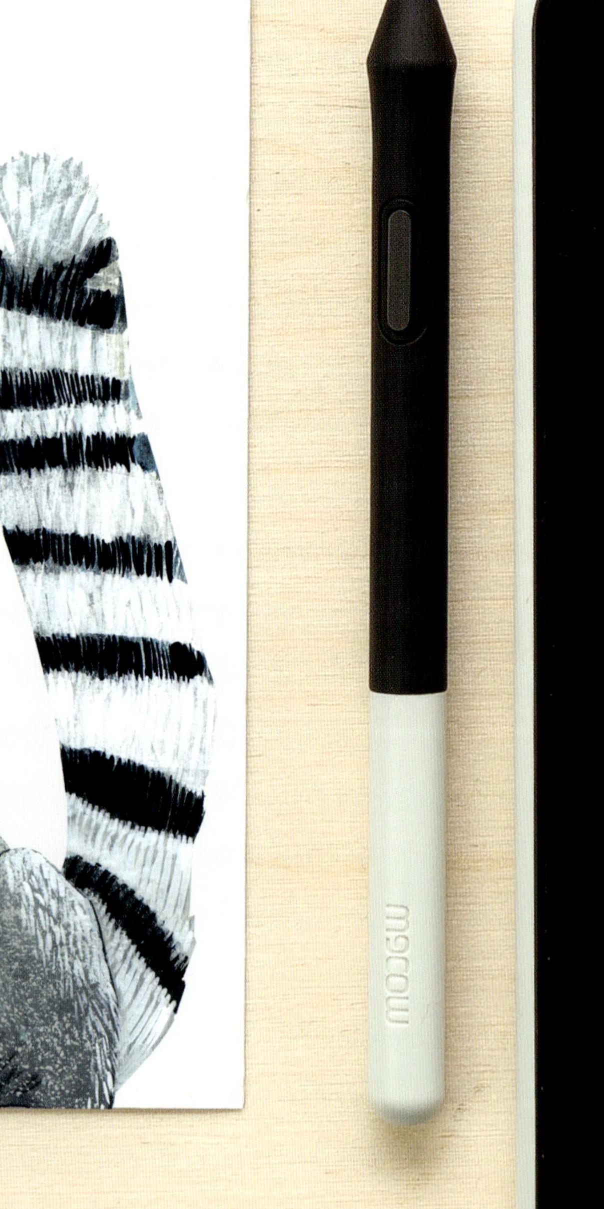

DIESES MUSTER HABE ICH DIGITAL AUS VIELEN EINZELBILDERN KREIERT, DIE IHNEN IN DIESEM BUCH BEREITS BEGEGNET SIND.

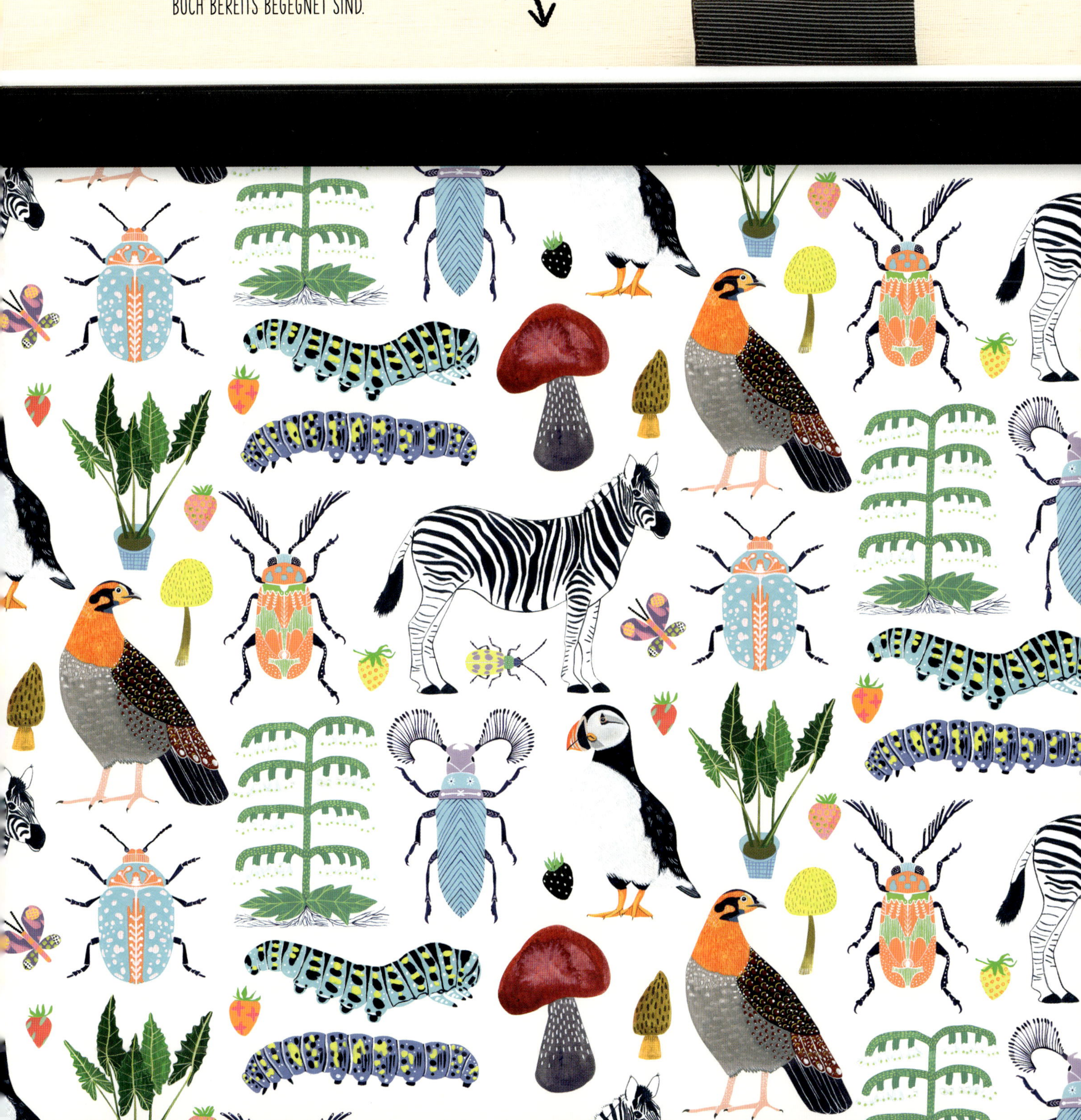

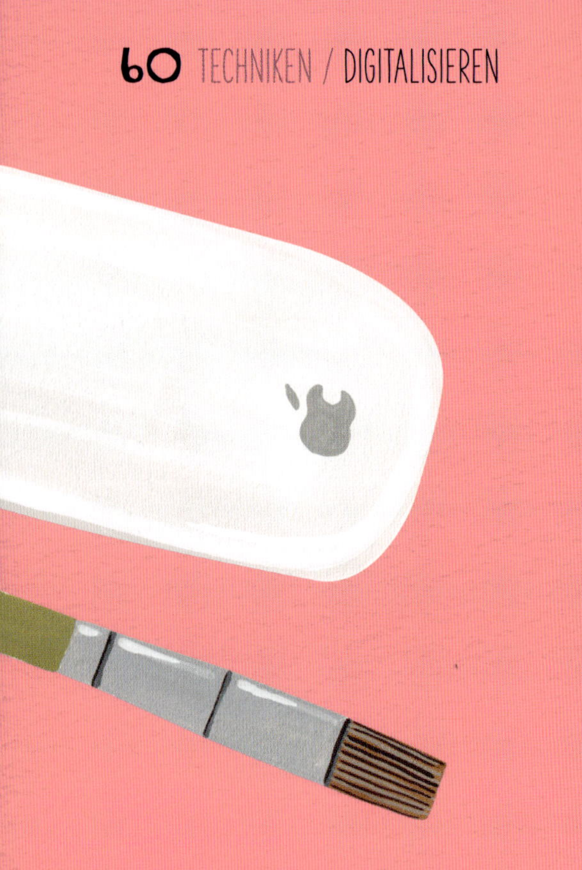

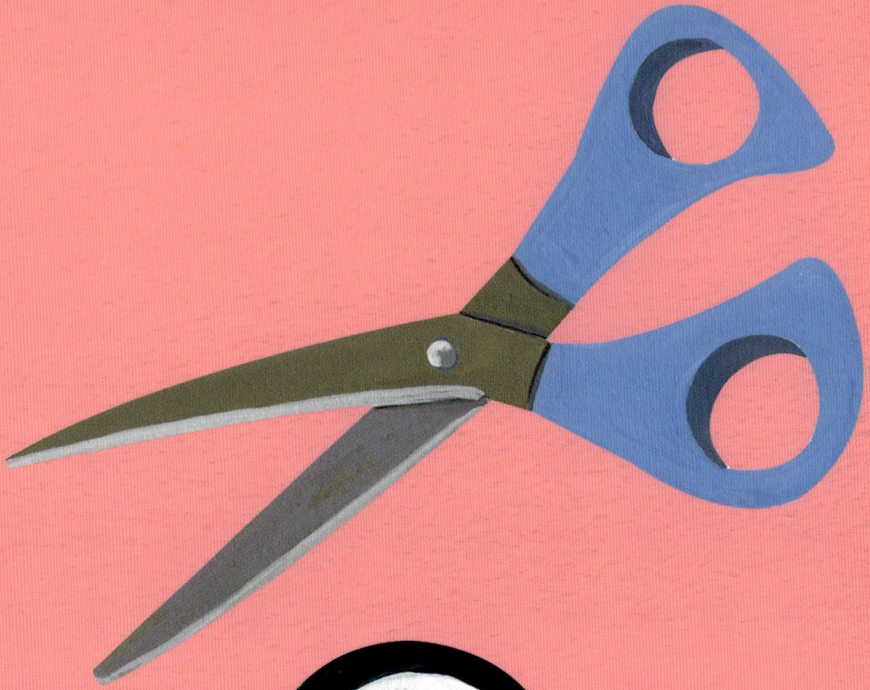

Ausschneiden und einfügen

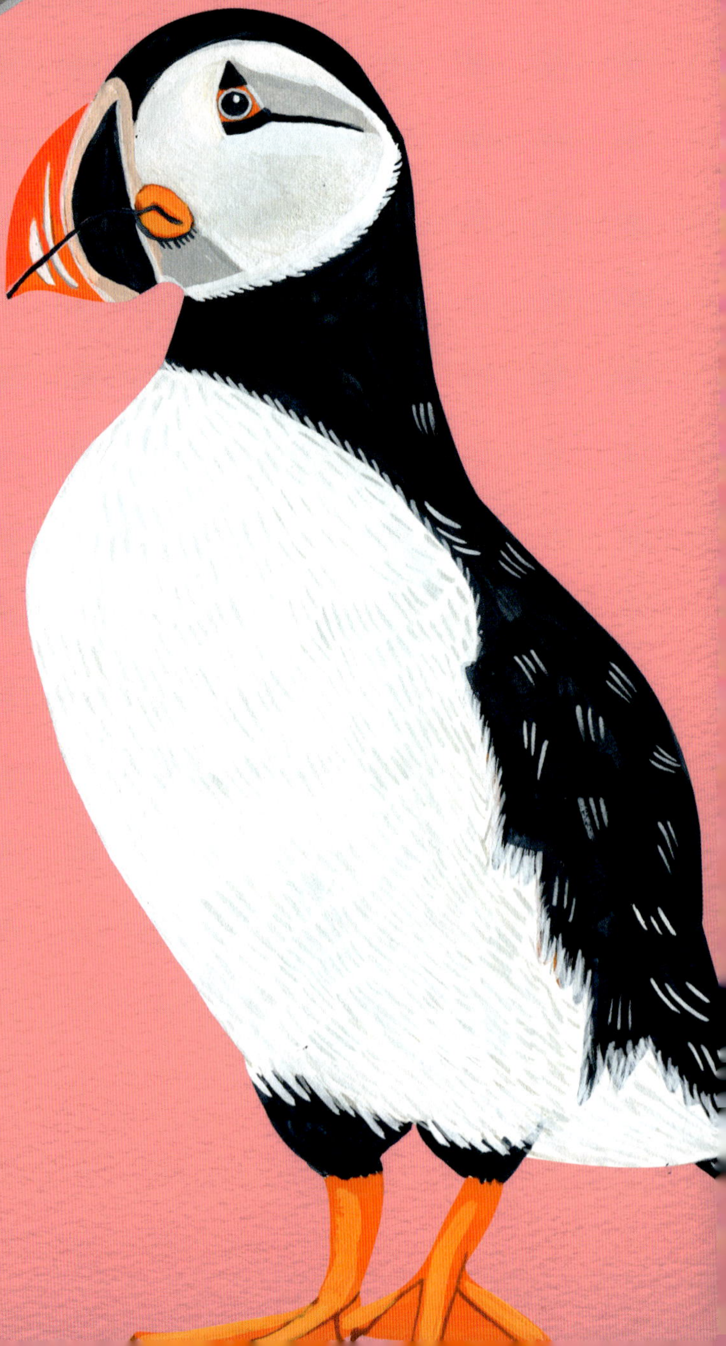

Nachdem ich ein Bild eingescannt habe, muss ich das Motiv vom Papierhintergrund trennen, um es unabhängig verschieben oder einen neuen Hintergrund hinzufügen zu können. Dafür stelle ich die Form des Objekts in Photoshop mit dem Zeichenstift-Werkzeug frei.

Ausschneiden

1. Nach dem Einscannen das Zeichenstift-Werkzeug wählen.

2. Mit entlang der Kante gesetzten Ankerpunkten einen Pfad um das Motiv legen. Bei Bedarf an den Grifflinien ziehen, um Kurven zu erhalten.

3. Nach Verbindung mit dem ersten Punkt ist der Pfad fertig. Daraus unter „Pfade" eine Auswahl erstellen, die dann mit einer sogenannten Ameisenlinie hervorgehoben wird.

4. Im Menü „Bearbeiten" auf „Ausschneiden" klicken. Ihr Bild wird vom Hintergrund getrennt.

5. Wieder im Menü „Bearbeiten" auf „Einfügen" klicken und das Bild je nach Wunsch verwenden.

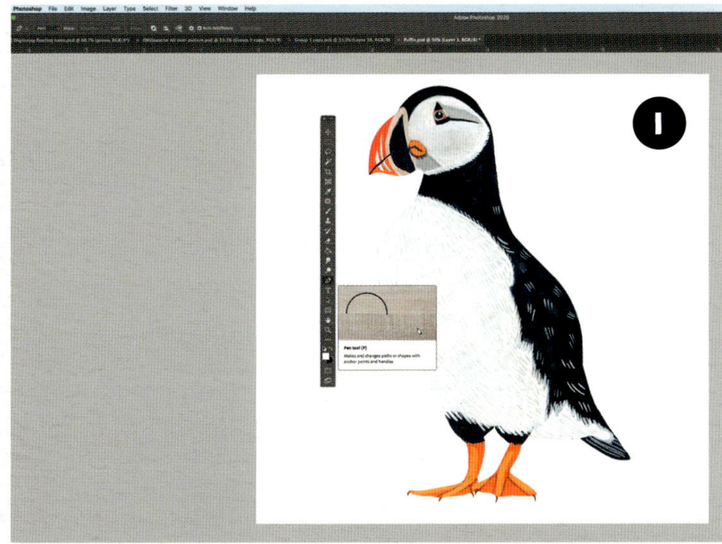
1

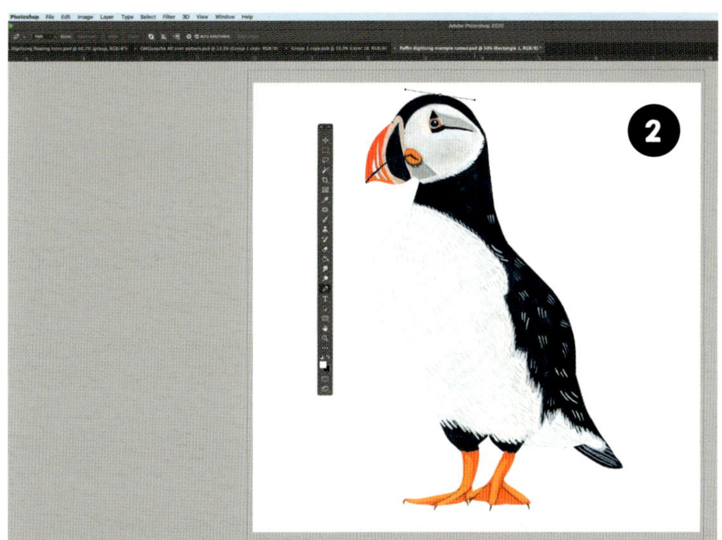
2

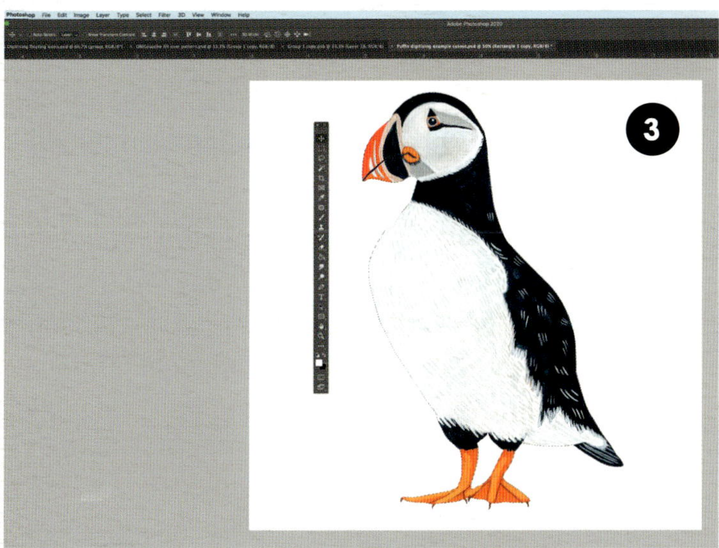
3

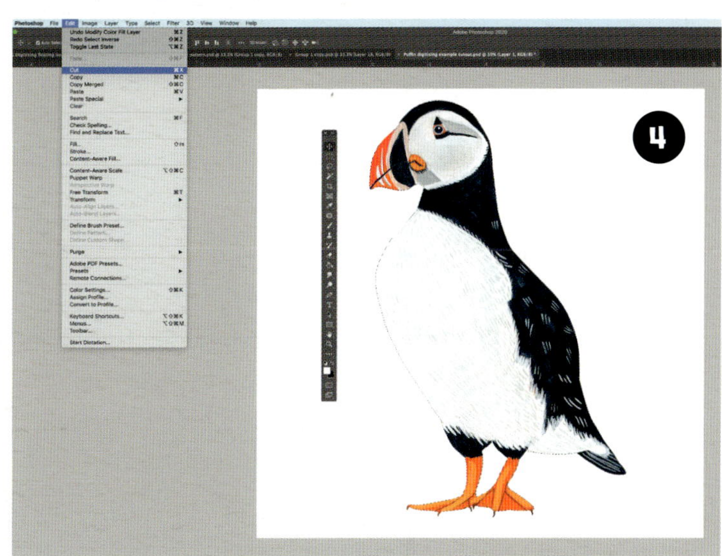
4

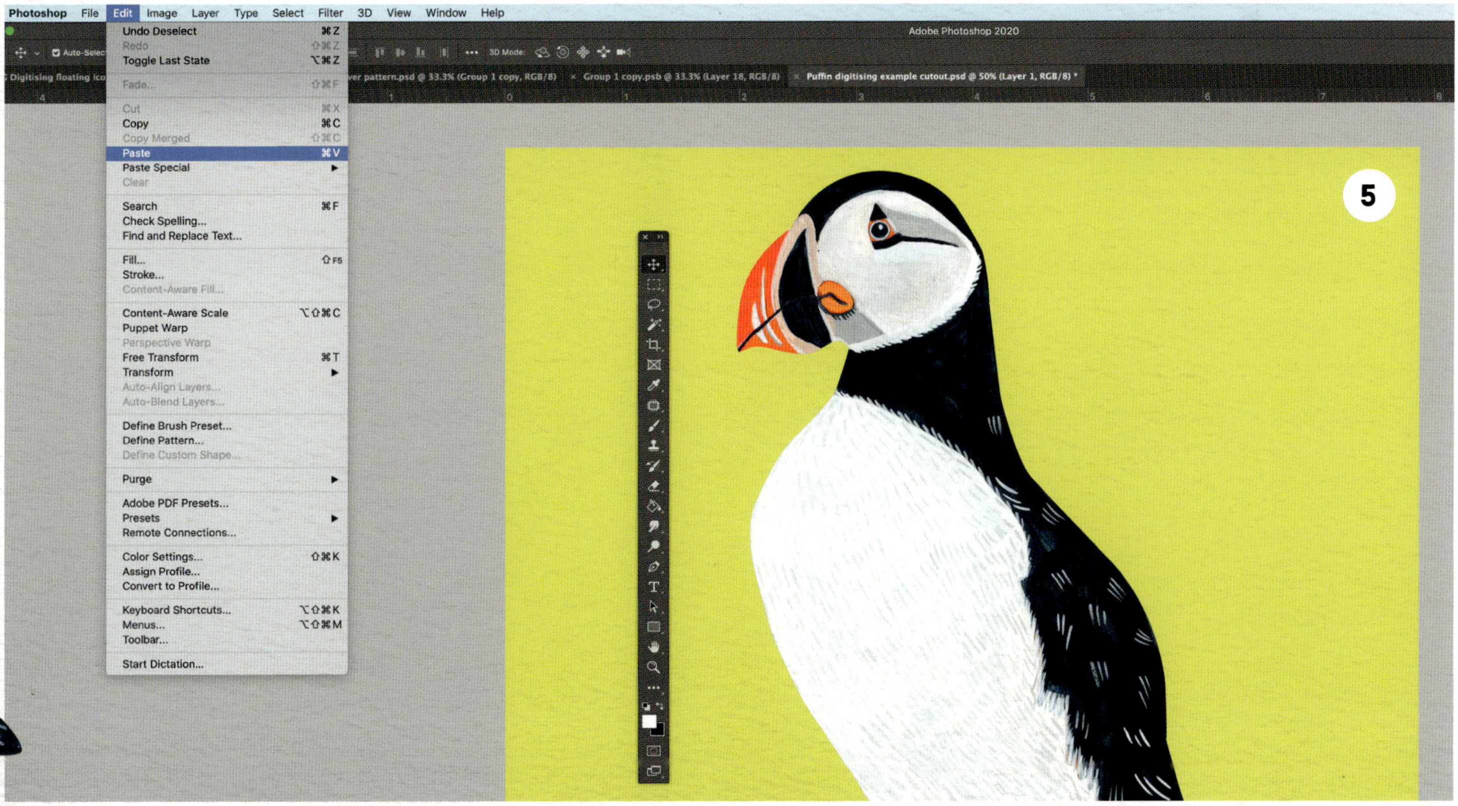

Photoshop File Edit Image Layer Type Select Filter 3D View Window Help
Adobe Photoshop 2020
Undo Deselect ⌘Z
Redo ⇧⌘Z
Toggle Last State ⌥⌘Z
Fade... ⇧⌘F
Cut ⌘X
Copy ⌘C
Copy Merged ⇧⌘C
Paste ⌘V
Paste Special
Clear
Search ⌘F
Check Spelling...
Find and Replace Text...
Fill... ⇧F5
Stroke...
Content-Aware Fill...
Content-Aware Scale ⌥⇧⌘C
Puppet Warp
Perspective Warp
Free Transform ⌘T
Transform
Auto-Align Layers...
Auto-Blend Layers...
Define Brush Preset...
Define Pattern...
Define Custom Shape...
Purge
Adobe PDF Presets...
Presets
Remote Connections...
Color Settings... ⇧⌘K
Assign Profile...
Convert to Profile...
Keyboard Shortcuts... ⌥⇧⌘K
Menus... ⌥⇧⌘M
Toolbar...
Start Dictation...
Puffin digitising example cutout.psd @ 50% (Layer 1, RGB/8) *
5

Zusammensetzen

Nachdem Sie alle gemalten Einzelbilder eingescannt und ausgeschnitten haben, können Sie alle in eine Datei einfügen und zu einem Muster zusammensetzen. Beim Gestalten sind Maßstab, Ausrichtung und Form der Einzelbilder sowie ihr Zusammenwirken zu beachten. Nicht maßstabsgerechte Kombinationen können einen Rapport besonders interessant machen.

HIER HABE ICH UNGEACHTET DES MASSSTABS ALLES ETWA GLEICH GROSS GELASSEN.

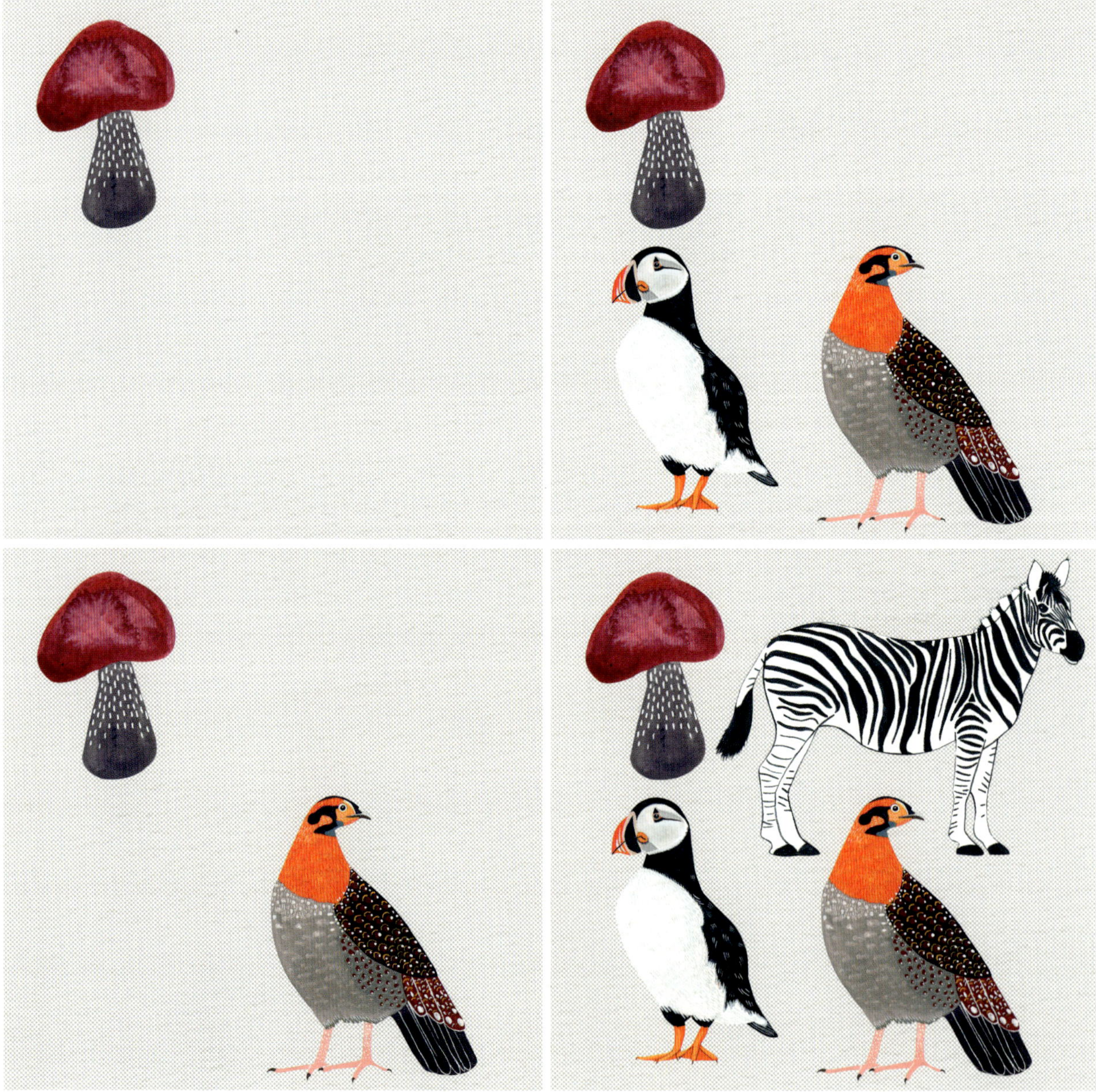

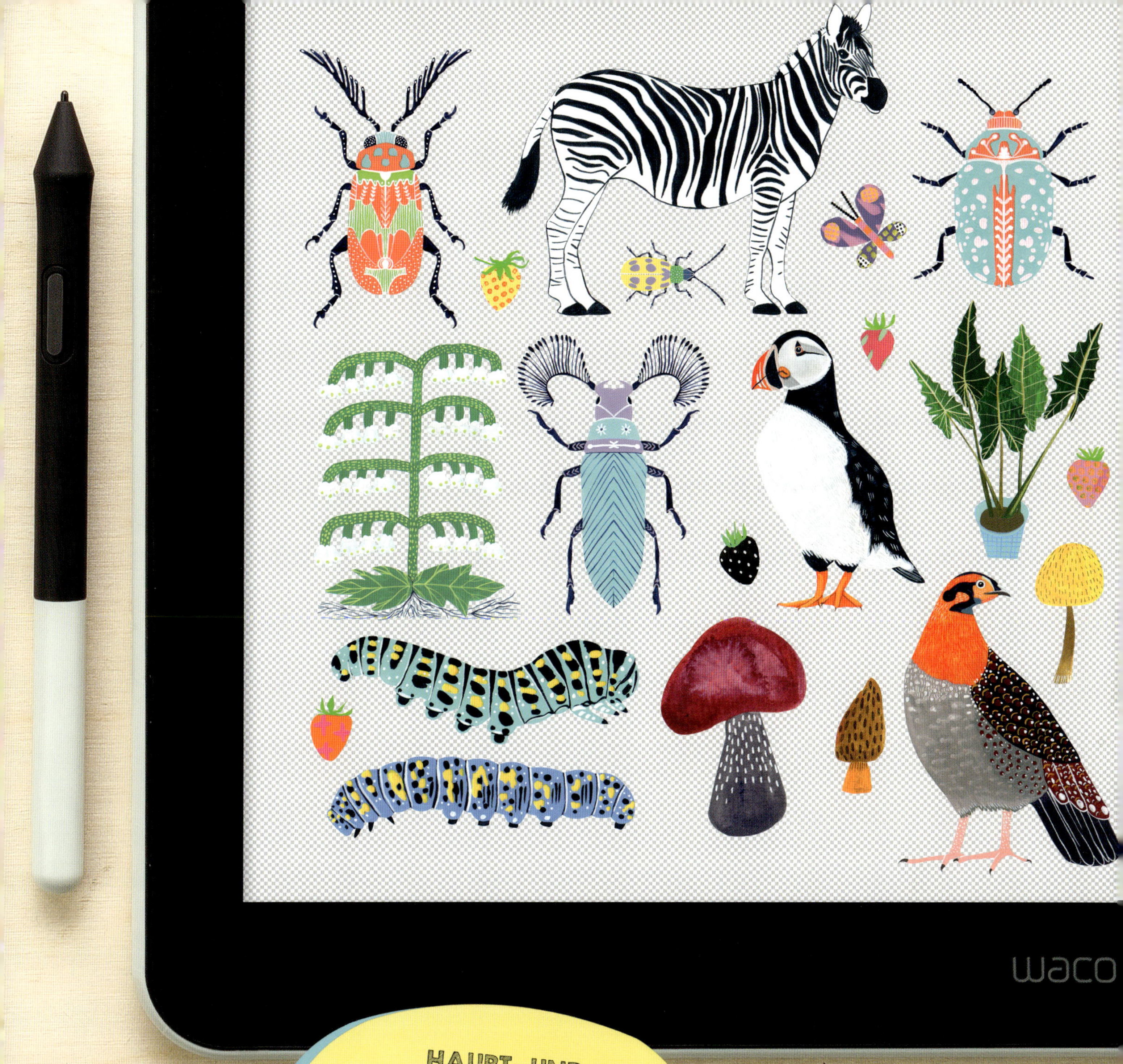

HAUPT- UND NEBENFIGUREN

Im endgültigen Rapport habe ich ein paar Einzelbilder als „Hauptfiguren" hervorgehoben und kleinere Motive um sie herum verteilt.

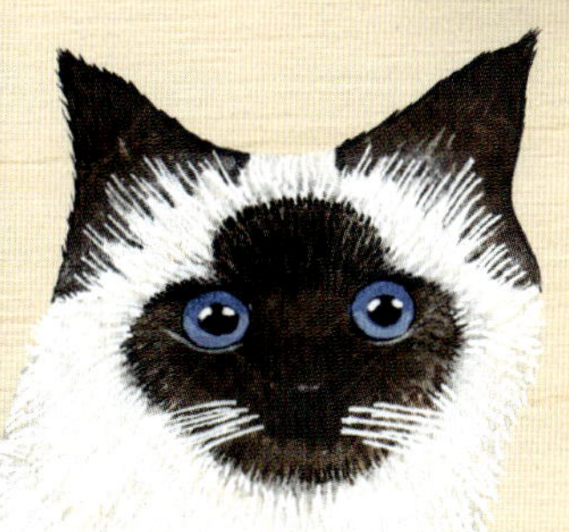

DAS IST DER FERTIGE RAPPORT MIT ALLEN EINZELBILDERN, DIE ZU EINEM MUSTER ZUSAMMENGESETZT WURDEN.

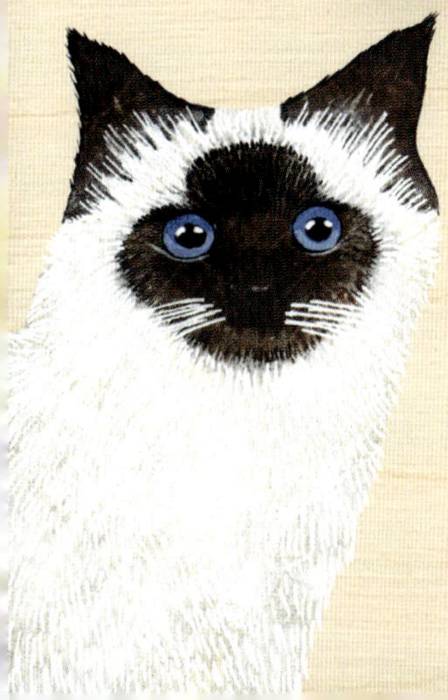

PROJEKTE

In diesem Teil des Buchs gehen wir Schritt für Schritt elf abwechslungsreiche Projekte durch. Wer noch unsicher ist, kann sie genau nachmalen. Wenn Sie aber Lust haben, Ihren eigenen Stil auszuprobieren, wandeln Sie gern alles nach Belieben ab. Ich möchte Ihnen hier nicht beibringen, genauso zu malen wie ich, sondern anhand von Beispielen zeigen, wie Bilder aus mehreren Schichten aufgebaut werden. Trauen Sie sich einfach – es gibt keine Fehler, nur lehrreiche Erfahrungen.

Sie brauchen Ihre Farben, eine Palette, Wasser, Pinsel, Aquarellpapier, Tonpapier und das von Ihnen selbst mit Mustern bedruckte Collagepapier. Außerdem eine Schere oder ein Cuttermesser. Auch ein weißer Buntstift ist hilfreich, wenn wir auf schwarzem Papier malen.

Zu jedem Projekt gebe ich an, welche Farben und welches Papier ich verwendet habe. Die Farben sollen aber nur als grobe Richtschnur dienen. Versuchen Sie, die Farben intuitiv zu mischen, so wird das Bild ganz Ihres. Sie können natürlich zwischen den Projekten wechseln, wie Sie möchten, und müssen auch nicht unbedingt immer mit Schritt 1 anfangen. Steigen Sie einfach dort ein, wo Ihr Interesse geweckt wird.

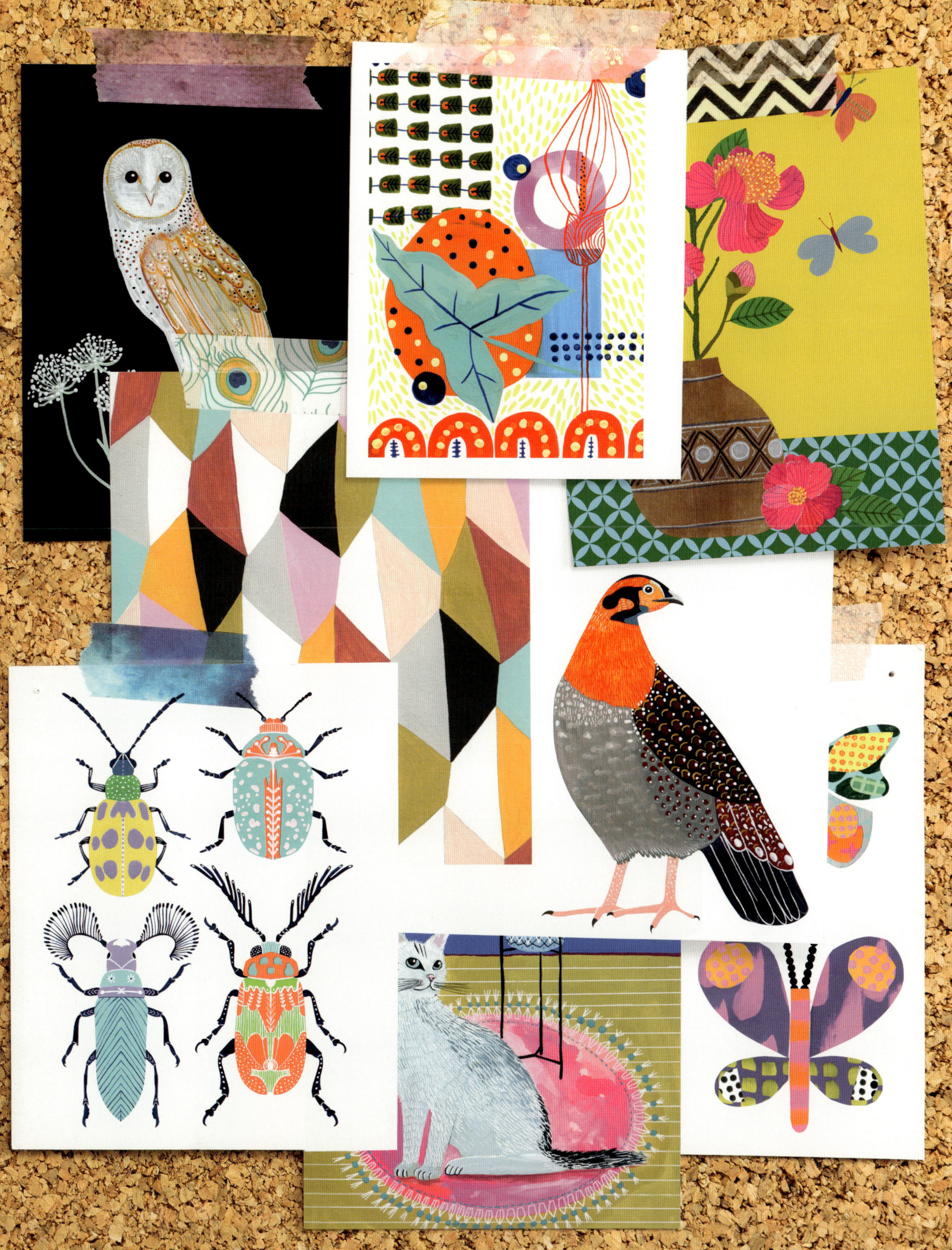

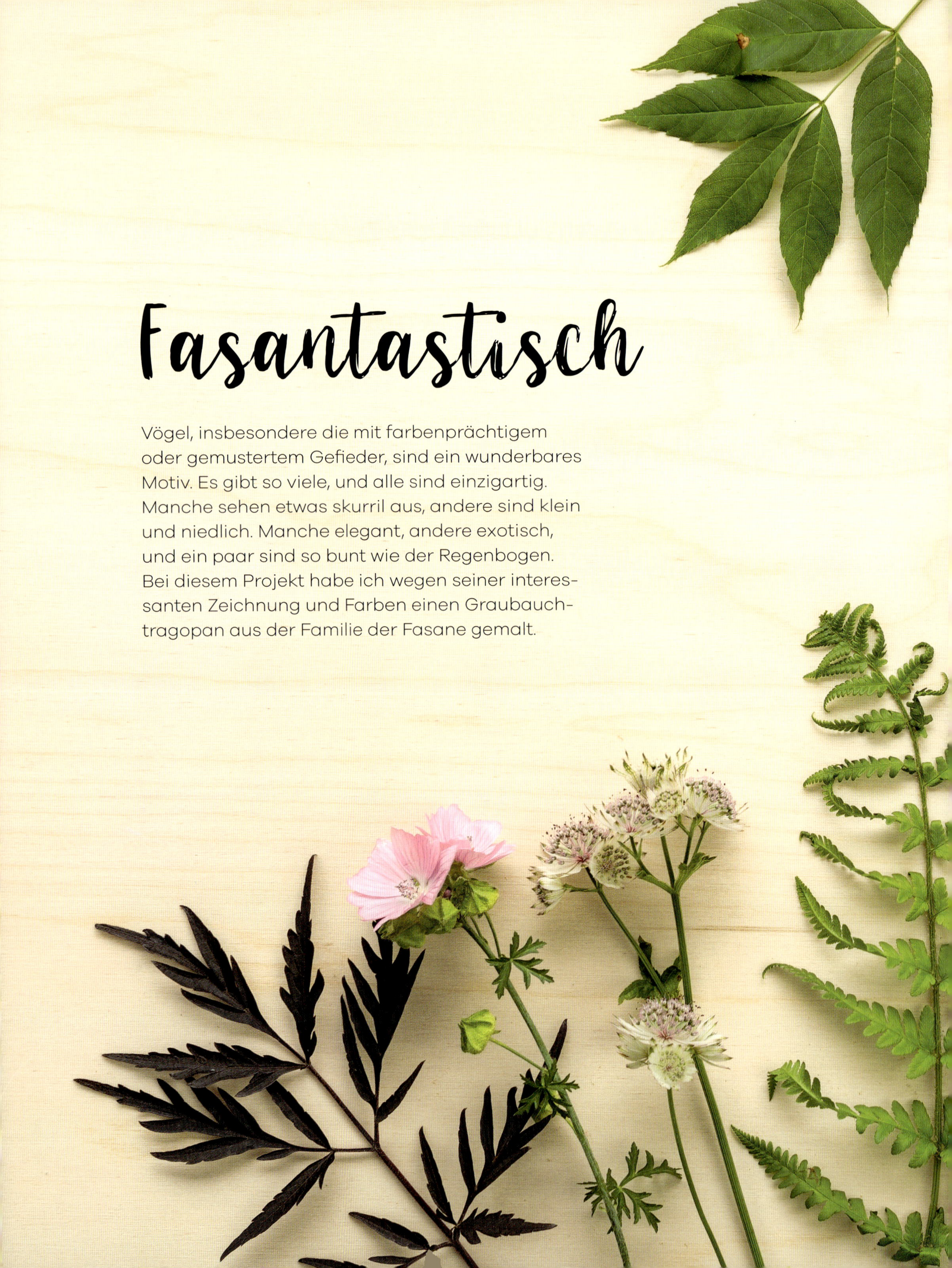

Fasantastisch

Vögel, insbesondere die mit farbenprächtigem oder gemustertem Gefieder, sind ein wunderbares Motiv. Es gibt so viele, und alle sind einzigartig. Manche sehen etwas skurril aus, andere sind klein und niedlich. Manche elegant, andere exotisch, und ein paar sind so bunt wie der Regenbogen. Bei diesem Projekt habe ich wegen seiner interessanten Zeichnung und Farben einen Graubauchtragopan aus der Familie der Fasane gemalt.

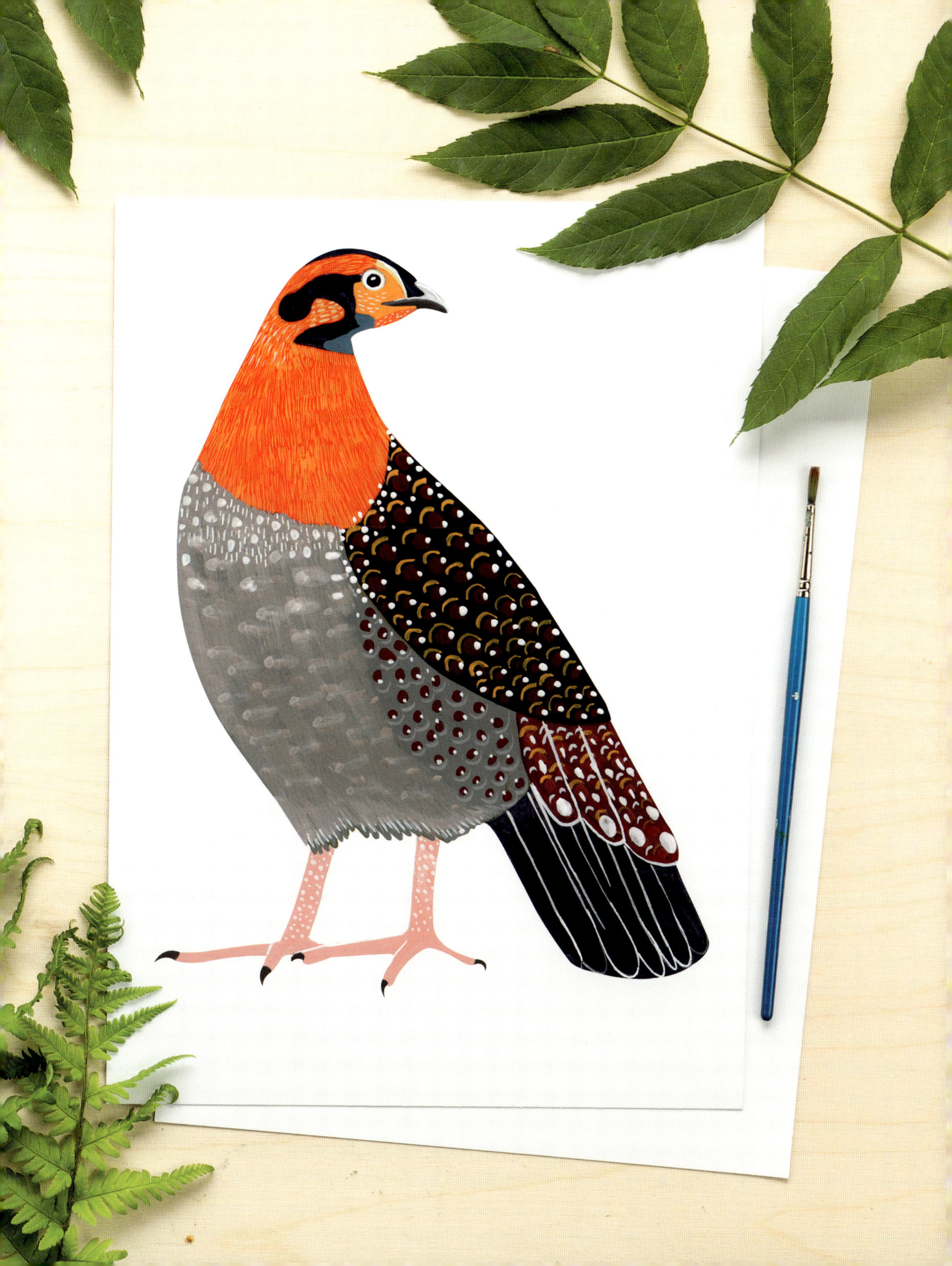

FARBEN

- Purpurmagenta
- Scharlach
- Orange
- Kadmiumgelb
- Weiß
- Mintgrün
- Türkisblau

PAPIER

Einfaches Zeichen- oder Druckerpapier

Transparentpapier

Aquarellblock

TECHNIKEN

Skizzieren

Lasieren

Muster

Schichttechnik

Details

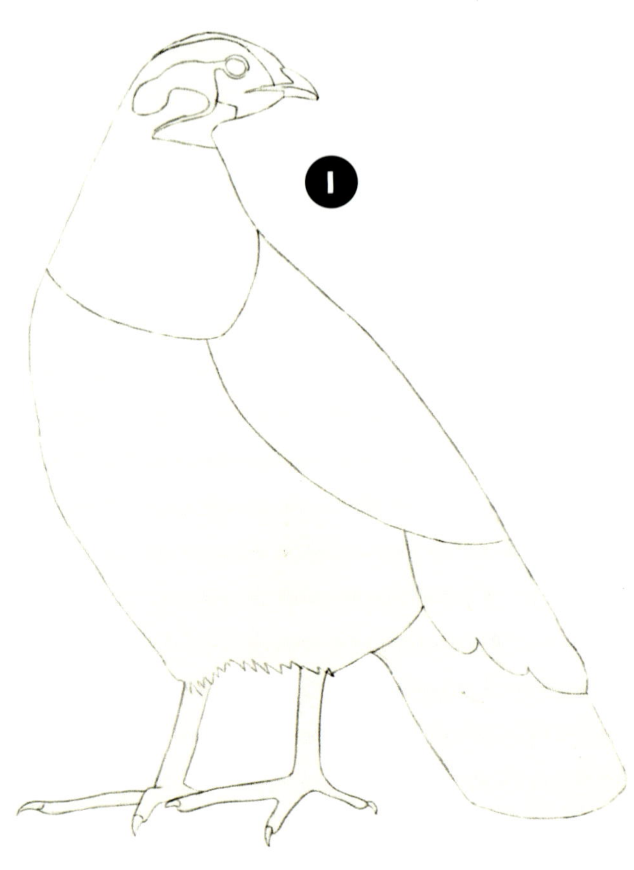

1. Zuerst die Form des Vogels anhand eines Fotos oder nach meiner Vorlage vorzeichnen. Konzentrieren Sie sich auf die wichtigsten Bereiche – den Kopf, das Auge und den Schnabel. Halten Sie sich nicht mit Details auf, diese kommen später. Beim Flügel und beim Schwanz reicht ein grober Umriss. Anschließend die Skizze mittels Transparentpapier übertragen, wenn Sie nicht schon direkt auf das Aquarellpapier gezeichnet haben.

2. Jetzt kommt die erste Farbschicht als Grundlage. Dafür können Sie einen recht großen Pinsel verwenden. Um Details geht es hier noch nicht.

3. In meinem Beispiel haben mir die Farben nach dem Trocknen nicht mehr richtig gefallen, deshalb habe ich den Bauch mit Grau übermalt und den Flügel abgedunkelt. Am Hals ist etwas Türkis hinzugekommen. An diesem Punkt lässt sich noch viel anpassen.

4. Hier habe ich angefangen, einige Details auf den Bauch und die Flügel zu setzen. Behalten Sie die Zeichnung und die Farben der Federn im Blick und versuchen Sie, diese mit dem Pinsel nachzuempfinden. Das muss nicht perfekt realistisch aussehen – es ist Ihre Interpretation.

5. Jetzt mit einem deutlich dünneren Pinsel den Hals und das Gesicht mit letzten Details versehen. Viele kleine Striche nebeneinander imitieren die Federtextur, aus weißen Punkten entsteht das Muster. Hellere und weiße Details hebe ich mir immer bis ganz zum Schluss auf.

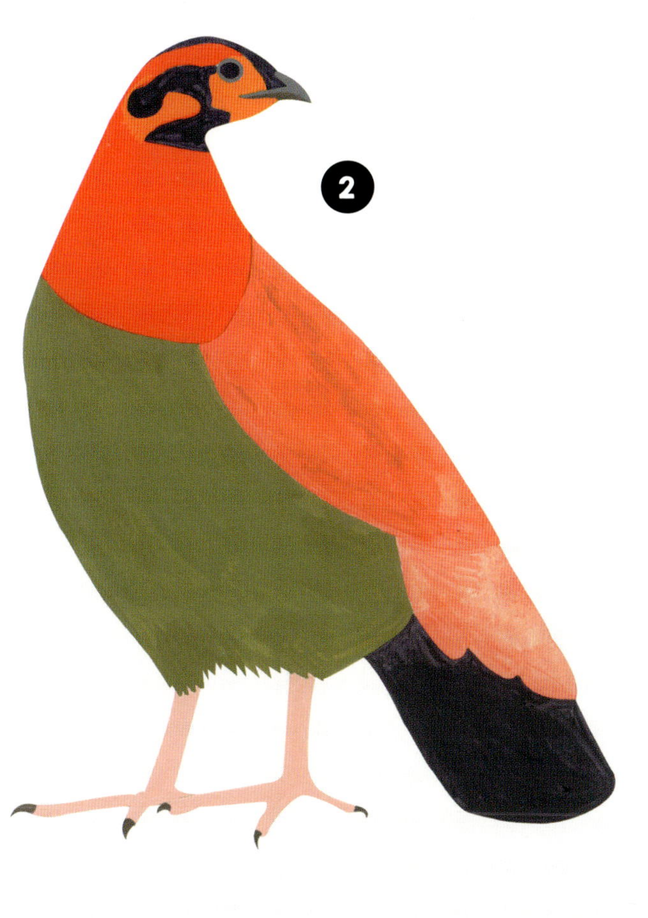
2

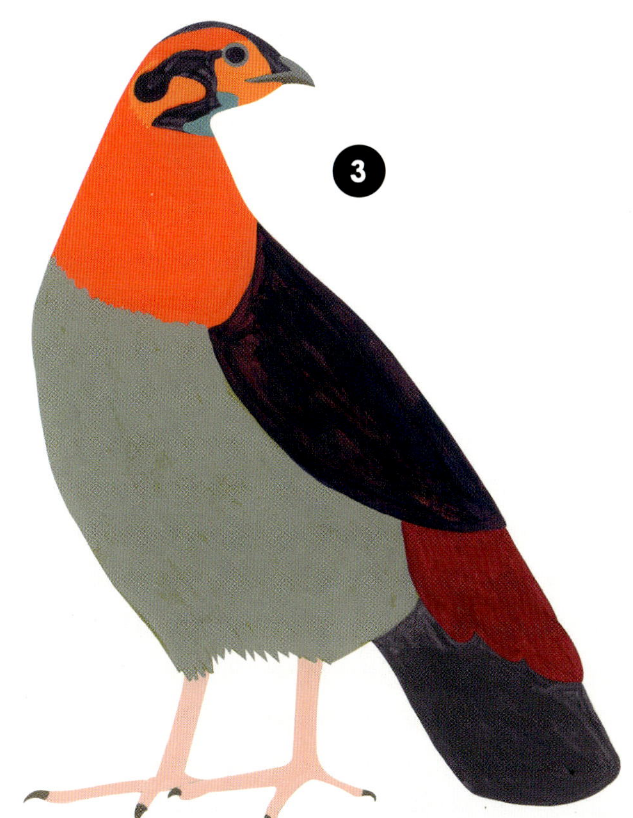
3

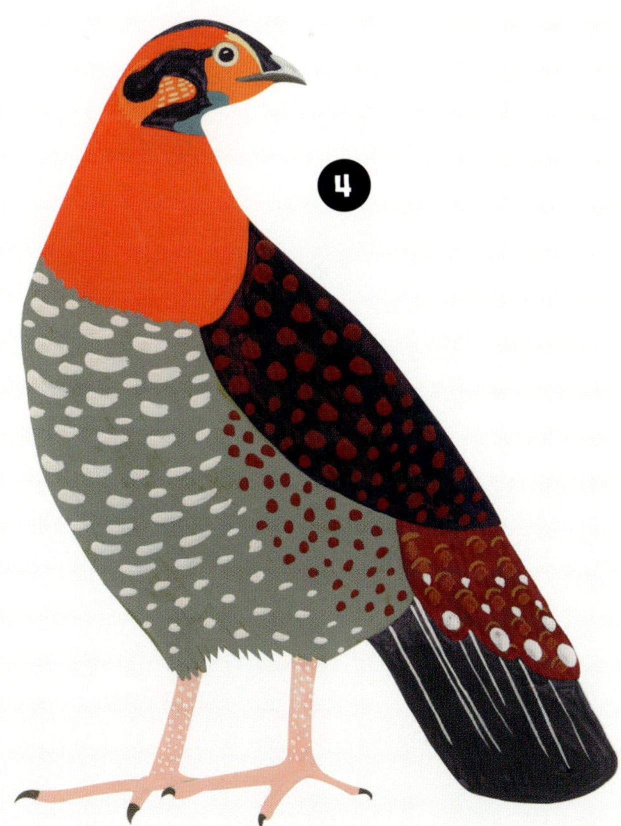
4

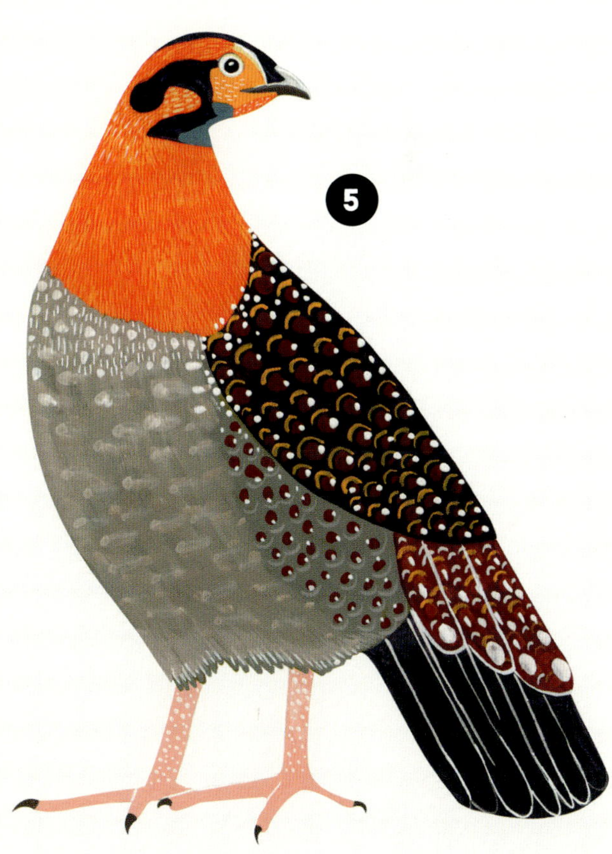
5

Käferparade

Käfer sind überraschend dekorativ, und bei den Farben und Mustern kann man sich so richtig austoben. Wenn Sie es lieber realistisch mögen, sehen Sie sich Fotos im Internet an. Sie können das Vorzeichnen bei diesem Projekt auch weglassen, wenn Sie lieber gleich mit dem Pinsel loslegen. Die entstandenen Käfer können Sie am Ende zu einem Muster zusammensetzen oder in anderen Bildern verwenden.

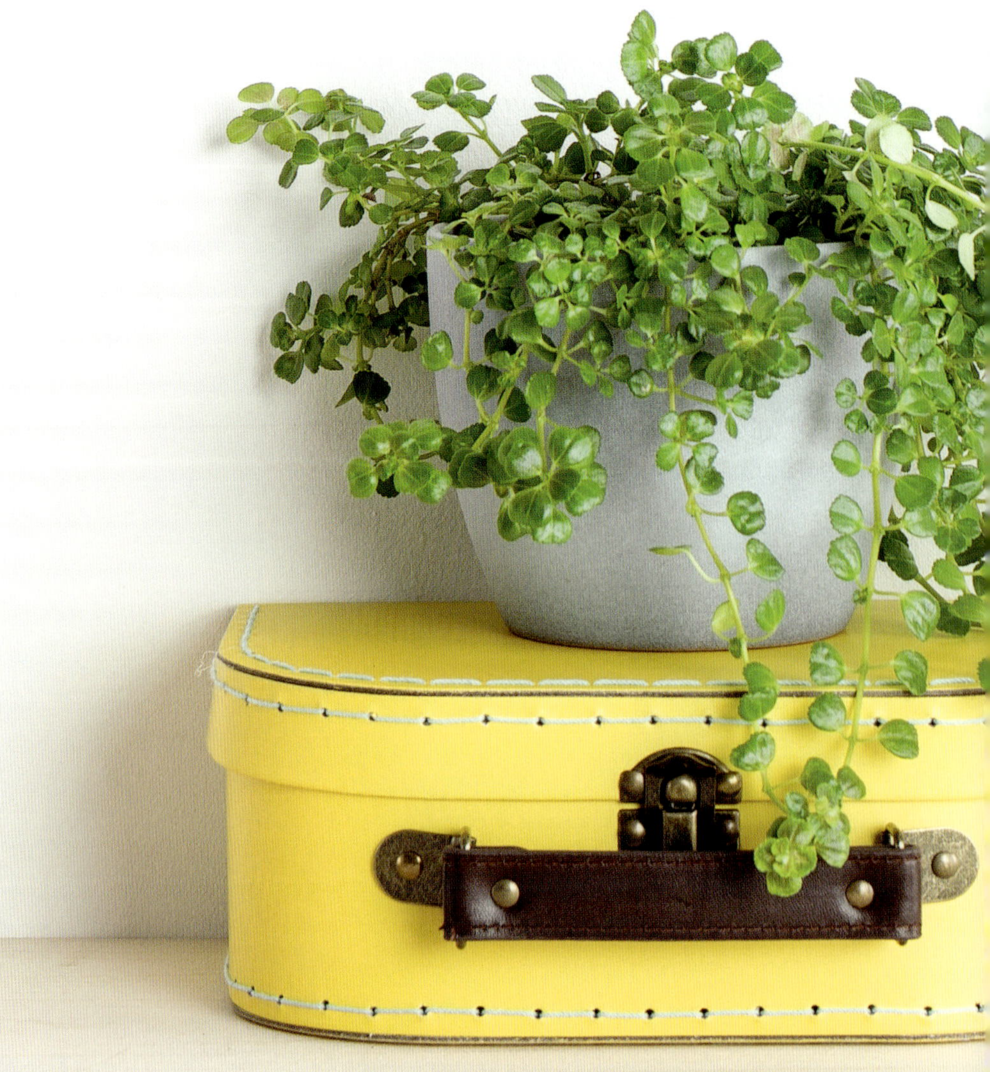

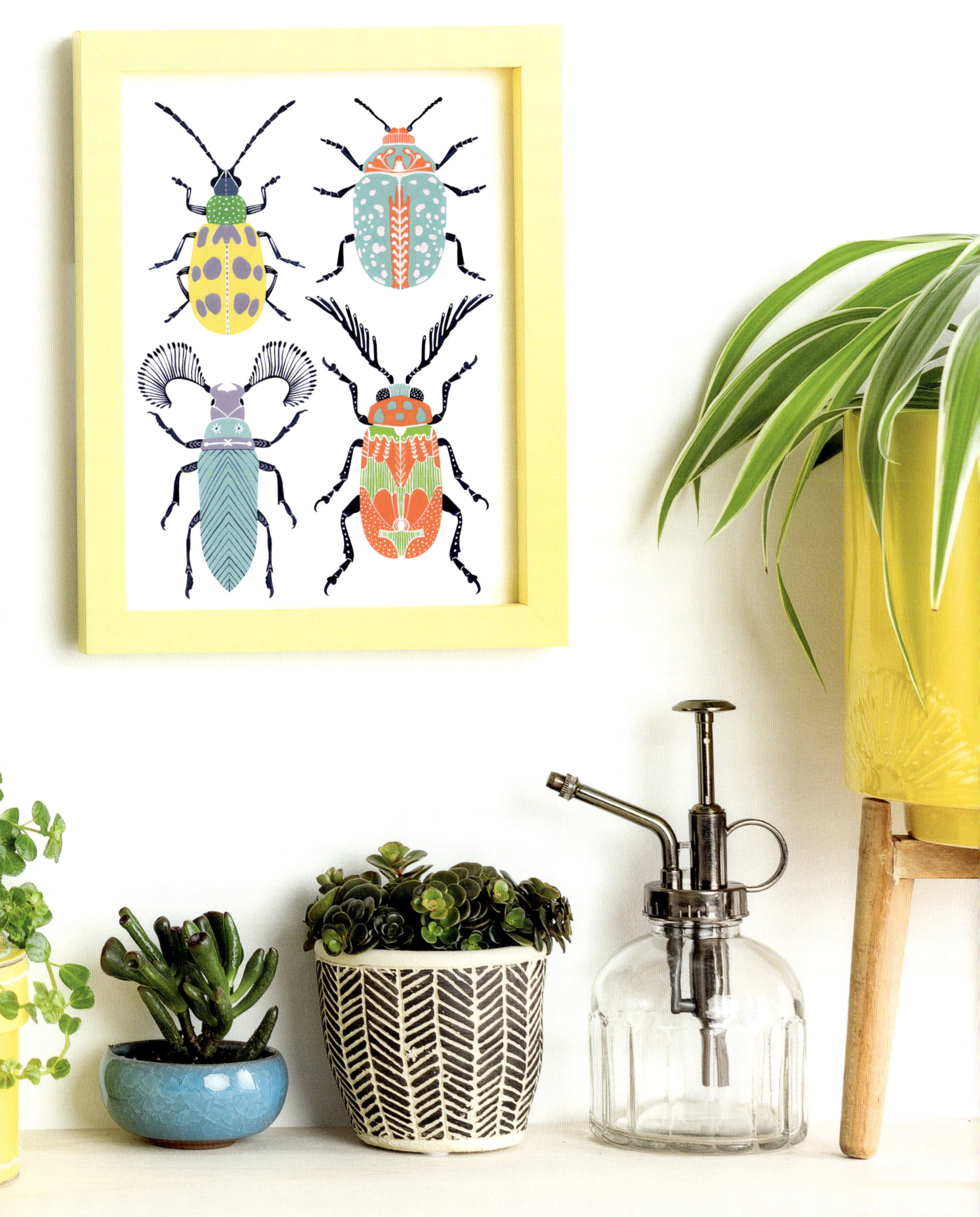

FARBEN

- Eisblau
- Korallenrot
- Flieder
- Brillantgrün
- Tiefblau
- Weiß
- Blassrosa
- Spektrumgelb

PAPIER

Einfaches Zeichen- oder Druckerpapier

Transparentpapier

Aquarellblock

TECHNIKEN

Skizzieren

Schichttechnik

Details

Digitalisieren

---

1. Die Käfer vorzeichnen, aber nur die wichtigsten Elemente. Die Muster auf dem Rumpf können Sie entweder jetzt schon einzeichnen oder später spontan malen.

2. Dann am Rumpf erste Flächen mit kräftigen Farben anlegen. Ich habe mich für einen deckenden Auftrag entschieden.

3. Nach und nach weitere Flächen am Rumpf füllen und die Beinchen, Augen und Fühler mit dunklerer Farbe malen.

4. Nach Trocknen der dunkleren Farben als letzten Schliff feine Linien und Punkte aufmalen.

5. Im letzten Schritt habe ich meine Käfer eingescannt und einzeln mit Photoshop gespiegelt, damit sie ganz symmetrisch sind und schön grafisch wirken, auch wenn in der Natur natürlich nichts perfekt symmetrisch ist.

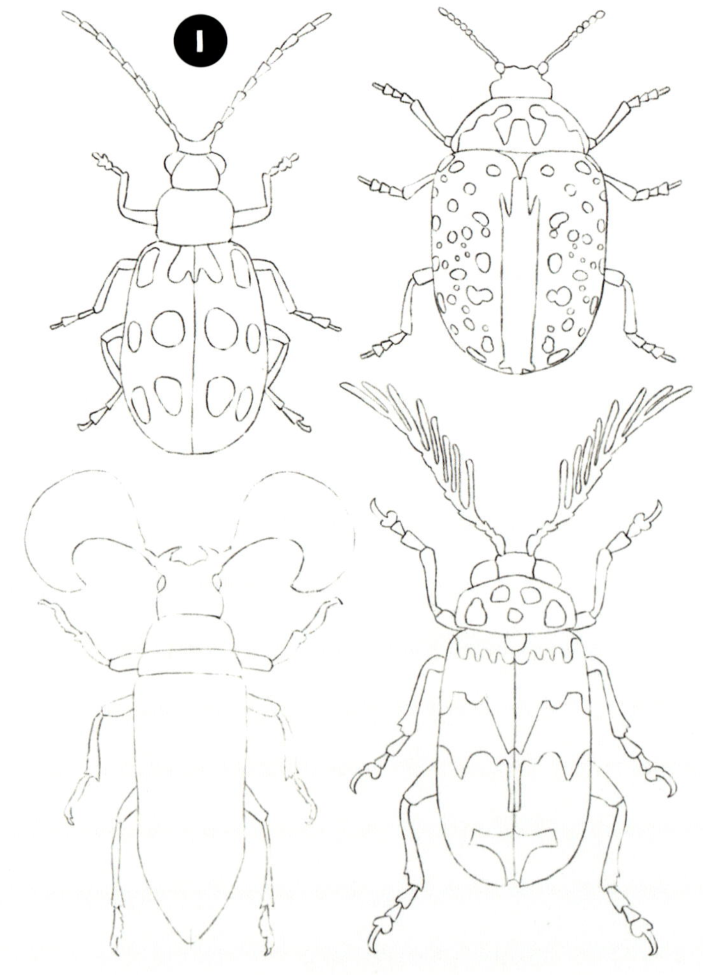

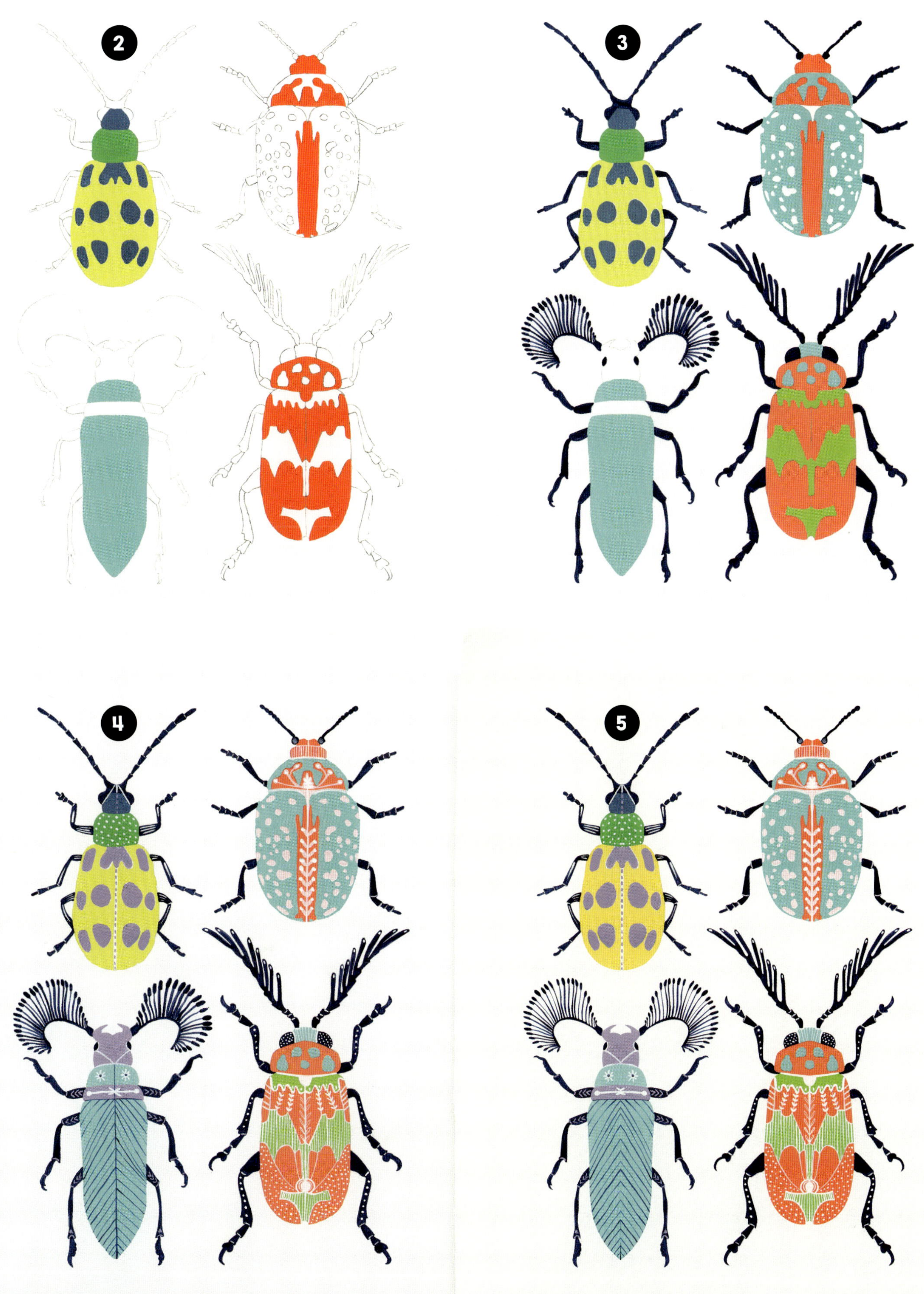

2
3
4
5

Sir Pflanzelot

Topfpflanzen liegen gerade voll im Trend, und das ist angesichts ihrer hübschen Blätter und luftreinigenden Wirkung auch kein Wunder. Die Pflanze, die ich hier gemalt habe, ist nur ein Beispiel von vielen. Auch Palmen, Gummibäume, Farne und Sukkulenten lassen sich schön malen und haben teilweise eine ganz interessante Blattstruktur. Pflanzen zu malen macht Spaß und belohnt mit dekorativen Ergebnissen.

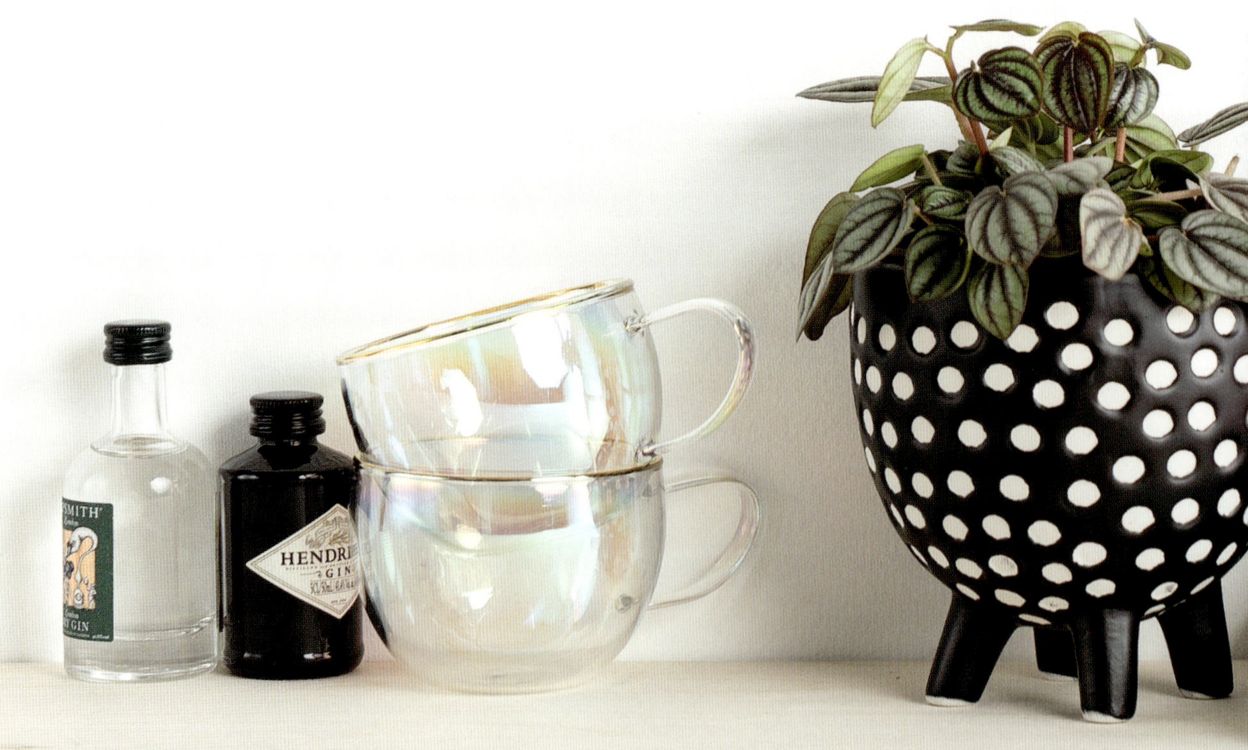

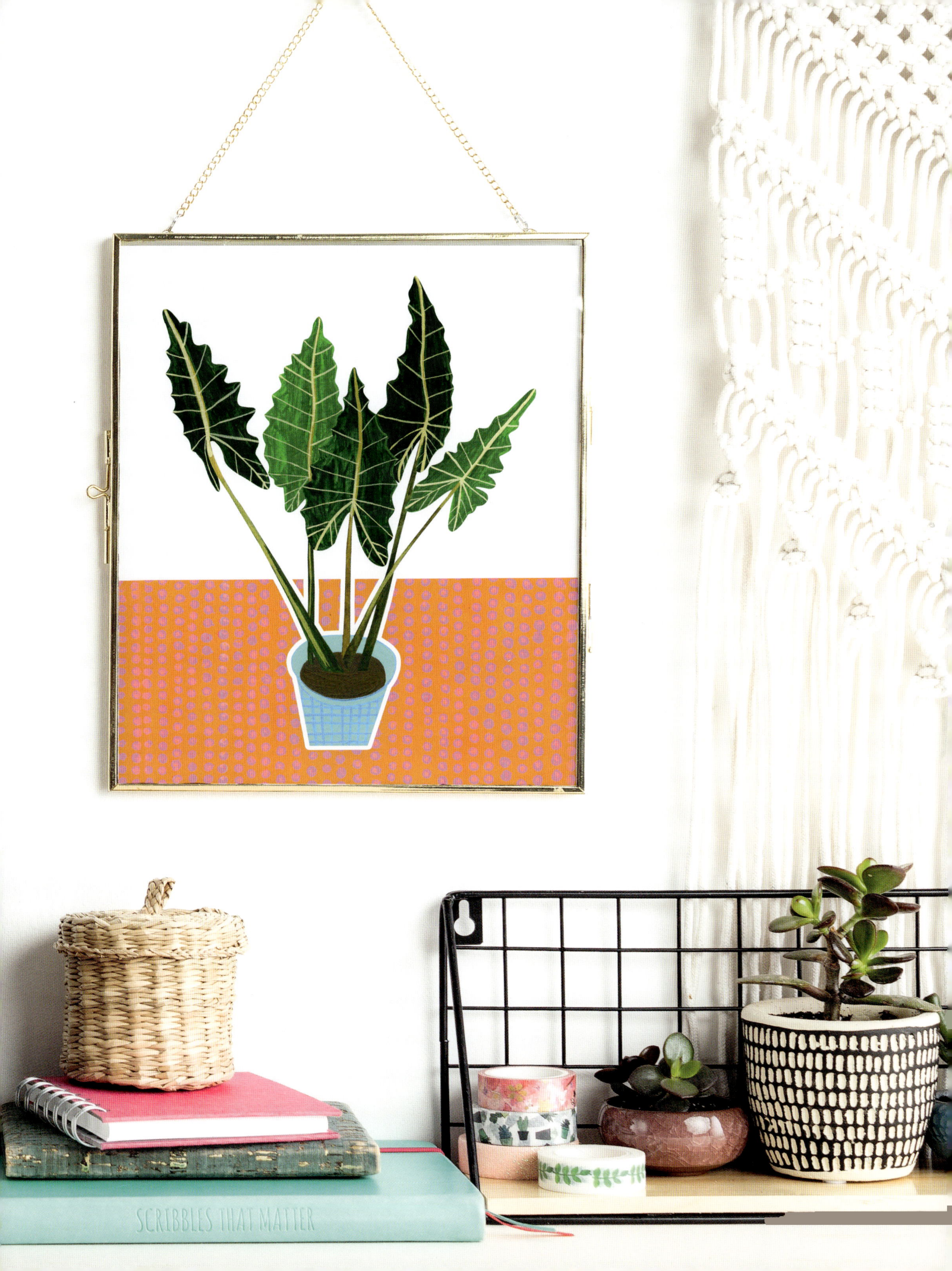
SCRIBBLES THAT MATTER

FARBEN

- Dunkelgrün
- Umbra gebrannt
- Spektrumgelb
- Eisblau
- Türkisblau

PAPIER

Einfaches Zeichen- oder Druckerpapier

Transparentpapier

Aquarellblock

Zuvor hergestelltes Collagepapier

TECHNIKEN

Skizzieren

Linien

Formen und Kanten

Schichttechnik

Details

1. Als Erstes das Motiv vorzeichnen, damit die Proportionen und Formen stimmen. Achten Sie dabei besonders auf die Form der Blätter und den allgemeinen Maßstab.

2. Die Farbflächen der Blätter und Stiele anlegen. Ich habe verschiedene Grüntöne benutzt, aber in der Mitte einen Streifen für die Aderung freigelassen.

3. Mit einer anderen Farbe (hier Eisblau) den Blumentopf ausfüllen. Dabei nicht über die Stiele malen, sondern exakt an der Kante entlangmalen, damit alle Farben rein bleiben.

4. Mit einer weiteren Farbe die Erde im Topf malen. Diese wird ohne Textur bleiben, um nicht von der Pflanze und dem Topf abzulenken.

5. Wenn alle Farbflächen angelegt und getrocknet sind, Details und Linien auf die Blätter setzen. Die Außenseite des Topfes mit einem Muster versehen. Dabei „zeichnen" Sie mit dem Pinsel.

6. Zum Schluss in Collagetechnik den Hintergrund hinzufügen, damit es so aussieht, als stünde der Topf auf einem Tisch oder Teppich. Ich habe das digital gemacht, indem ich vorher auf Tonpapier ein Muster gemalt, das eingescannt und in Photoshop hinter die Pflanzenebene gelegt habe. Dann habe ich die Pflanze mit einer breiten weißen Kontur versehen, damit sie wie ausgeschnitten aussieht. Das funktioniert natürlich auch manuell mit Schere und Papier.

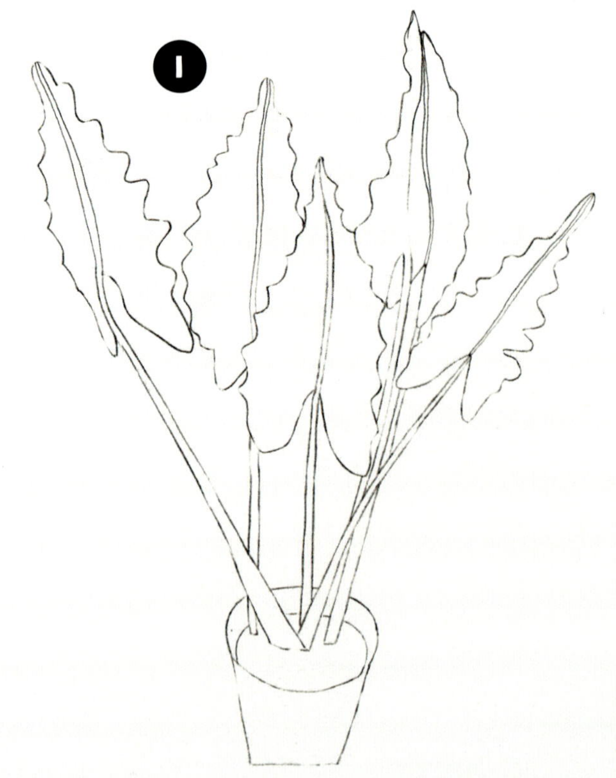

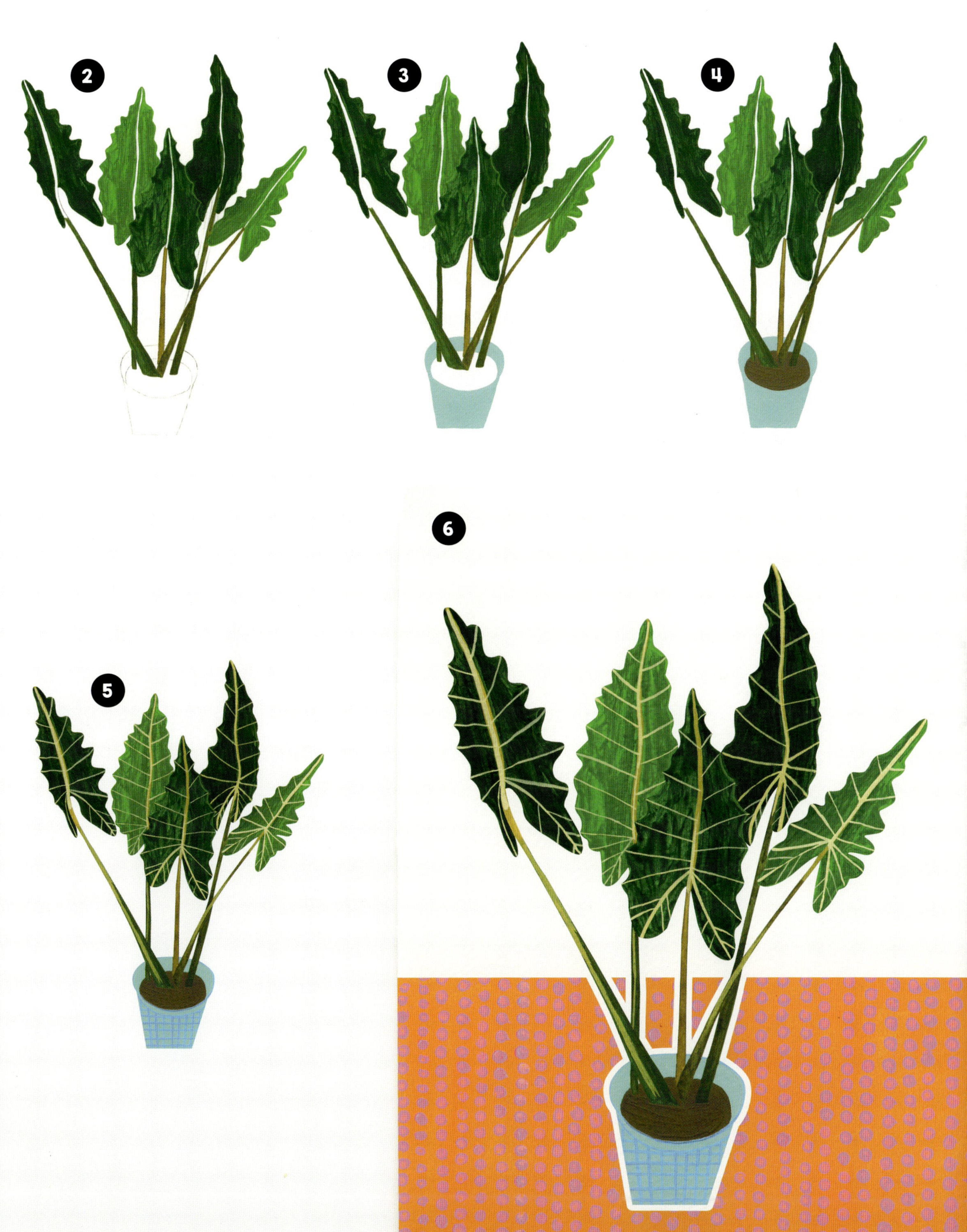
2
3
4
5
6

Wer bist du?

Tiere mit schöner Zeichnung faszinieren mich immer wieder, seien es Vögel oder Schmetterlinge, ein Gepard oder eine Raupe. Die Natur ist die größte Künstlerin und eine unerschöpfliche Inspirationsquelle. An Raupen gefällt mir besonders ihr segmentierter Körper und wie sie sich bewegen. Außerdem erinnern sie mich an die Raupe aus *Alice im Wunderland*, besonders die blaue!

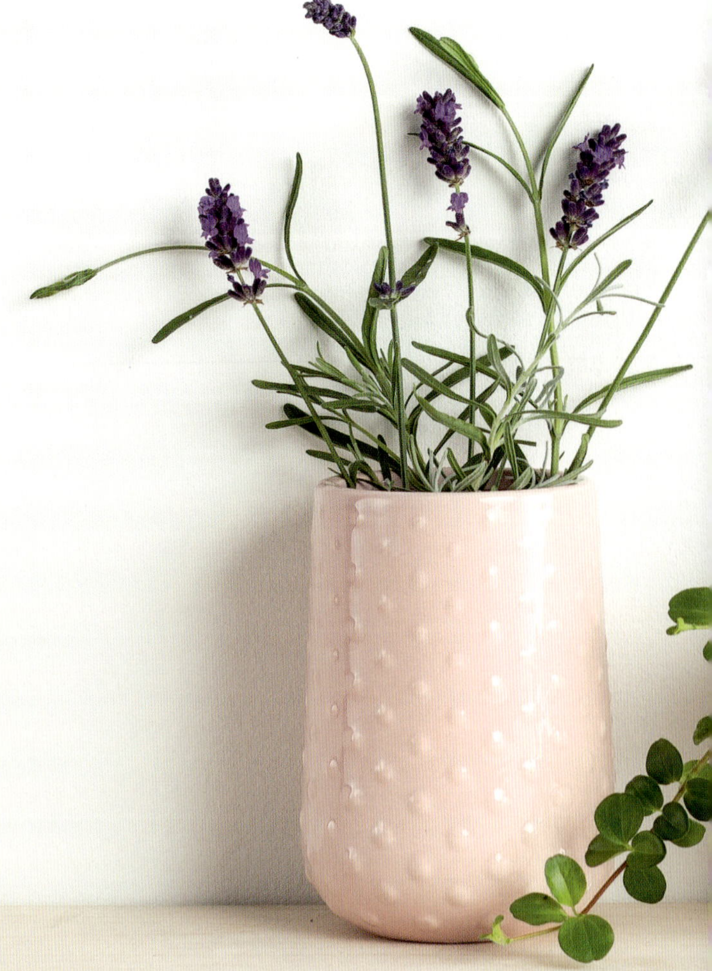

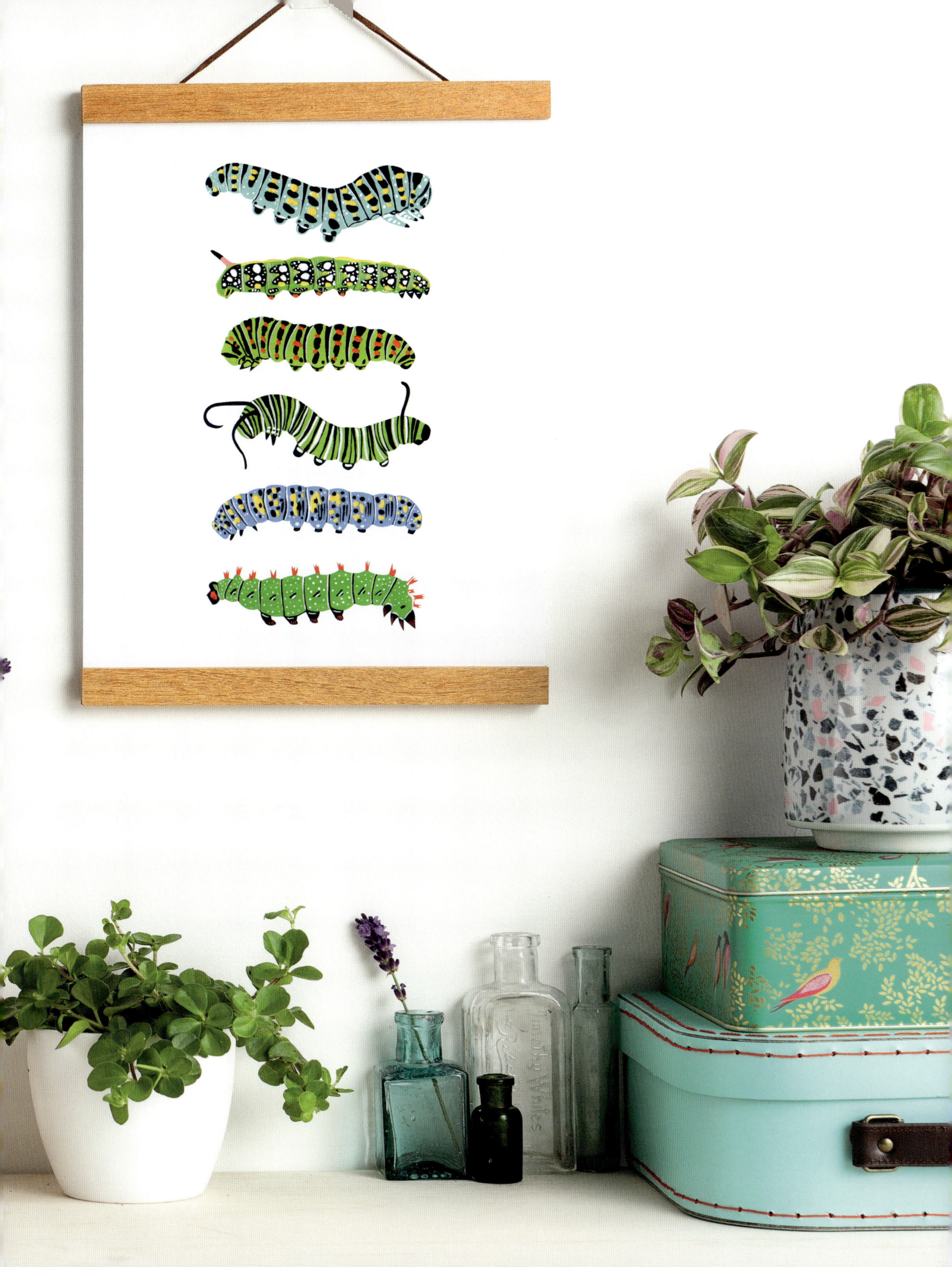

FARBEN

- Eisblau
- Weiß
- Kobaltblau
- Scharlach
- Spektrumgelb
- Preußischblau
- Brillantgrün

PAPIER

Einfaches Zeichen- oder Druckerpapier

Aquarellblock

Transparentpapier

TECHNIKEN

Skizzieren

Linien

Schichttechnik

Details

1. Die Raupen auf einfachem Papier – Druckerpapier oder einer Seite aus dem Skizzenbuch – vorzeichnen. Ich übertrage solche Skizzen gern mithilfe von Transparentpapier, da ich dabei gleich die Linien glätten kann.

2. Die Hauptfarben auswählen und damit die Körperformen anlegen. Ich habe verschiedene Grün- und Blautöne für meine Raupen gewählt, aber sie müssen nicht realistisch aussehen. Nehmen Sie ruhig Pink oder Lila, wenn Sie möchten!

3. Nach dem Trocknen als zweite Schicht erste Details aufmalen. Damit sie trotz der unterschiedlichen Grundfarben einheitlich wirken, habe ich dafür bei allen ein ganz dunkles Blau benutzt. Sehen Sie sich Fotos von der Musterung verschiedener Raupen an, und setzen Sie diese auf Ihre eigene Weise im Bild um.

4. In der nächsten Schicht folgen weitere Details – kleine Farbakzente, die Ihre Raupen zum Leben erwecken. Auch hier können Sie sich wieder an Fotos orientieren. Ob Sie dann völlig unrealistische Farben wählen oder näher am Original bleiben, bleibt Ihnen überlassen.

5. Im letzten Schritt werden die Raupen mit zarten weißen Details vollendet. Ich habe die Muster mit kleinen weißen Punkten und Strichen ergänzt.

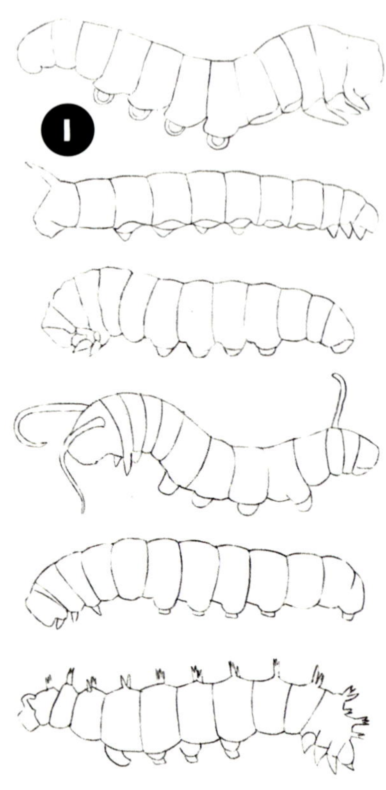

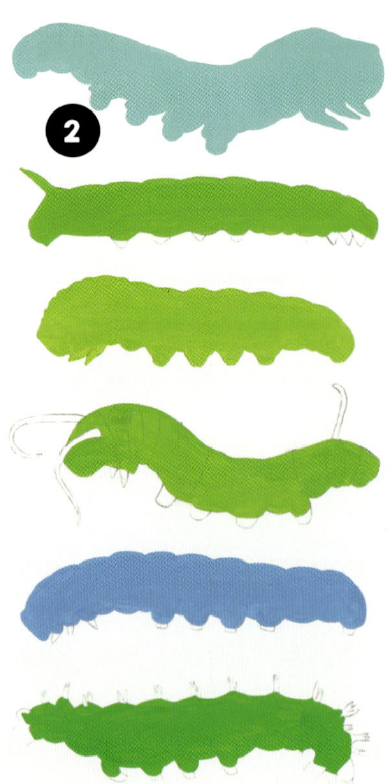

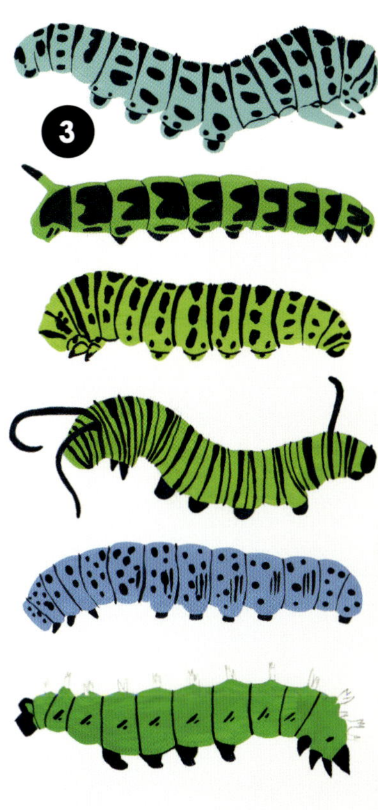

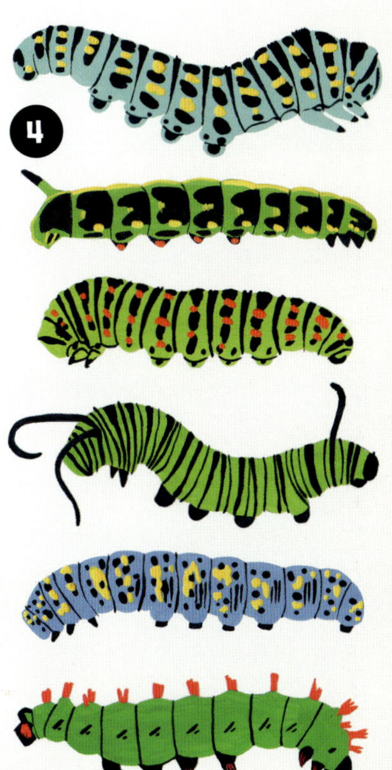

5

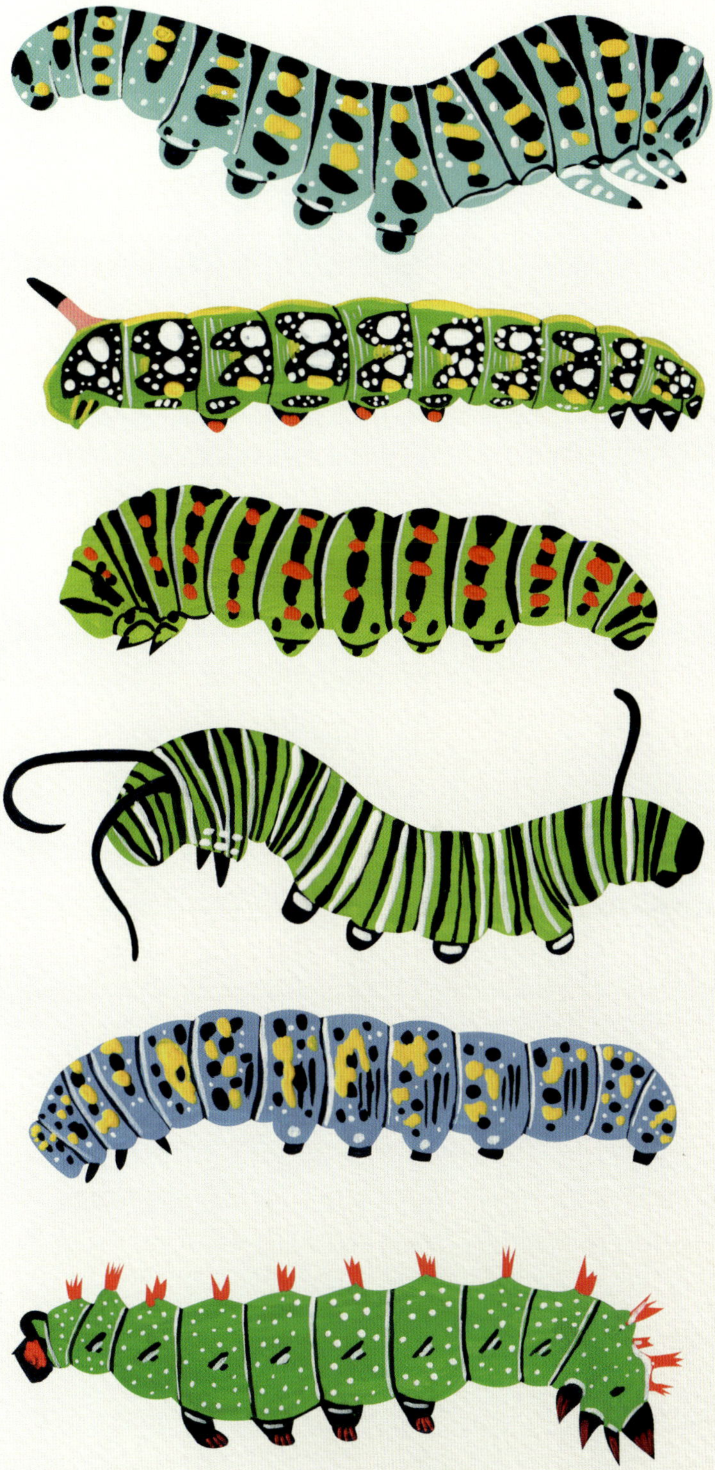

Flatterhaft

Bei diesem Projekt habe ich viel Papier benutzt, das ich zuvor bemalt und bedruckt hatte. Wenn Sie das auch machen möchten, nehmen Sie Tonkarton oder einfarbig angemaltes Papier, und toben Sie sich beim Zeichnen oder Drucken von Mustern aus. Je kontrastreicher, desto besser! Dann nur noch trocknen lassen.

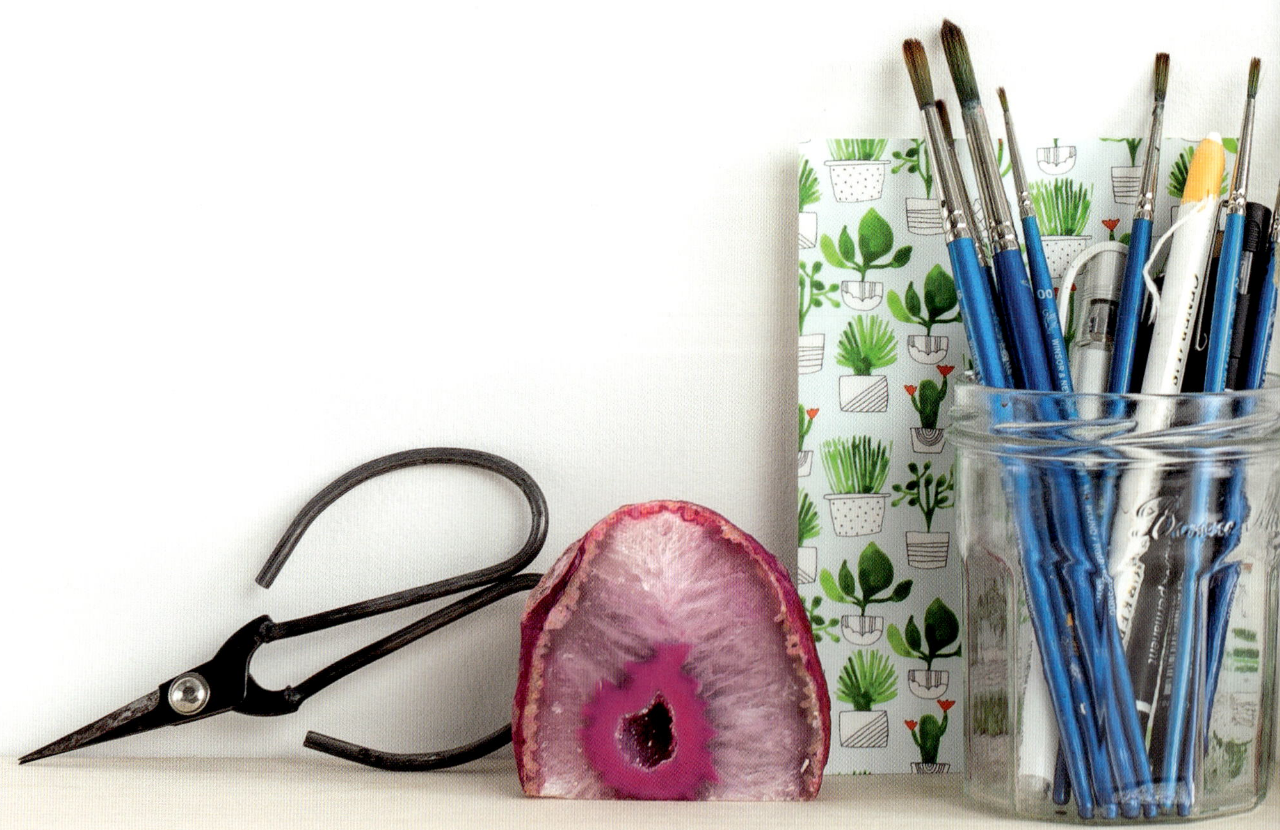

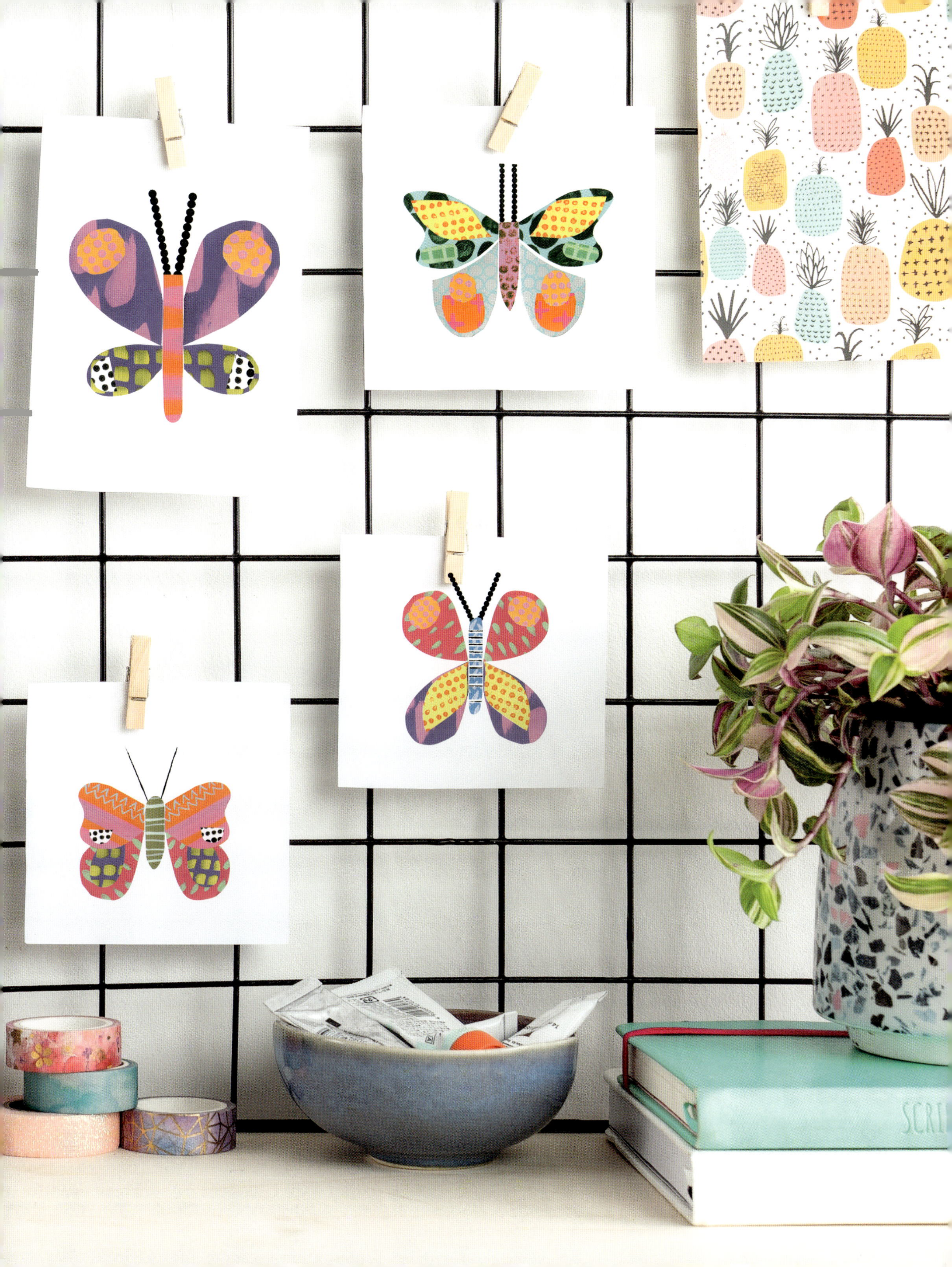

PAPIER

Zuvor bemaltes Collagepapier

Fester Malkarton oder Pappe

TECHNIKEN

Muster

Collage

Digitalisieren

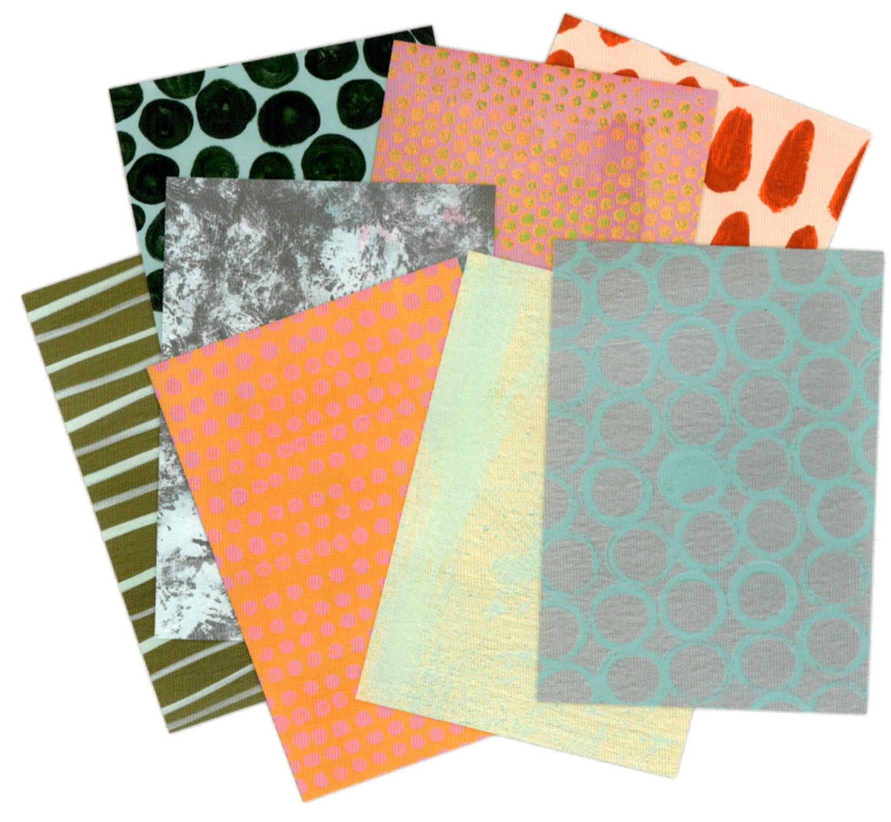

1. Zuerst ein paar Punkte für die Fühler ausschneiden. Ich habe sie mit einem Wattestäbchen gestempelt. Auf stabilem Papier oder Pappe zurechtlegen und mit Bastelkleber oder Glanzmedium festkleben.

2. Dann den Körper als schmale, längliche Form ausschneiden. Ich habe ein Muster mit leuchtenden breiten Streifen ausgewählt. Die ausgeschnittene Form so aufkleben, dass die Enden der Fühler darunter verschwinden.

3. Schmetterlinge haben vier Flügelteile, zwei auf jeder Seite. Die oberen Teile folgendermaßen herstellen: Gemustertes Papier falten und zwei gleich große Flügel auf einmal ausschneiden. Das Muster darf ruhig auf jeder Seite unterschiedlich ausfallen, Hauptsache die Form ist spiegelgleich. Die Flügel nah am Körper aufkleben, dabei genug Platz für das untere Paar lassen.

4. Auf die gleiche Weise entstehen die unteren Flügel aus einem anders gemusterten Papier. Sie können größer oder kleiner als das obere Flügelpaar sein, ganz nach Ihrem Gefühl und Geschmack.

5. Hier habe ich zwei kleine schwarz-weiße Stücke auf die unteren Flügel geklebt. Fügen Sie so viele Details hinzu, wie Sie mögen, umso interessanter wird das Bild.

6. Aus wieder einem anderen, kontrastierenden Muster ein zusätzliches Detail auf die oberen Flügel aufkleben. Auch hier können Sie Ihrer Fantasie freien Lauf lassen.

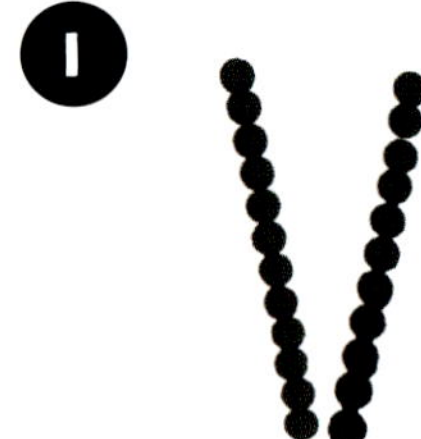

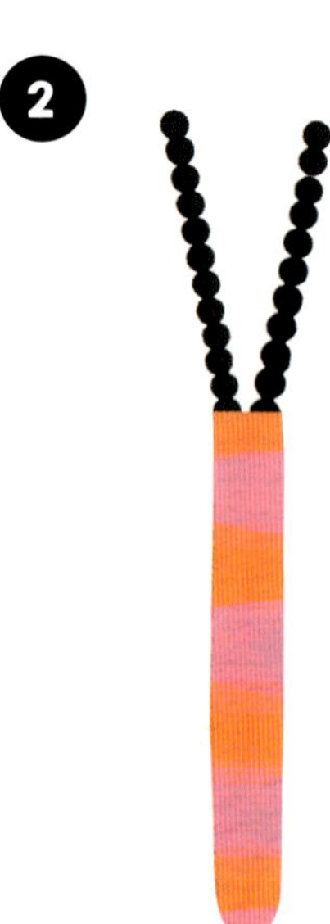

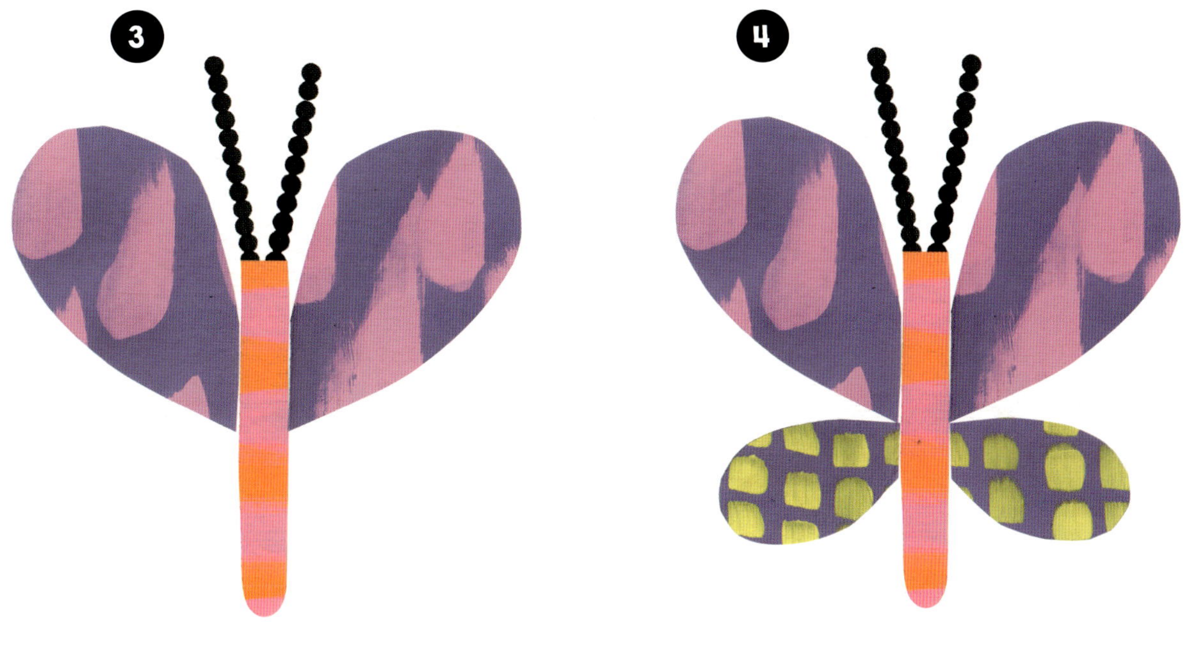

3
4

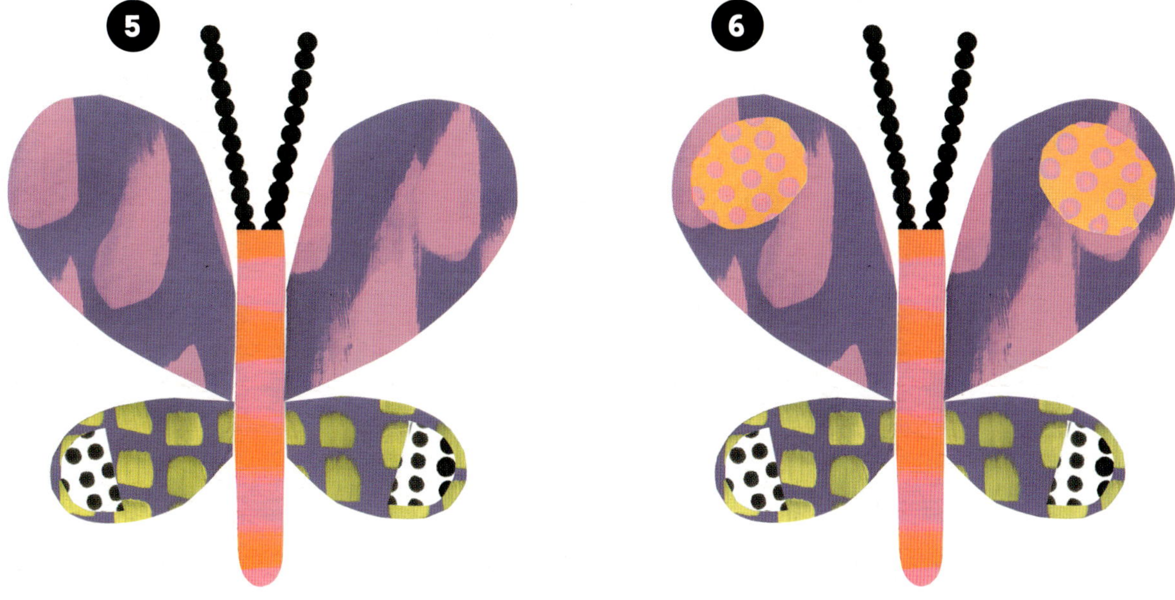

5
6

7. Auf die gleiche Weise weitere Schmetterlinge kleben, jedes Mal mit anderen Formen und Mustern. Aus drei oder vier unterschiedlichen Schmetterlingen könnte ein schönes Wandbild oder eine Grußkarte entstehen.

8. Wenn Sie noch nicht genug haben, können Sie ganz viele Schmetterlinge zu einem Muster zusammenlegen oder aber einscannen und das Ganze auf dem Computer realisieren. Bei wilden Farb- und Musterkombinationen können Sie sich richtig austoben, aber auch realistische Darstellungen oder ein Farbschema können interessant sein – viele blaue, aber unterschiedlich gemusterte Schmetterlinge können zum Beispiel einen schönen Musterrapport für Stoffe ergeben.

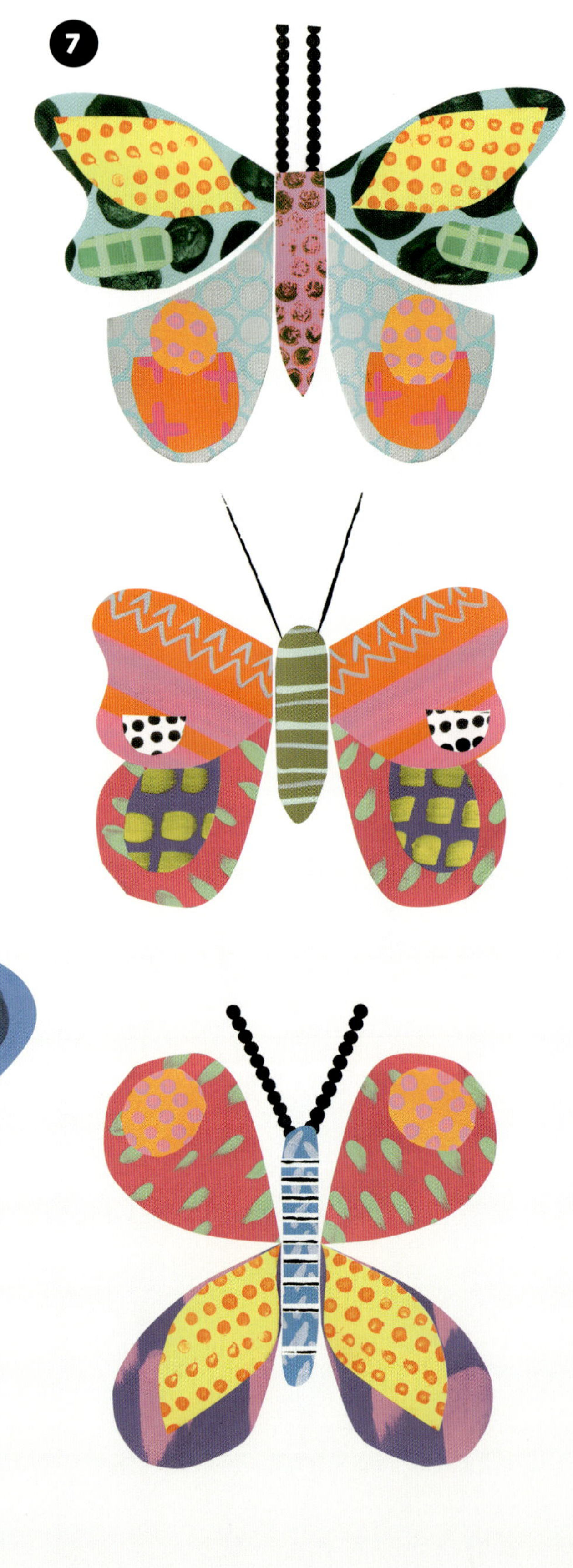

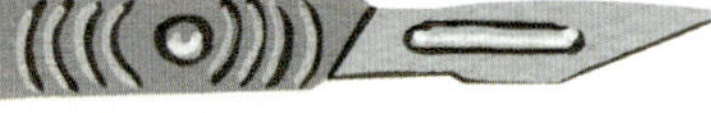

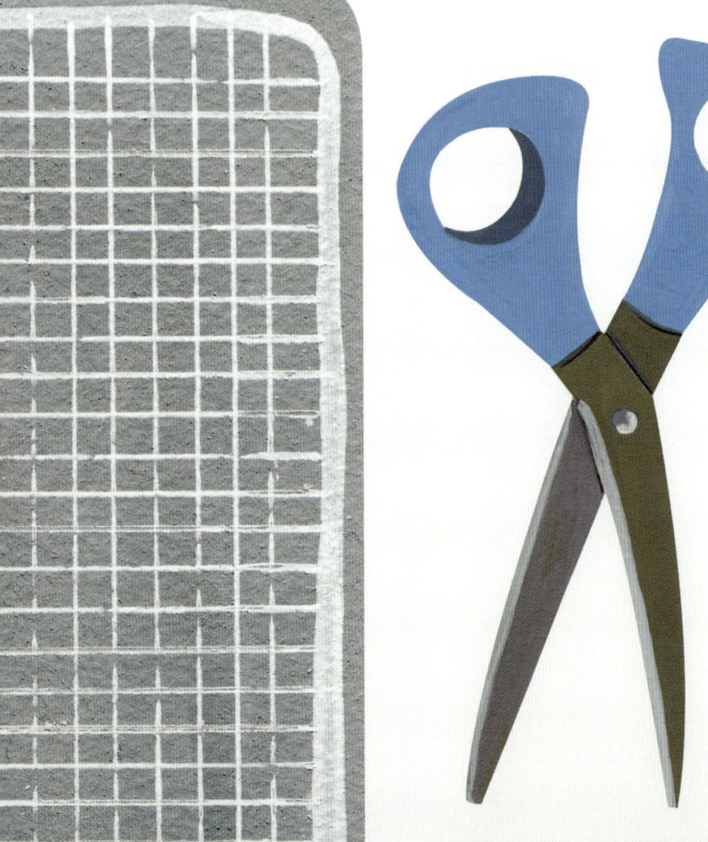

MEIN ENDERGEBNIS IST EIN SEHR GLEICHMÄSSIGES MUSTER. DAMIT ES TROTZDEM NICHT LANGWEILIG AUSSIEHT, HABE ICH EINIGE DER SCHMETTERLINGE UMGEDREHT, SODASS NICHT ALLE IN DIE GLEICHE RICHTUNG SCHAUEN.

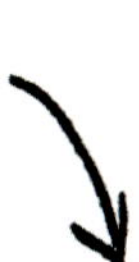

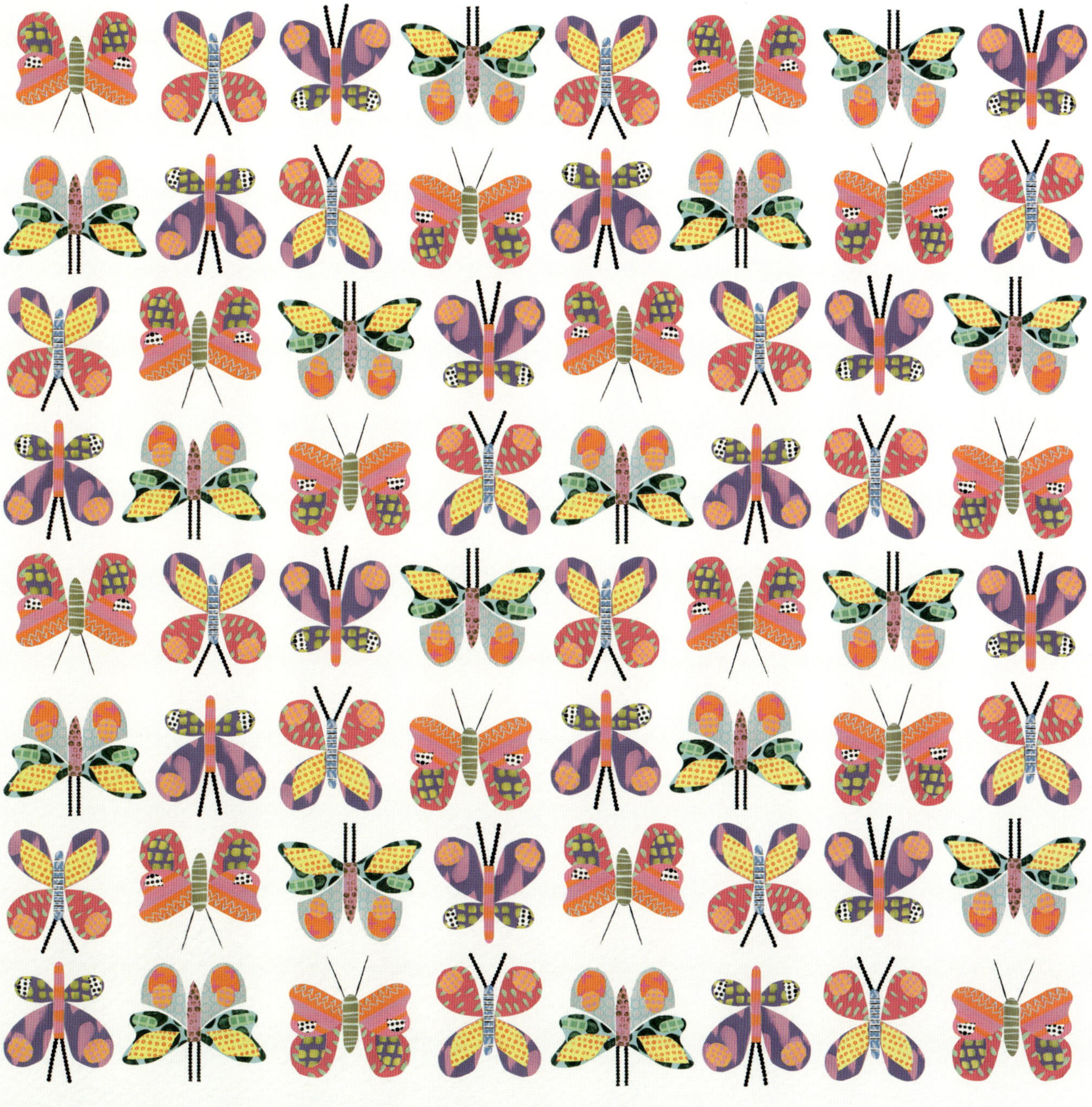

Schief gewinkelt

Ein geometrisches Muster zu malen ist beinahe meditativ. Es ist schön zu sehen, wie sich das Muster mit jeder neuen Farbe weiterentwickelt und verändert. Computergenerierte Perfektion ist hier nicht gefragt – im Gegenteil, durch die krummen Linien sieht ein solches Bild charmant handgemalt aus. Versuchen Sie es auch mit Rauten, Rechtecken, Ovalen oder Dreiecken.

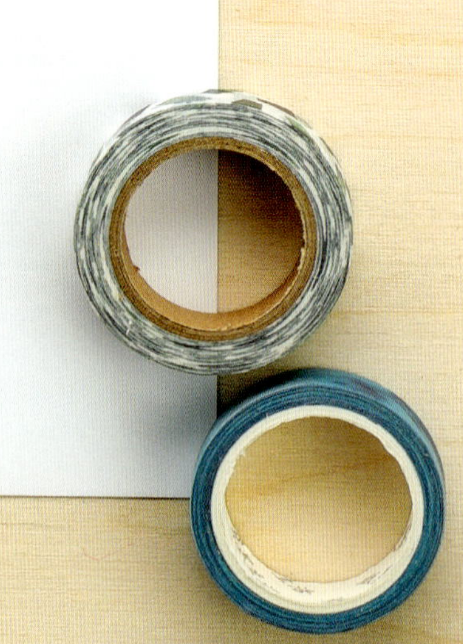

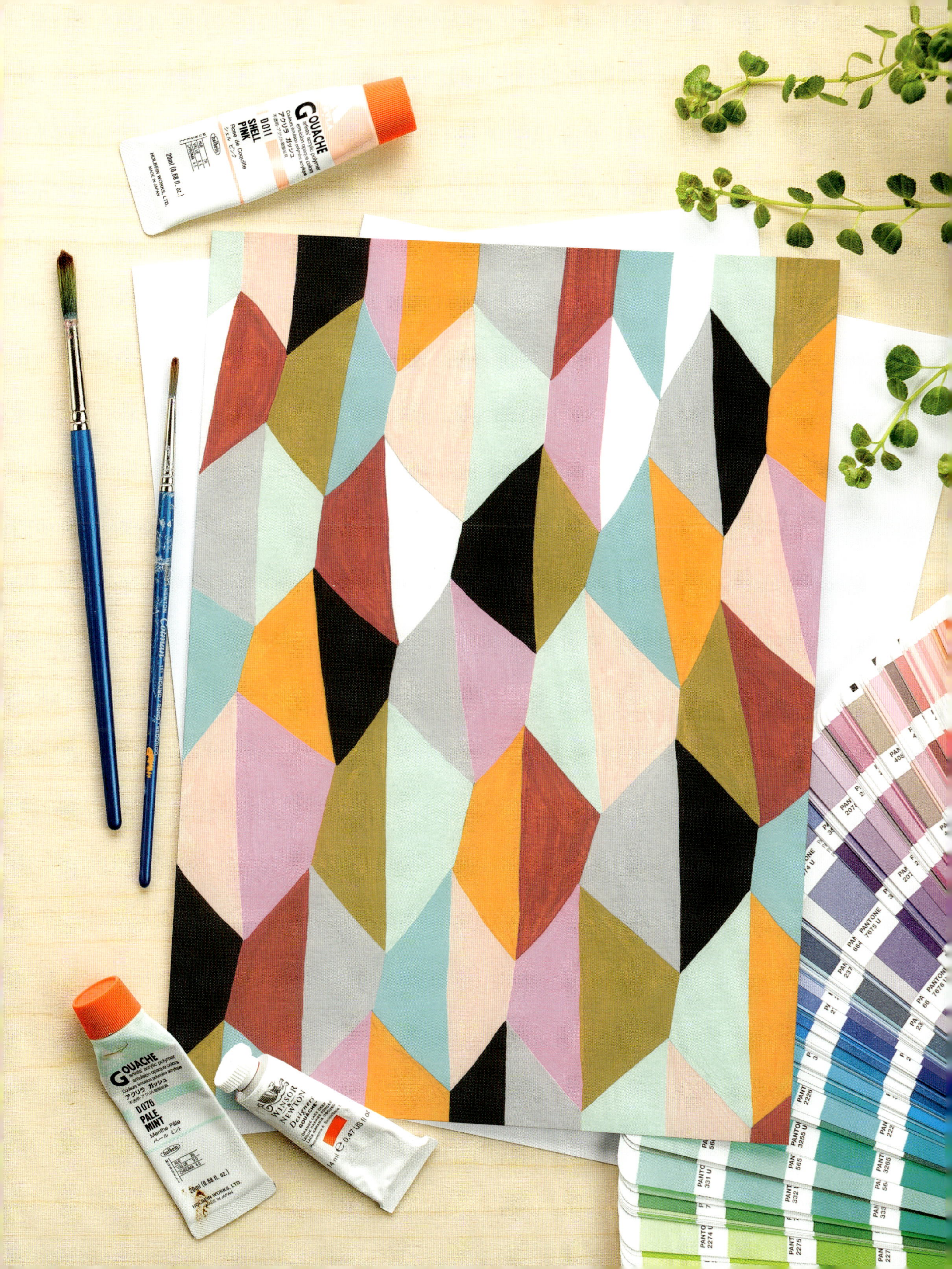
GOUACHE
D011
SHELL
PINK
GOUACHE
D076
PALE
MINT
WINSOR
NEWTON
Designers

FARBEN

- Mintgrün
- Eisblau
- Opernpink
- Gelbocker
- Kadmiumgelb
- Grau
- Umbra gebrannt
- Scharlach
- Blassrosa

PAPIER

Einfaches Zeichen- oder Druckerpapier

Transparentpapier

Aquarellblock

TECHNIKEN

Skizzieren

Formen und Kanten

1. Zuerst das Muster mit Bleistift direkt auf Aquarellpapier vorzeichnen. Das muss – und soll – überhaupt nicht akkurat und korrekt werden, wir wollen nur ganz ungezwungen ein interessantes, dynamisches geometrisches Muster malen.

2. Mit einer Farbe die ersten Flächen etwa gleichmäßig verteilt anlegen. Ich habe mit einem hübschen Rosa in jeder Reihe eine Fläche ausgemalt.

3. Das Gleiche mit der zweiten Farbe wiederholen, wieder eine Fläche pro Reihe für die Ausgewogenheit.

4. Als Nächstes kommt ein leuchtendes Orange. Wieder in jeder Reihe eine Fläche damit ausfüllen. Damit es nicht langweilig wird, habe ich die Position innerhalb der Reihe beliebig gewählt.

5. Die vierte Farbe kommt hinzu, ein Himbeerrot. Wenn sich Farbflächen berühren, sollte die zuvor gemalte immer erst einmal trocknen.

6. An diesem Punkt dachte ich, dass eine neutrale Farbe wie Grau das Muster auflockern und die anderen Farben gut zur Geltung bringen könnte.

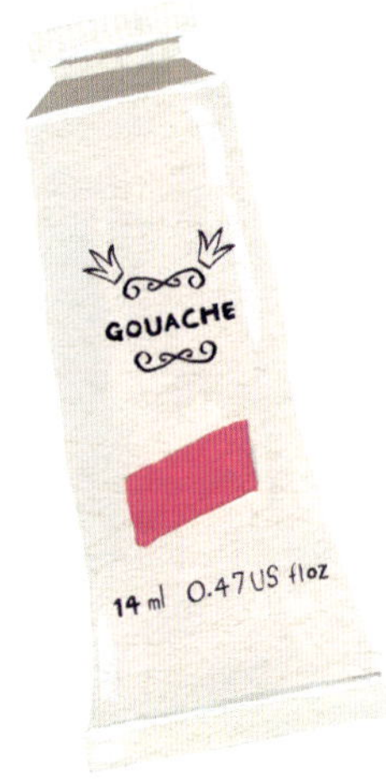

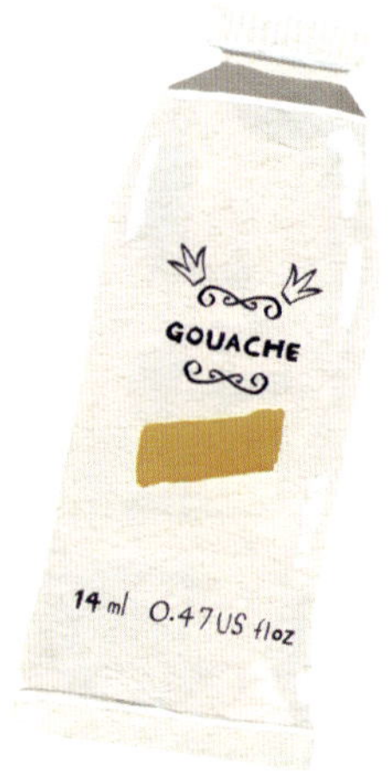

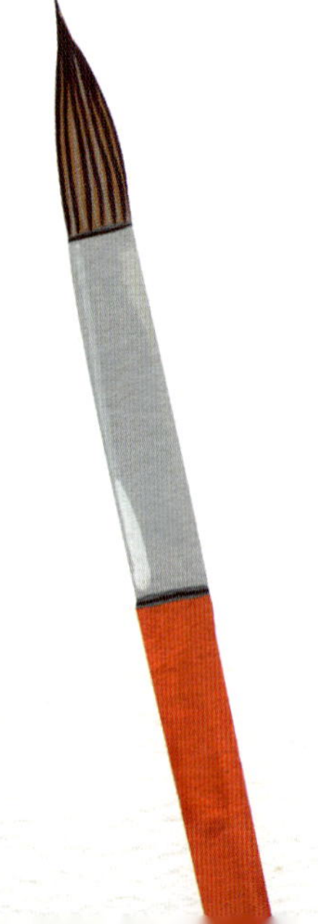

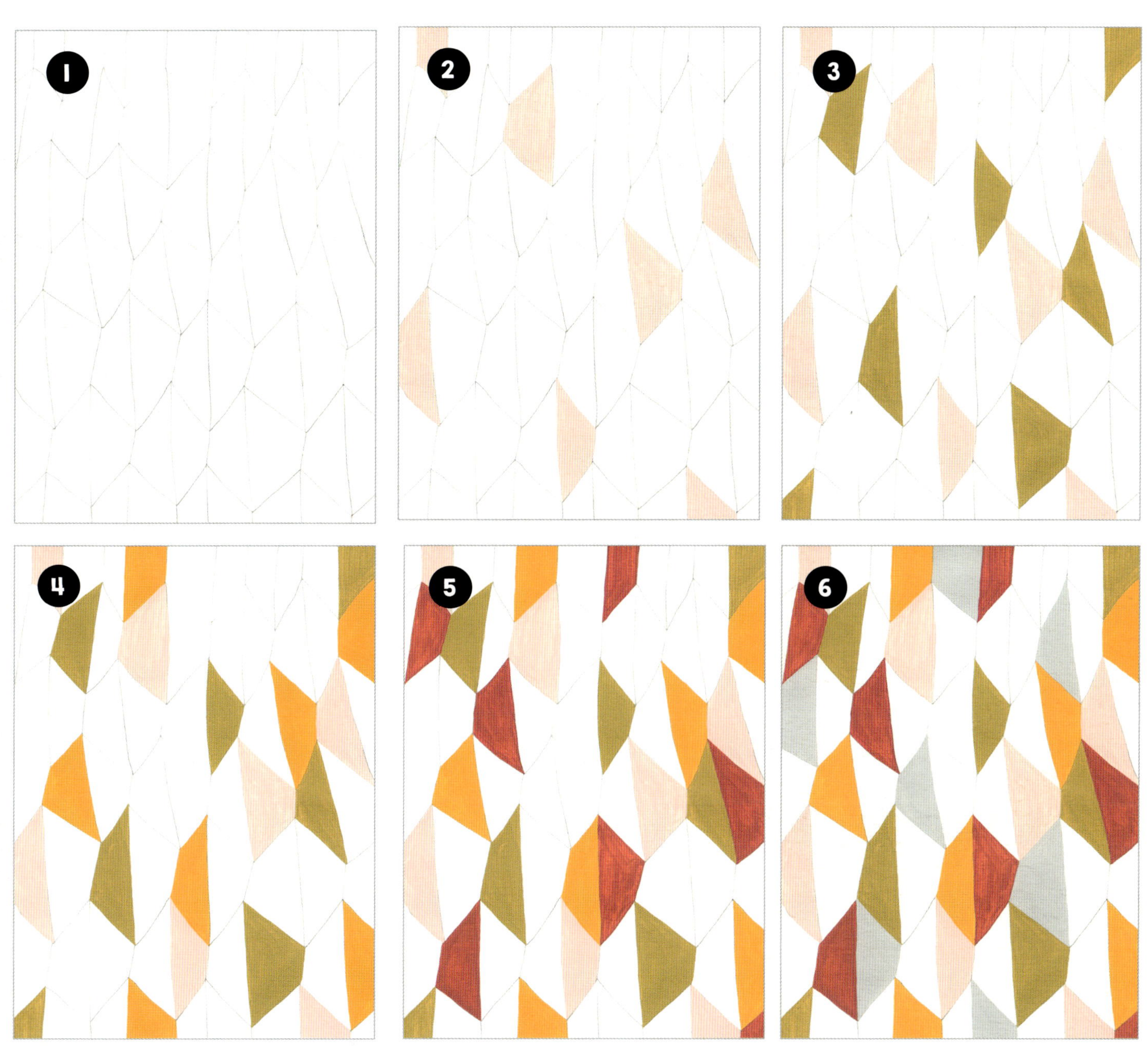
1
2
3
4
5
6

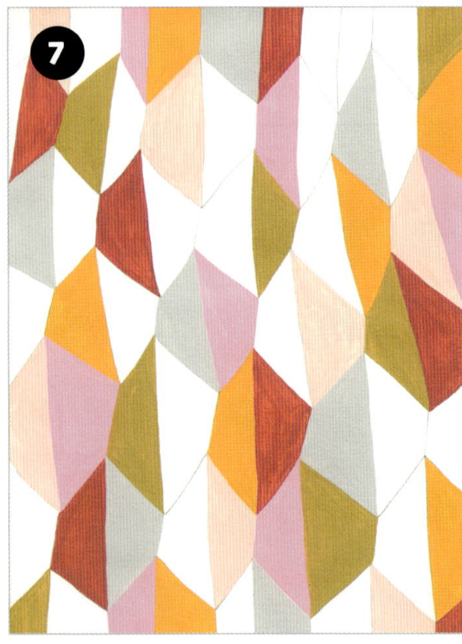

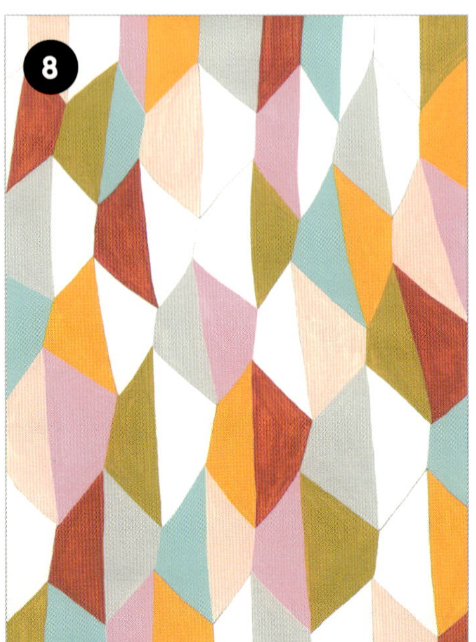

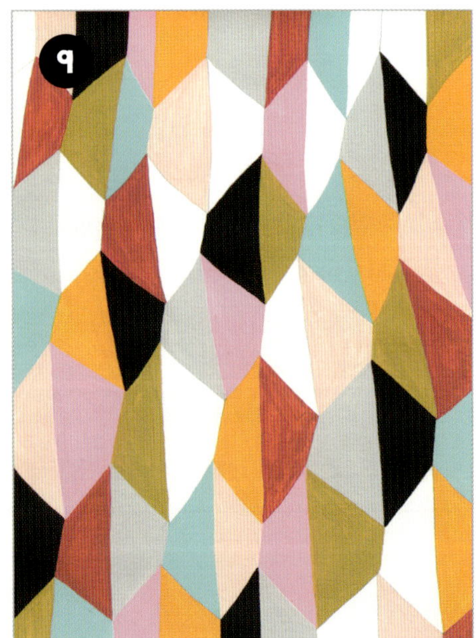

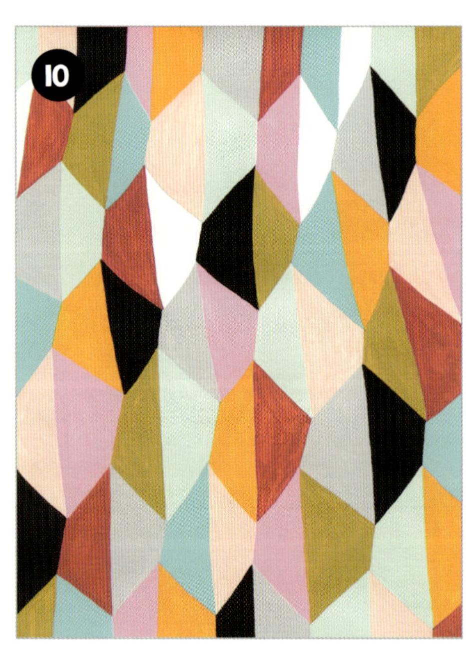

7. Ein kräftigeres Rosa, gemischt aus Opernpink und Blassrosa, verleiht dem Bild noch etwas mehr Energie. Durch die gleichmäßige Verteilung der Farben wirkt das Muster ausgewogen.

8. Anschließend habe ich ein frisches Eisblau als Kontrast zum Orange hinzugefügt.

9. Für mehr Dramatik und Kontrast kam dann eine dunklere Farbe hinzu, gemischt aus Umbra gebrannt und Preußischblau. Das Zusammenspiel mit den helleren Farben gefällt mir richtig gut.

10. Um das wieder auszugleichen, kam ein cremiges, blasses Mintgrün hinzu. Das Blatt ist schon fast voll!

11. Zuletzt habe ich noch eine neutrale Farbe gewählt, damit sich das Auge zwischen all den knalligen Flächen ausruhen kann. Ich kann mir dieses Muster auf Bekleidungs- oder Dekostoff oder auch auf Geschenkpapier vorstellen.

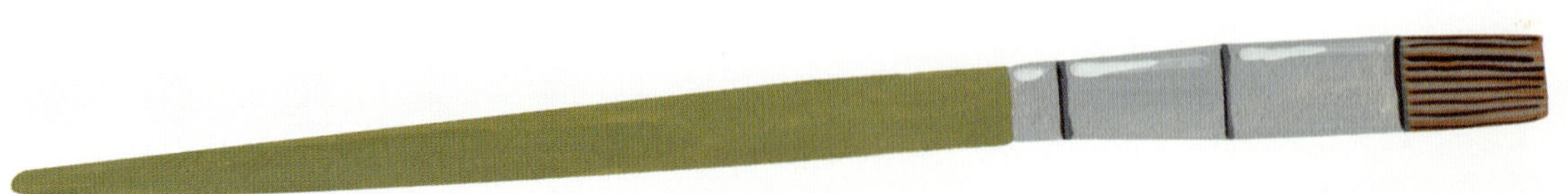

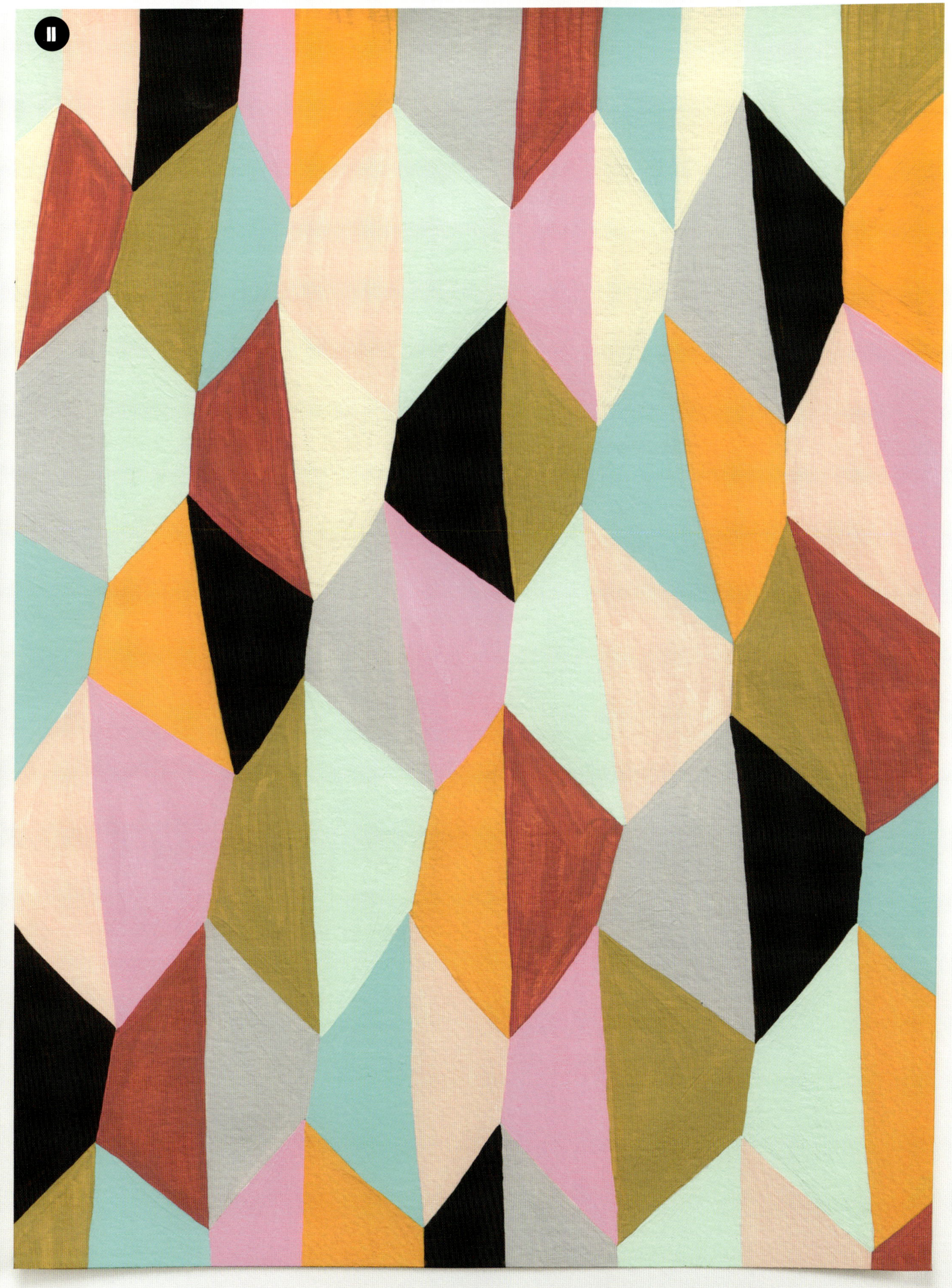

Nachteule

Auf dunklem Hintergrund können sehr eindrucksvolle Bilder entstehen. In sehr hellen Farben gemalte Nachtvögel wie hier die Eule heben sich durch den starken Kontrast sehr schön vom schwarzen Untergrund ab. Die Federn und Zeichnungen der Eule sowie die Dolden habe ich in neutralen Farben gehalten und kräftige Farben nur sparsam eingesetzt.

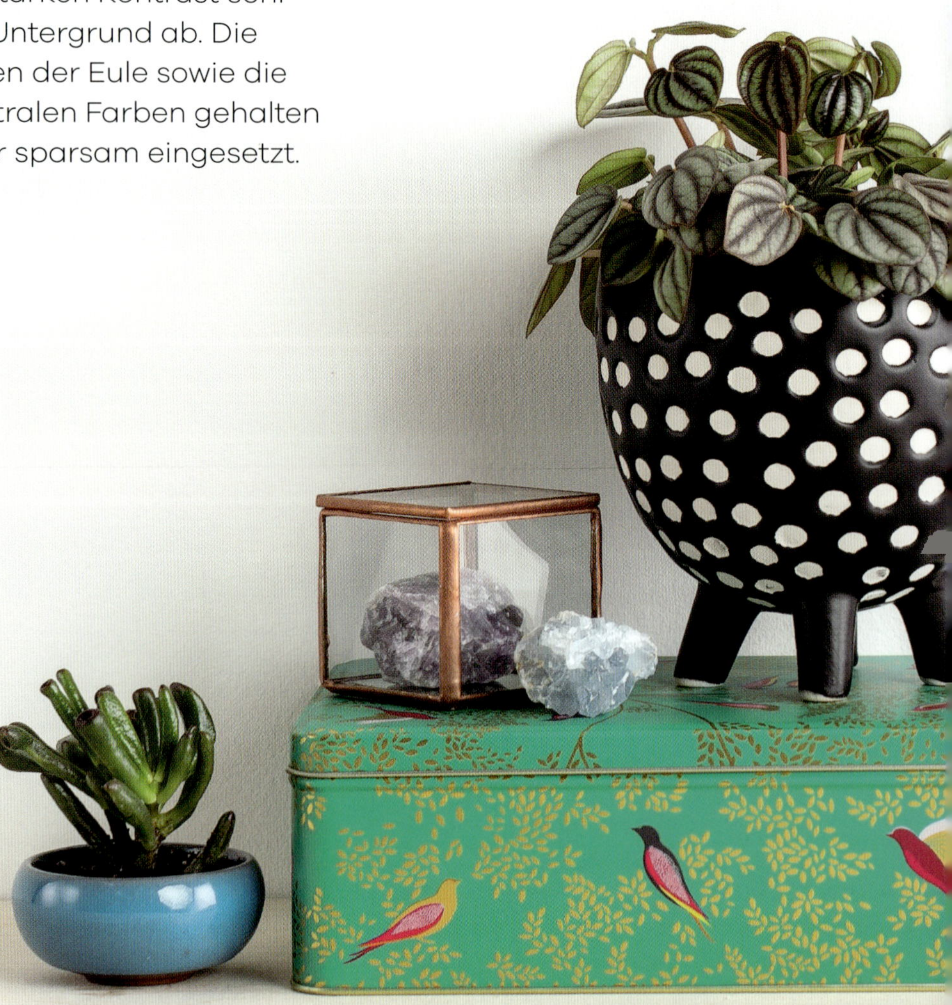

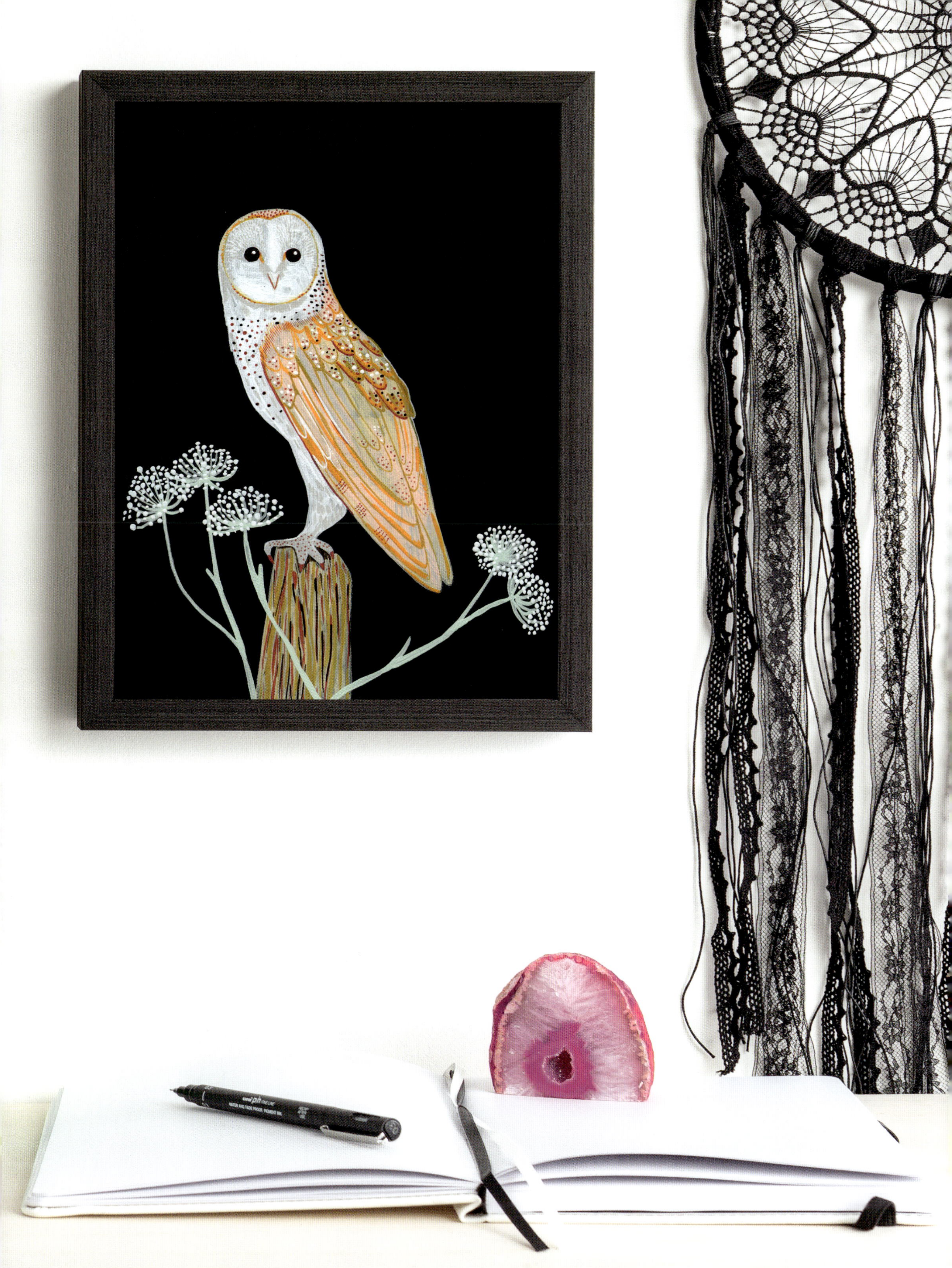

FARBEN

- Weiß
- Orange
- Gelbocker
- Blassrosa
- Umbra gebrannt
- Purpurmagenta
- Mintgrün
- Grau

PAPIER

Schwarzes Zeichenpapier

TECHNIKEN

Skizzieren

Linien

Schichttechnik

Details

Dunkle Hintergründe

1. Mit einem weißen Wachsstift die Eule auf dem schwarzen Papier vorzeichnen, sodass der Umriss gut sichtbar ist. Sie können auch einen hellen Buntstift oder Pastellkreide verwenden.

2. Den Flügel, den Kopf, den Rumpf und den Baumstumpf mit einer ersten Farbschicht anlegen. Der Kopf und die Brust sind deutlich heller als der Flügel. Für die Augen zwei Kreise aussparen. Die Farbe ist hier etwas transparent, das schwarze Papier scheint durch, aber das ergibt eine interessante Textur.

3. Als Nächstes habe ich den Flügel mit einem warmen Rosa weiter definiert. Mit der gleichen Farbe habe ich die Gesichtsform umrissen.

4. Hier habe ich grob die Federformen angelegt und den Schnabel, Details am Auge und etwas Textur am Baumstumpf hinzugefügt.

5. Mit einer weiteren Farbe (hier ein kräftigeres Orange) die Federn weiter ausarbeiten. Mir gefällt, dass die transparente erste Schicht zwischen den Federlinien immer noch zu sehen ist.

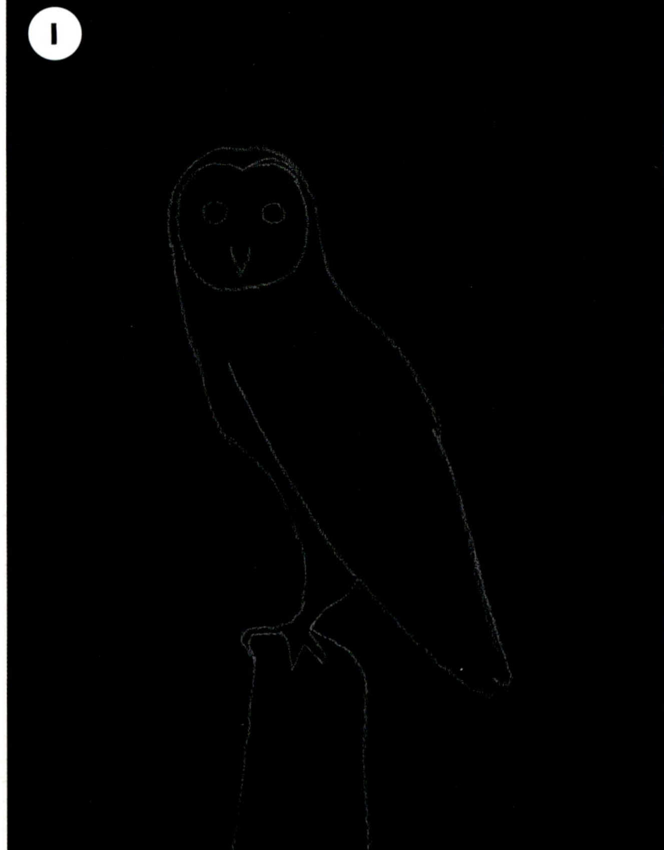

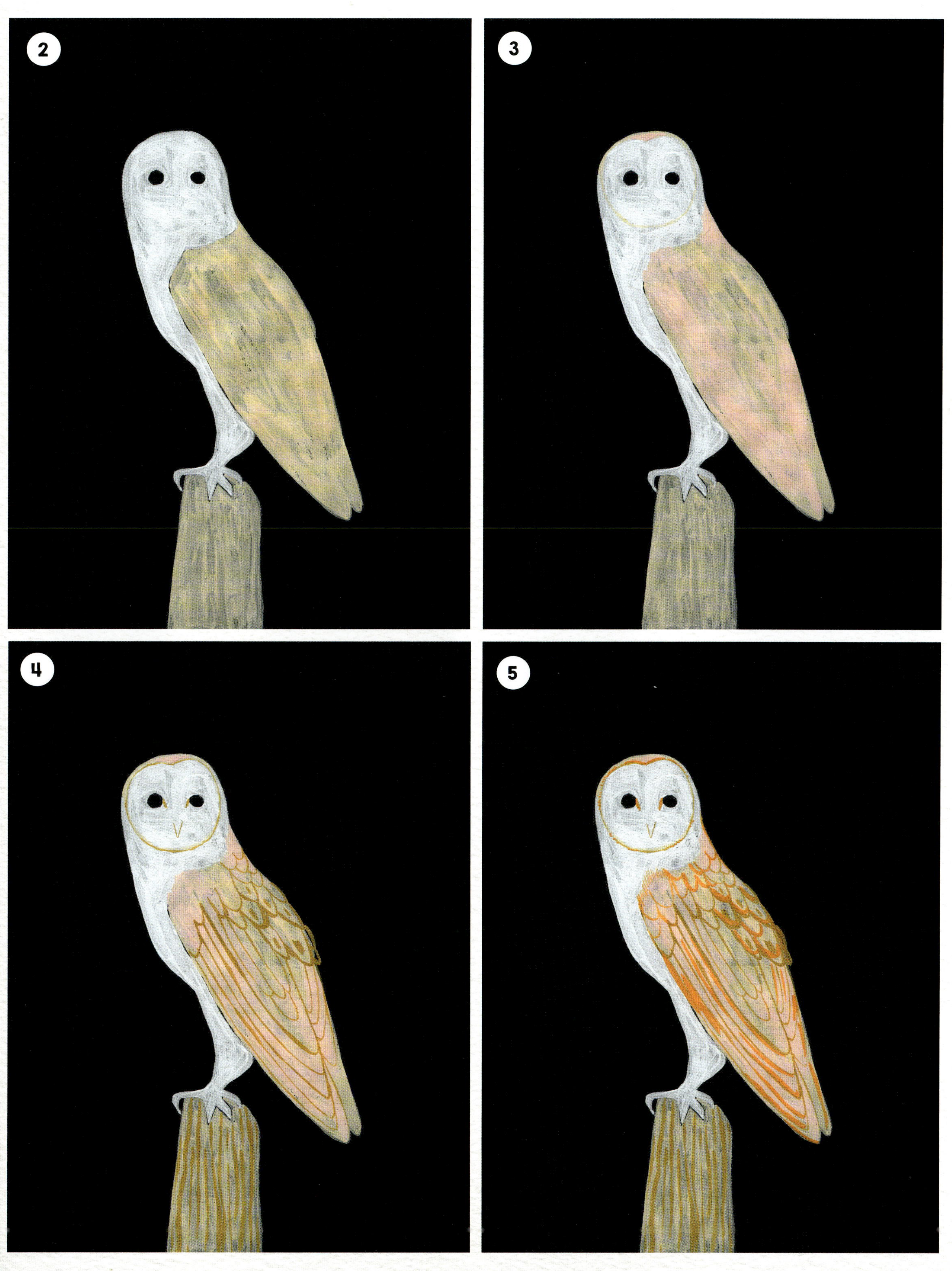
2
3
4
5

6. Kleine Punkte am Kopf, am Hals, an der Brust und auf den Federn deuten die Zeichnung des Vogels an und machen ihn optisch interessanter. Auch am Baumstumpf, am Schnabel und an den Augen wird weitergearbeitet.

7. Dem Gesicht habe ich mit Grau etwas Textur verliehen, die Federn haben weiße Punkte bekommen. Vergessen Sie nicht die Lichter in den Augen, sie erwecken die Eule erst zum Leben.

8. Zum Schluss habe ich noch ein paar Dolden vor den Baumstumpf gemalt, damit das Bild weniger streng wirkt. Sie können auch noch weitere Blumen einzeichnen oder Mond und Sterne, um die nächtliche Stimmung zu verstärken.

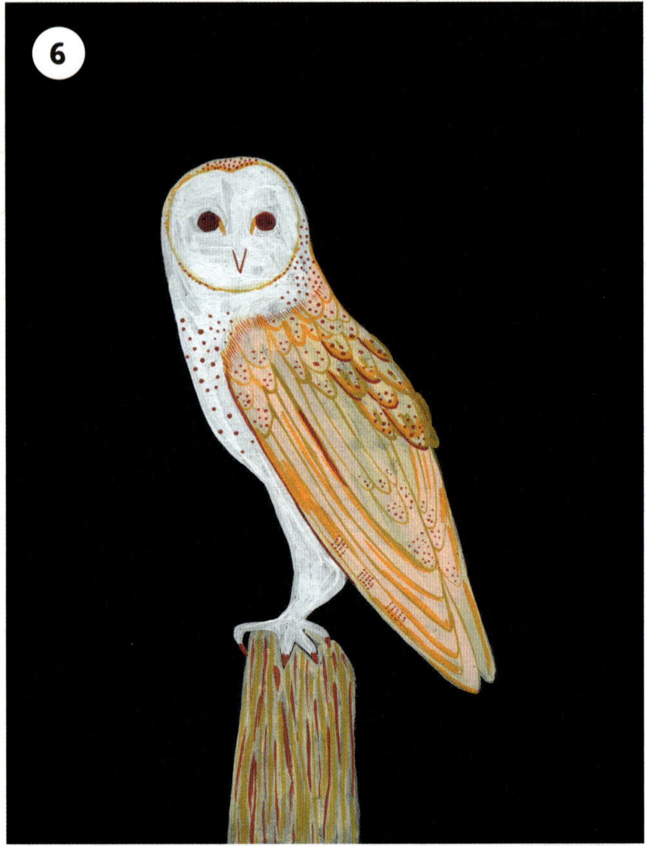

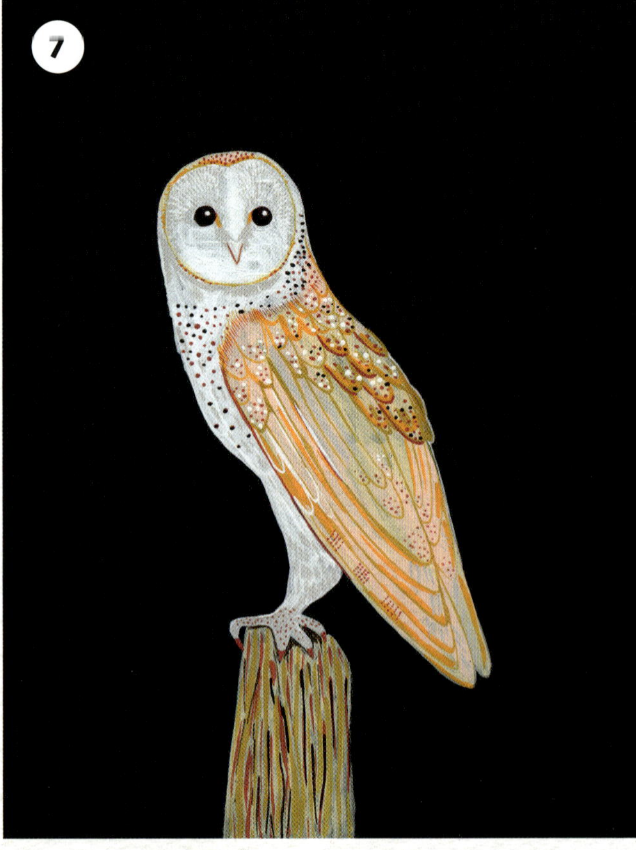

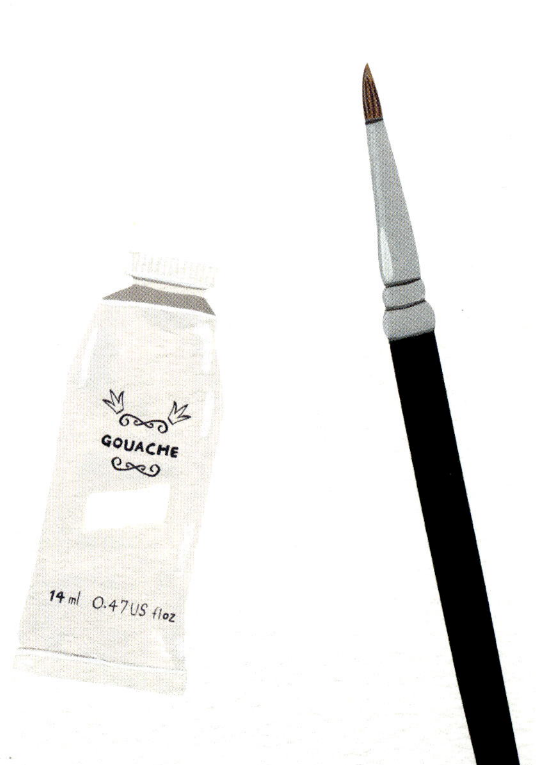

8

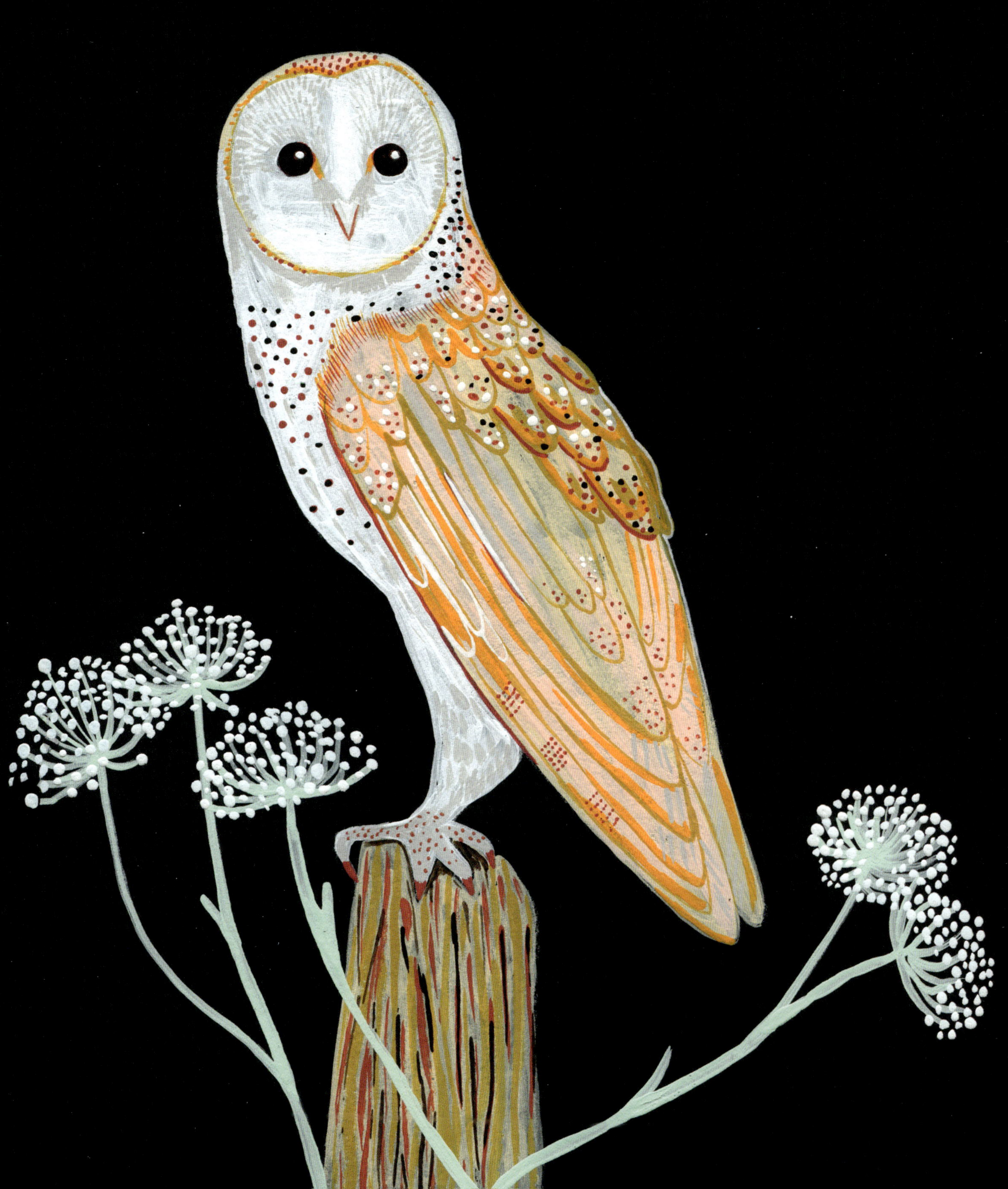

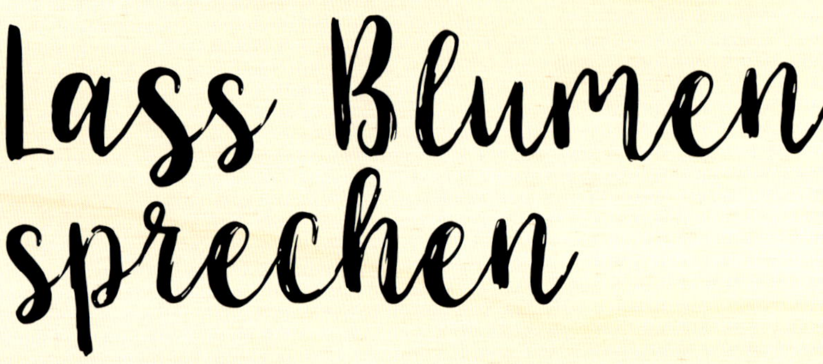

Lass Blumen sprechen

Blumen können künstlerisch ganz unterschiedlich umgesetzt werden – von einem sehr realistischen Botanikerstil bis hin zu einer folkloristischen, naiven Richtung, die wir bei diesem Projekt einschlagen. Dabei malen wir die Blumen freihändig und stilisiert, was Ihnen Gelegenheit gibt, Ihren ganz persönlichen Stil auszudrücken. Für Grußkarten, Stoffe und andere Produkte sind Blumenillustrationen immer gefragt.

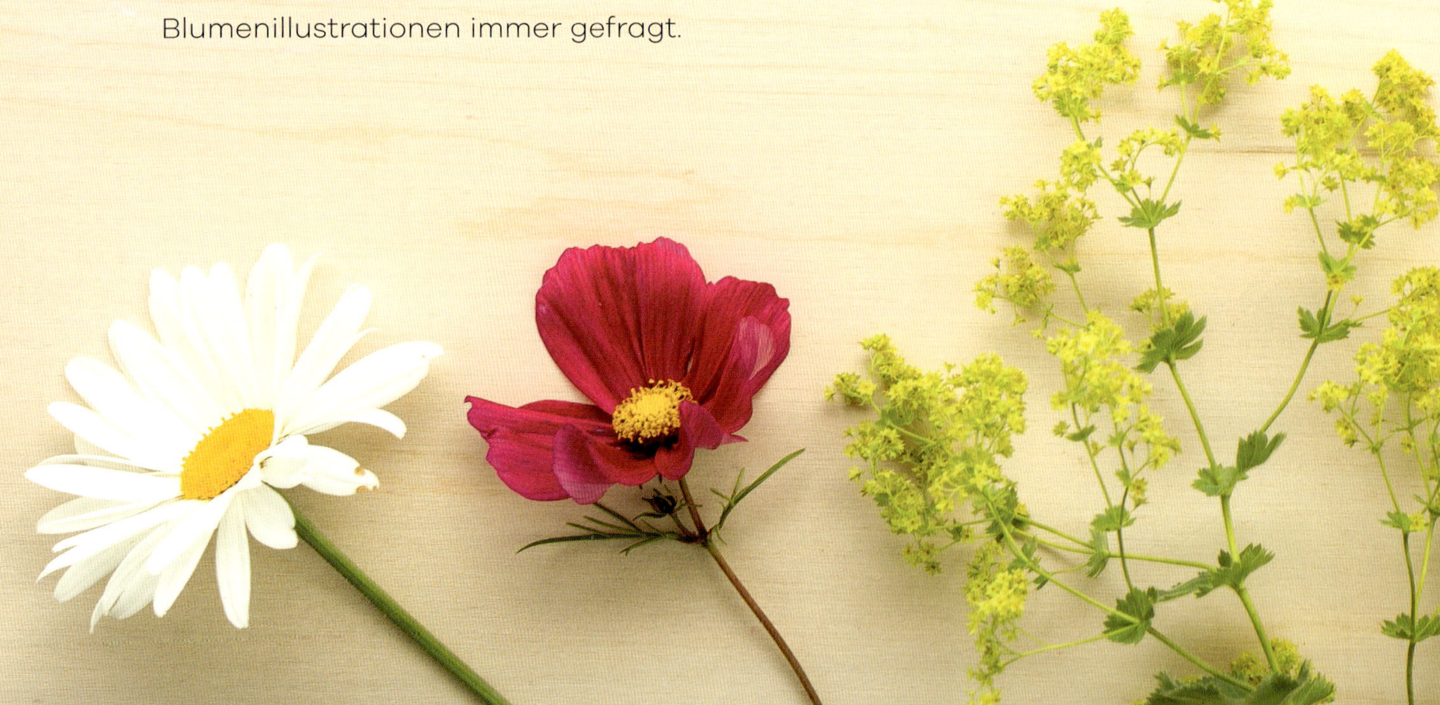

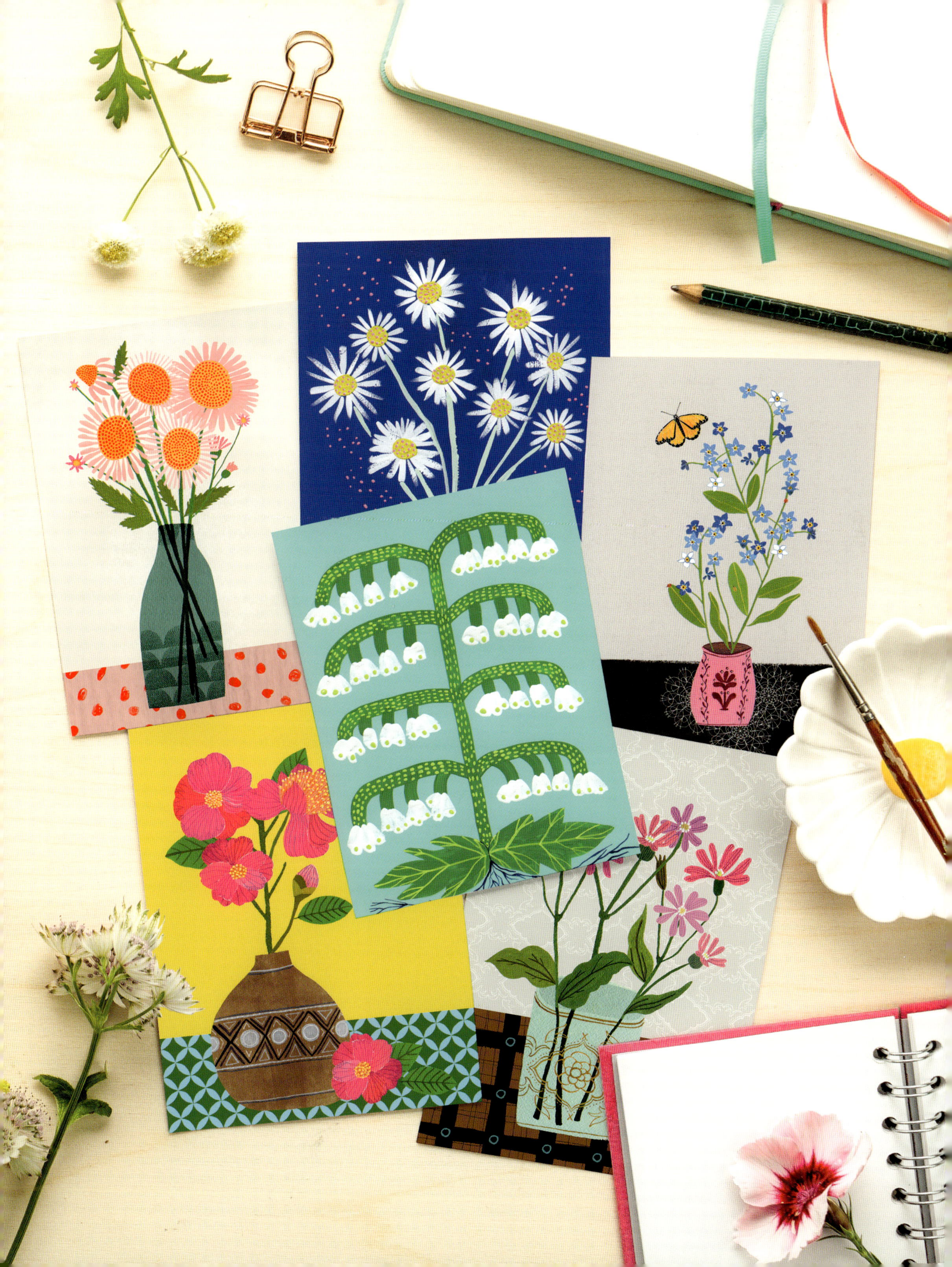

FARBEN

- Eisblau
- Weiß
- Tiefblau
- Spektrumgelb
- Brillantgrün

PAPIER

Einfaches Zeichen- oder Druckerpapier

Transparentpapier

Aquarellblock

TECHNIKEN

Muster

Linien

Schichttechnik

Details

1. Zuerst das ganze Papier mit einer hellen, leuchtenden Farbe bemalen. Ich habe mich für ein Eisblau entschieden und es deckend aufgetragen, weil ich auf eine grafische Wirkung aus war.

2. Wenn der Hintergrund getrocknet ist, mit dunklerem Grün und einem Flachpinsel (falls vorhanden, ansonsten mit einem beliebigen anderen Pinsel) freihändig einen Stiel, ein paar Zweige und Blätter malen.

3. Weiße hängende Blüten an die Zweige malen. Ich habe mit dem Pinsel weiße Farbe aufgenommen und ihn dann nach unten gerichtet auf das Papier gesetzt. So erinnern sie mich an Schneeglöckchen.

4. Mit Gelb die Blüten ausarbeiten, die Aderung der Blätter einzeichnen und die Stiele mit einem gestrichelten Muster versehen.

5. Zum Schluss mit einem ganz dünnen, spitzeren Pinsel freihändig dunkle Wurzeln an das untere Ende der Pflanze malen. Ich habe dafür Tiefblau verwendet.

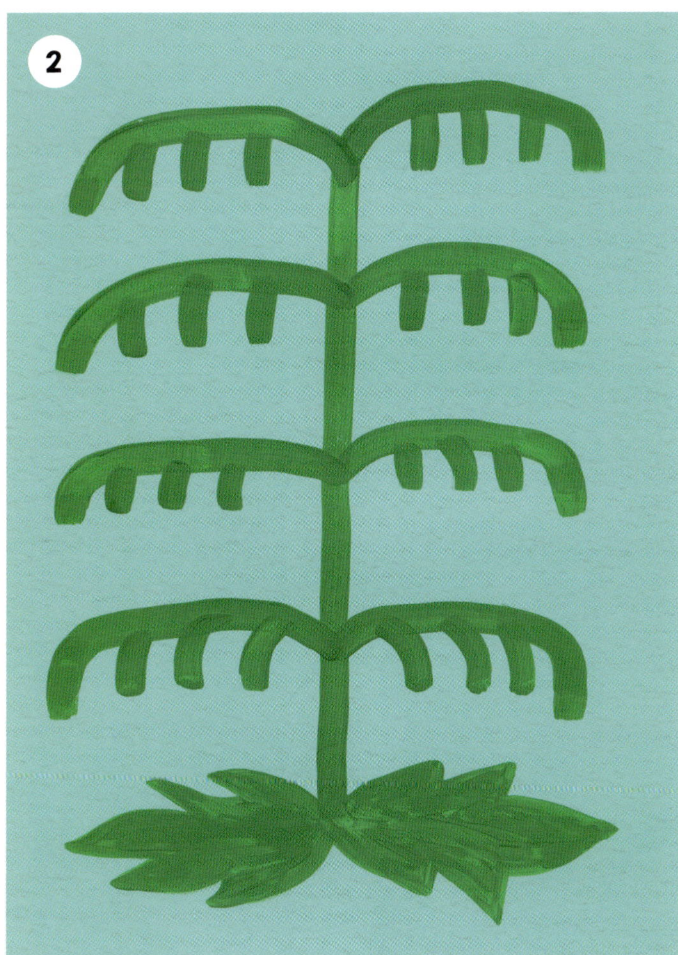
2

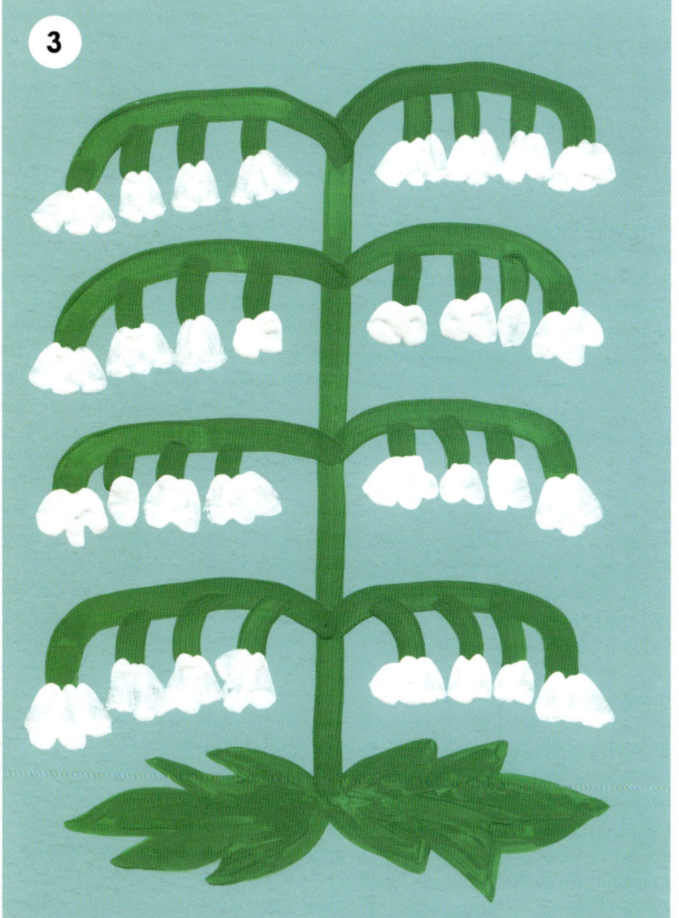
3

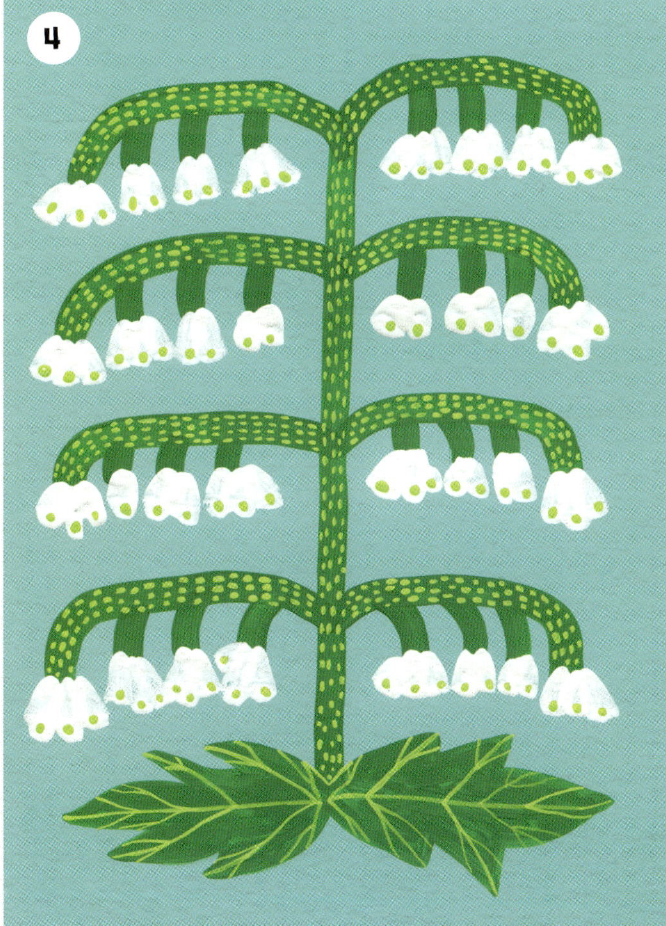
4

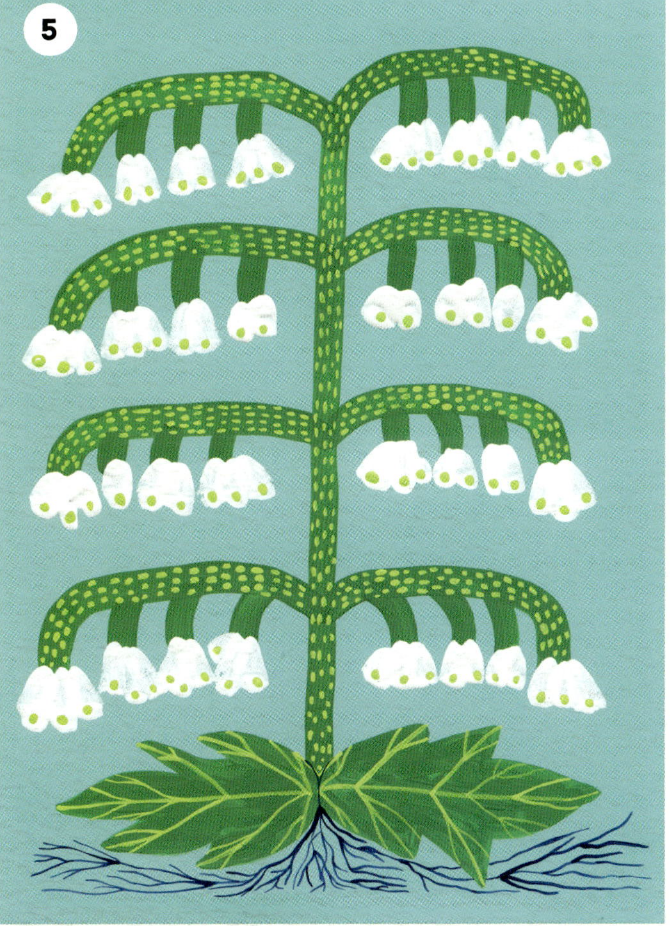
5

HIER SIND NOCH EIN PAAR ANDERE, REALISTISCHERE BLUMENILLUSTRATIONEN, DIE MIR SEHR VIEL FREUDE BEREITET HABEN. AN DER VIELFALT KÖNNEN SIE GUT SEHEN, WIE VIELE UNTERSCHIEDLICHE STILE MIT GOUACHE REALISIERBAR SIND. DIESE VIER BILDER HABE ICH IM RAHMEN EINES PRIVATEN PROJEKTS MIT GOUACHE GEMALT UND IN PHOTOSHOP MIT MEINEM DIGITALEN COLLAGEPROZESS VOLLENDET. INZWISCHEN WURDEN EINIGE DER BILDER SCHON AUF GRUSSKARTEN UND SERVIETTEN GEDRUCKT.

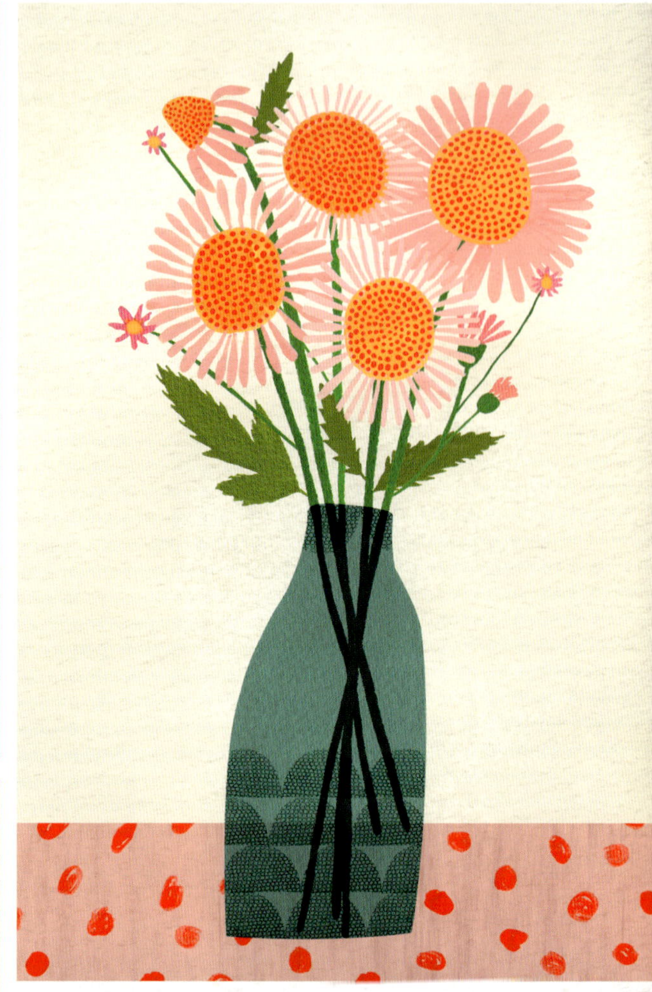

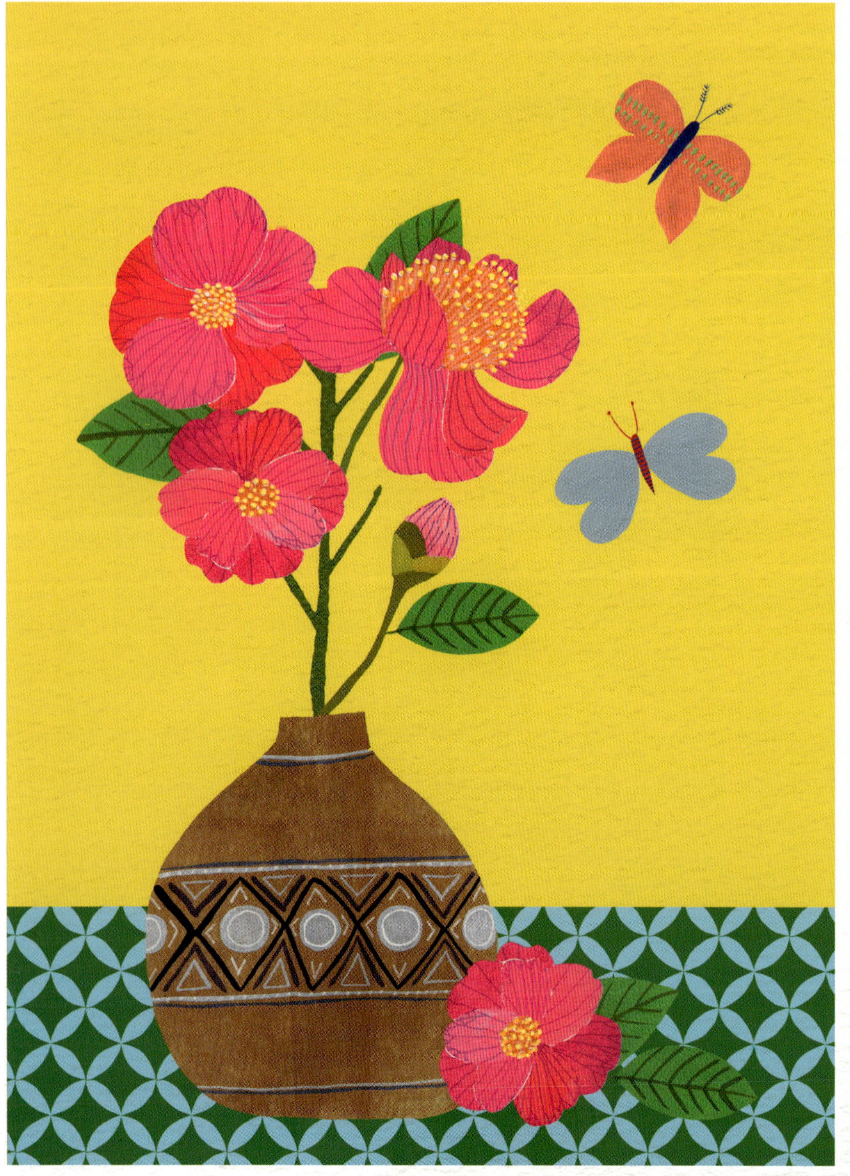

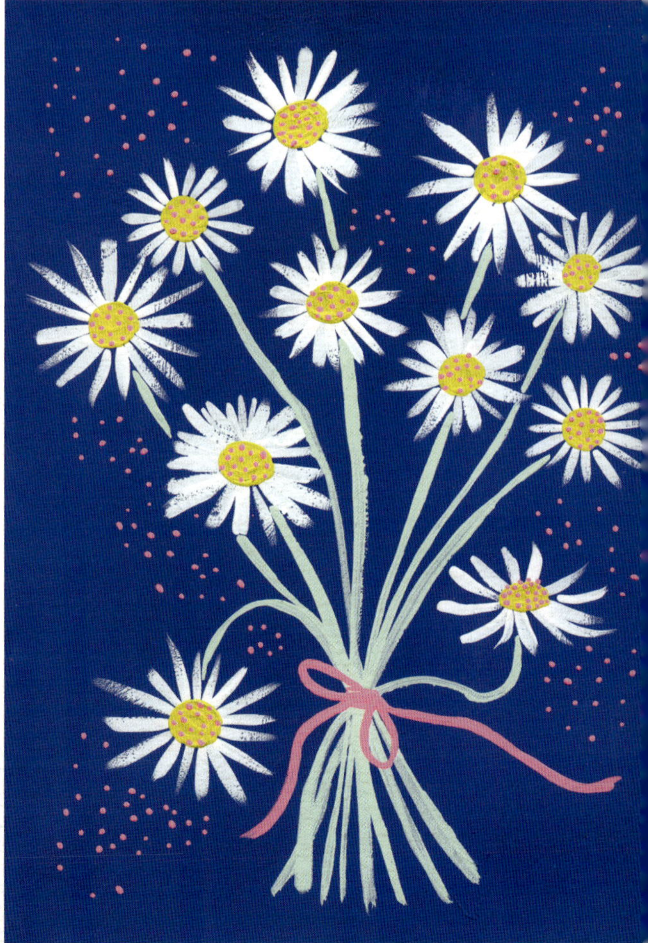

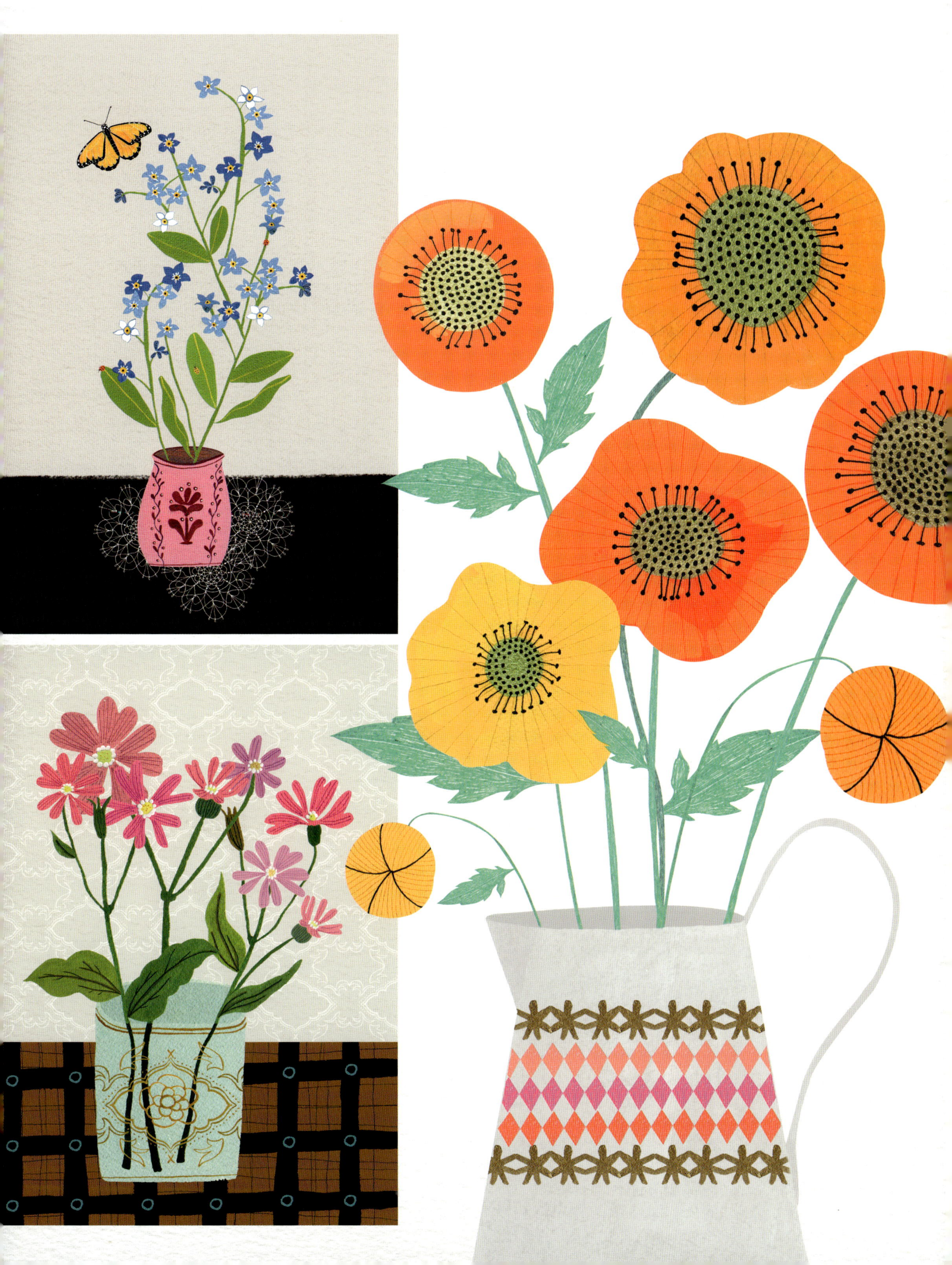

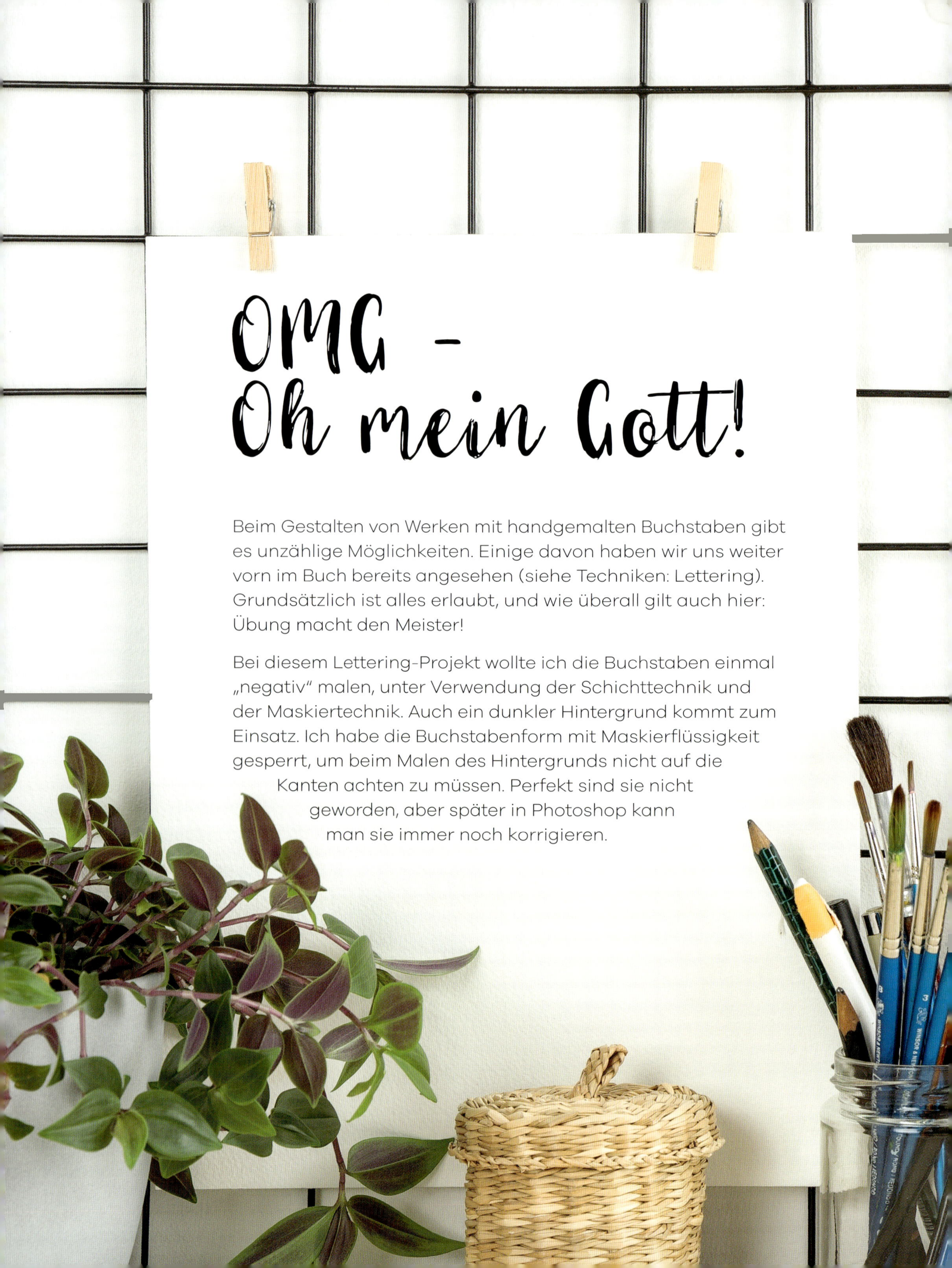

OMG – Oh mein Gott!

Beim Gestalten von Werken mit handgemalten Buchstaben gibt es unzählige Möglichkeiten. Einige davon haben wir uns weiter vorn im Buch bereits angesehen (siehe Techniken: Lettering). Grundsätzlich ist alles erlaubt, und wie überall gilt auch hier: Übung macht den Meister!

Bei diesem Lettering-Projekt wollte ich die Buchstaben einmal „negativ“ malen, unter Verwendung der Schichttechnik und der Maskiertechnik. Auch ein dunkler Hintergrund kommt zum Einsatz. Ich habe die Buchstabenform mit Maskierflüssigkeit gesperrt, um beim Malen des Hintergrunds nicht auf die Kanten achten zu müssen. Perfekt sind sie nicht geworden, aber später in Photoshop kann man sie immer noch korrigieren.

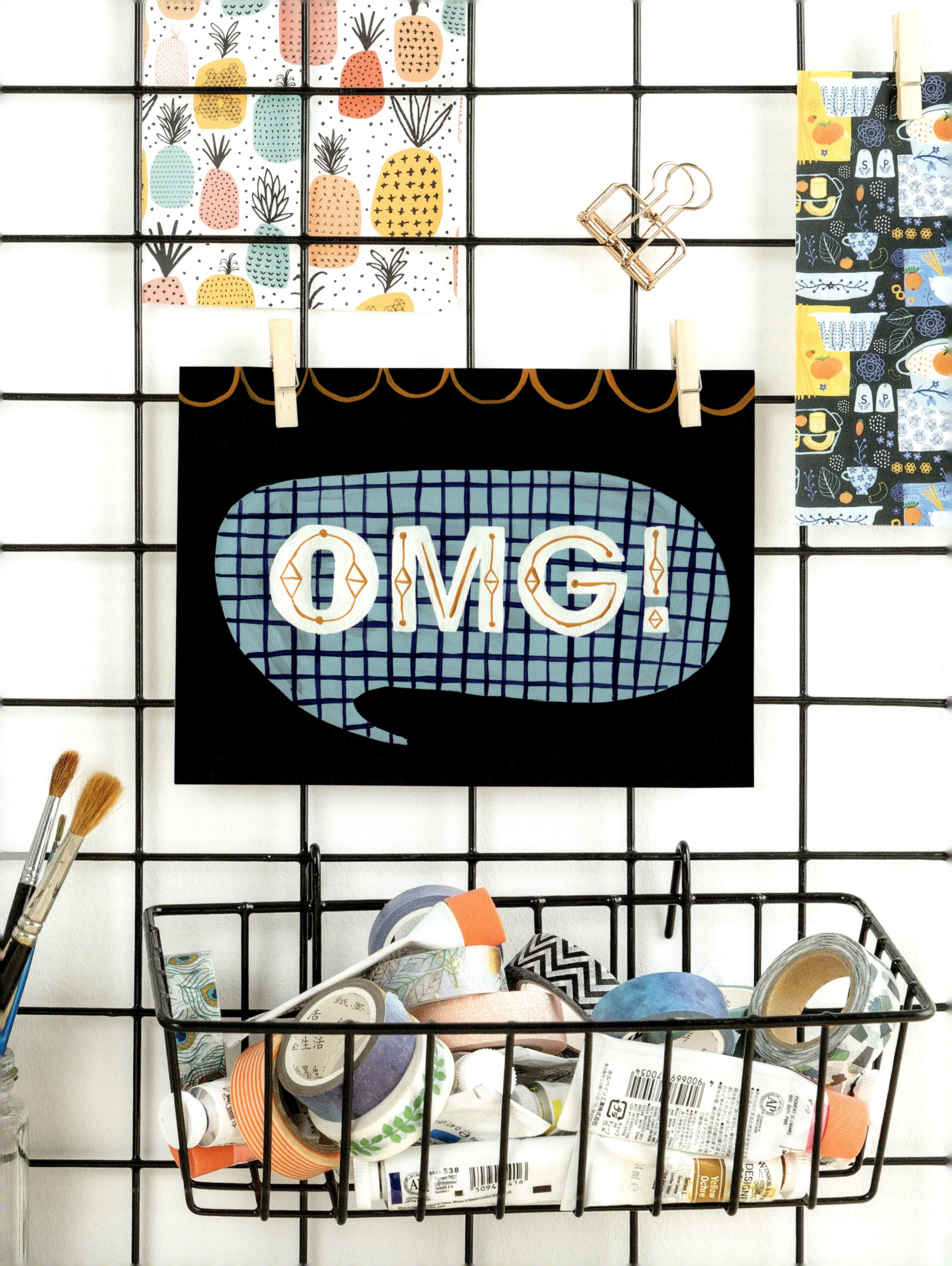
OMG!
Yellow Ochre

FARBEN

- Ultramarin
- Umbra gebrannt
- Hellblau
- Violett metallic
- Weiß
- Kadmiumgelb dunkel

PAPIER

Einfaches Zeichen- oder Druckerpapier

Transparentpapier

Aquarellblock

TECHNIKEN

Skizzieren

Linien

Formen und Kanten

Lettering

Details

Dunkle Hintergründe

---

1. Zuerst die Buchstaben vorzeichnen – freihändig direkt auf Aquarellpapier oder auf normales Papier, um sie anschließend mit Transparentpapier zu übertragen. Beim Übertragen darauf achten, dass die Buchstaben nicht gespiegelt werden: Nach dem Nachziehen auf Transparentpapier dieses umdrehen und alle Linien noch einmal auf der Rückseite nachziehen. Erneut umdrehen und dann erst auf das Aquarellpapier übertragen.

2. Die Buchstabenformen mit Maskierflüssigkeit ausfüllen. Vor dem Weiterarbeiten vollständig trocknen lassen.

3. Für diesen Schritt habe ich eine sehr dunkle, fast schwarze Farbe aus Ultramarin und Umbra gebrannt gemischt. Sie brauchen ausreichend Farbe, denn nun wird sie auf dem ganzen Bild deckend aufgetragen. Dabei auch über die maskierten Buchstaben malen. Vollständig trocknen lassen.

4. Auf dem getrockneten Hintergrund mit der nächsten Farbe – ich verwende ein helles Blau – freihändig eine Sprechblase über die vorherigen Schichten malen. Jetzt sind die Buchstaben kaum noch sichtbar. Erneut vollständig trocknen lassen.

5. Für einen interessanteren Look habe ich freihändig mit dem Pinsel ein Gittermuster auf die Sprechblase gemalt. Das Unperfekte an den Linien mag ich sehr. Auch diese Schicht vollständig trocknen lassen.

6. Jetzt kommt der spannendste Teil! Wenn alles komplett getrocknet ist, mit einem sauberen Radiergummi die Maskierflüssigkeit wegrubbeln. Zum Vorschein kommt der weiße Hintergrund in Buchstabenform. Je nachdem, wie exakt Sie die Flüssigkeit aufgetragen haben, sind die Kanten vielleicht etwas unregelmäßig – wie in meinem Beispiel.

7. Mit weißer Farbe und einem dünnen Pinsel habe ich die Buchstabenkanten etwas geglättet. Ganz akkurat muss das nicht werden, denn gerade diese unperfekten Linien und Kanten machen das Bild interessant.

8. Im letzten Schritt habe ich auf den weißen Buchstaben und an der Oberkante des Bildes Verzierungen in Orange angebracht – freihändig mit einem dünnen Pinsel. Wenn Sie mögen, können Sie einen Rahmen um das ganze Bild malen oder Ihre Buchstaben mit Punkten, Linien oder Formen in weiteren Farben versehen.

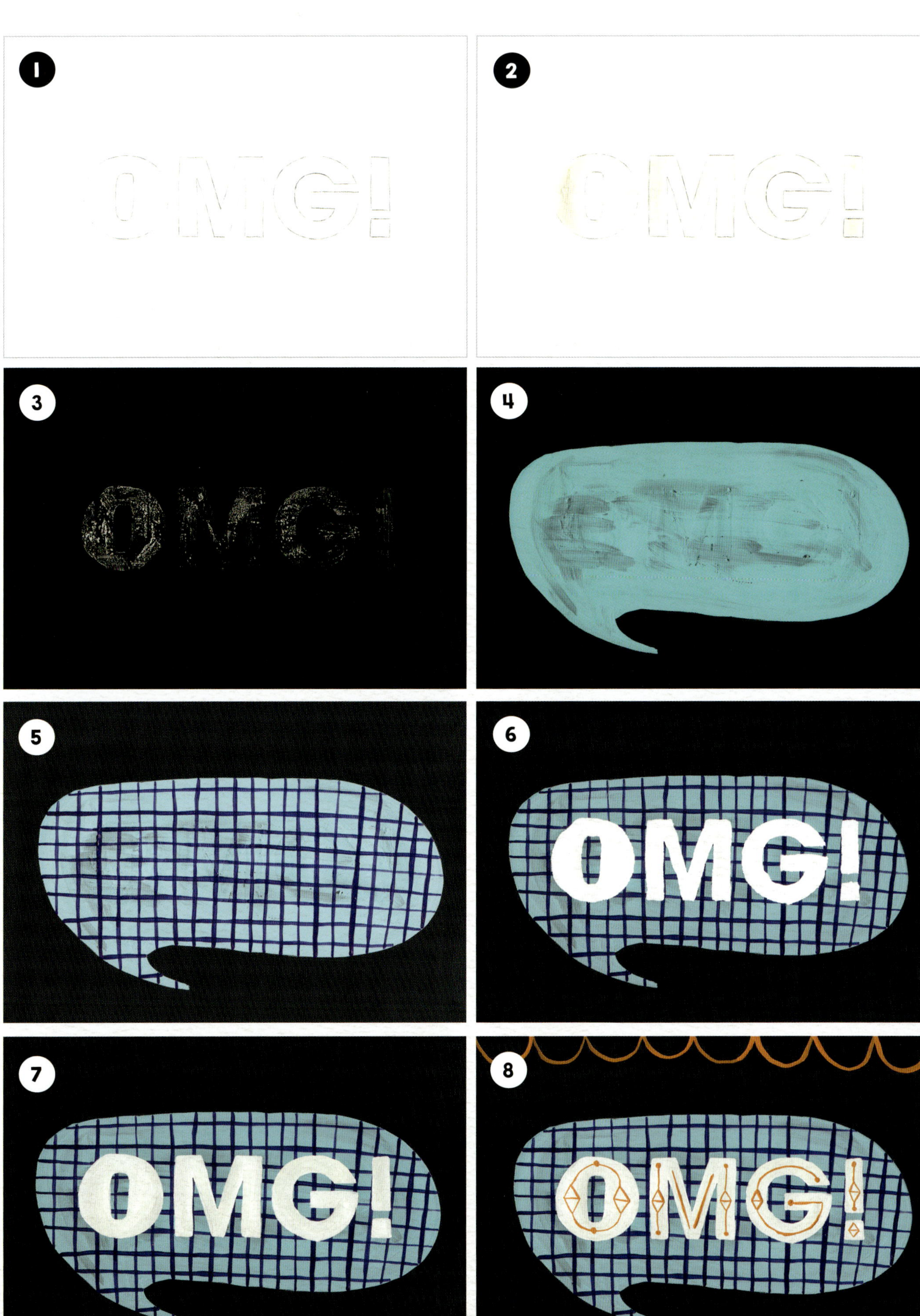

1
OMG!
2
OMG!
3
OMG!
4
5
6
OMG!
7
OMG!
8
OMG!

Alles für die Katz

Bei diesem Projekt kommen verschiedene Gouachetechniken zum Einsatz: Nach dem Skizzieren wird zunächst lasiert, bevor Details gemalt, Linien gezeichnet, Schichten übereinandergelegt und Texturen ausgearbeitet werden. Komplexe Szenen wie diese male ich nicht oft in einem Stück, doch für den Bildaufbau und die Ausführung sind sie eine gute Übung.

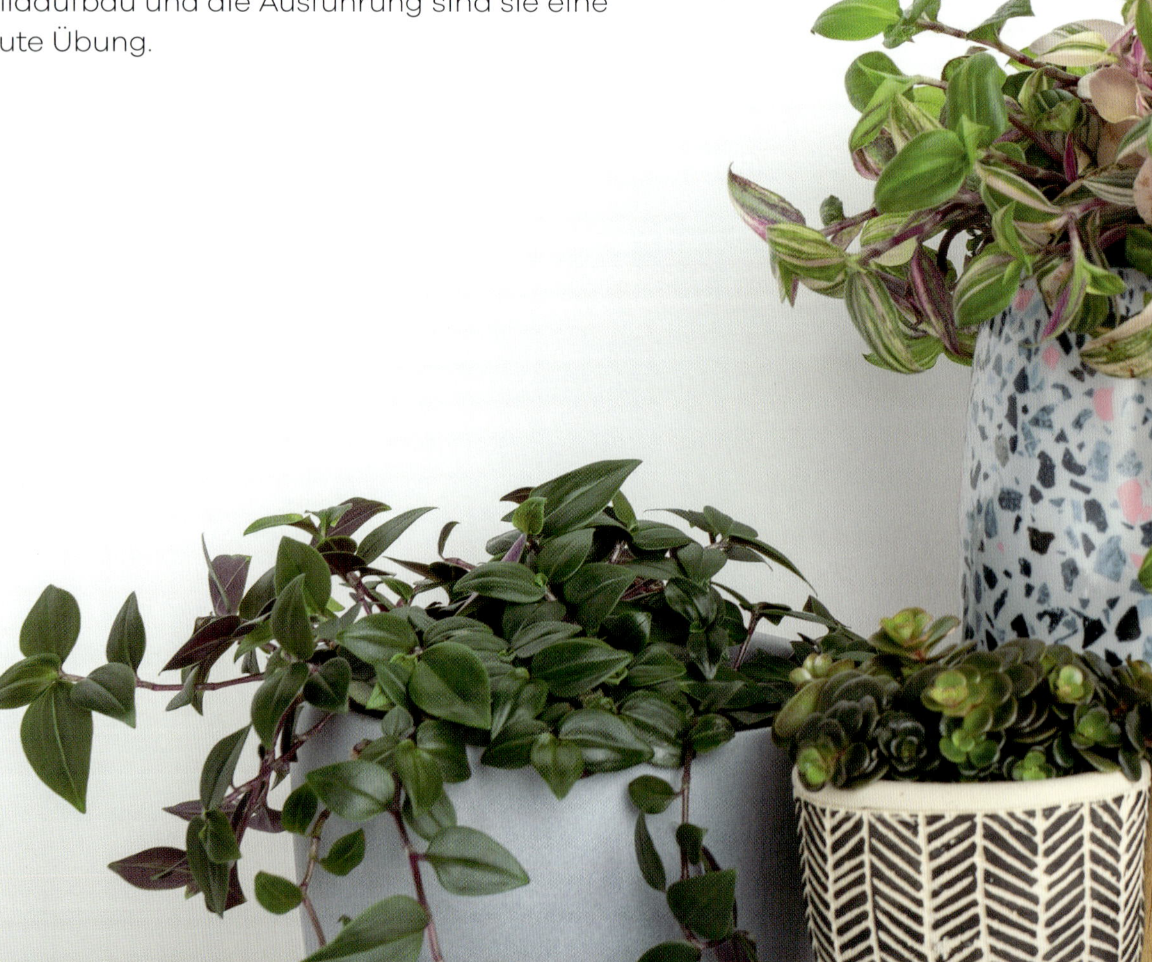

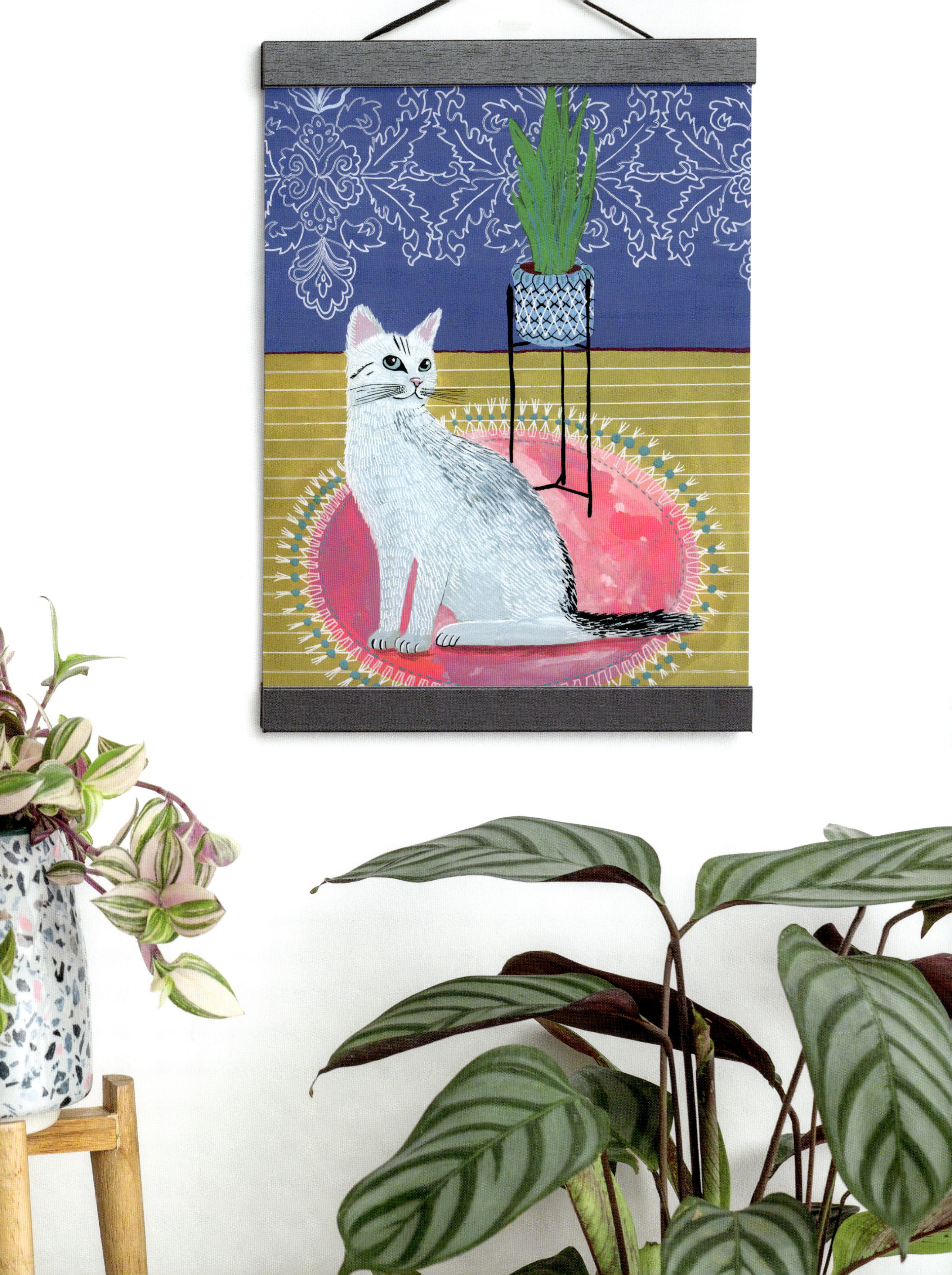

FARBEN

- Opernpink
- Ultramarin
- Umbra gebrannt
- Spektrumgelb
- Gelbocker
- Weiß
- Kobalttürkis hell

PAPIER

Einfaches Zeichen- oder Druckerpapier

Transparentpapier

Aquarellblock

TECHNIKEN

Skizzieren

Lasieren

Linien

Schichttechnik

Details

1. Zuerst habe ich die Katze und den Umriss des runden Teppichs vorgezeichnet. Mehr muss in diesem Schritt auch nicht skizziert werden – die Linien würden ohnehin unter den nächsten Farbschichten verschwinden.

2. Dann habe ich die Katze und den Teppich mit wässriger Farbe angelegt. Die Textur, die der Teppich dadurch erhielt, hat mir gut gefallen, deshalb blieb er so.

3. Als Nächstes habe ich den Fußboden und die Wand im Hintergrund einfarbig ausgemalt und an der Katze weitergearbeitet, ihr etwas Textur und eine grauere Farbe verliehen. An den Kanten habe ich keine Maskiertechniken eingesetzt, alles ist freihändig gemalt.

4. Dann habe ich das Fell und die Details im Gesicht der Katze ausgearbeitet. Außerdem habe ich sie unten mit einem Schatten versehen, damit sie nicht aussieht, als ob sie schwebt.

5. Die blaue Wand im Hintergrund war mir zu langweilig, deshalb habe ich mir eine barockähnliche Verzierung ausgedacht, die ich mit Transparentpapier auf das Bild übertragen habe.

6. Nach dem Übertragen auf das Bild habe ich das Muster mit weißem Gelstift nachgezogen. Mit dem gleichen Stift habe ich auch das Parkett angedeutet.

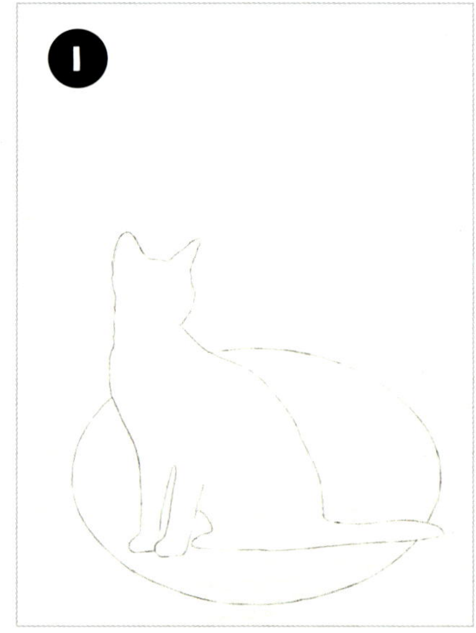

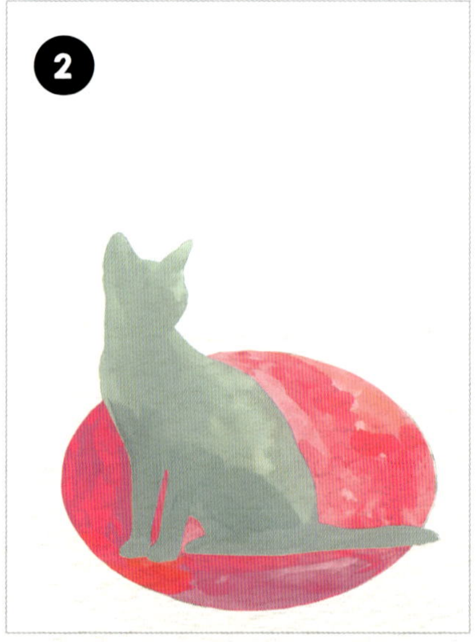

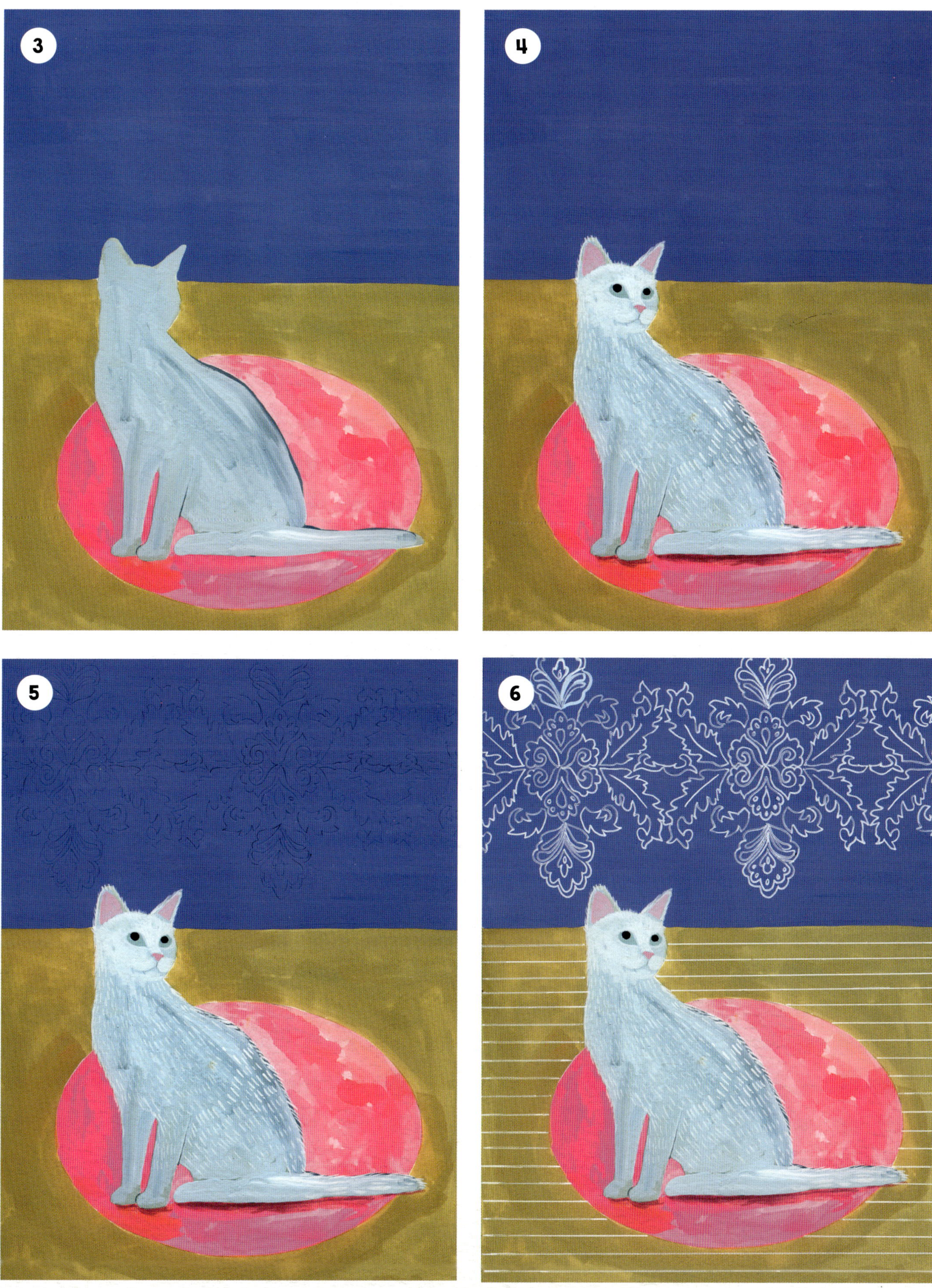
3
4
5
6

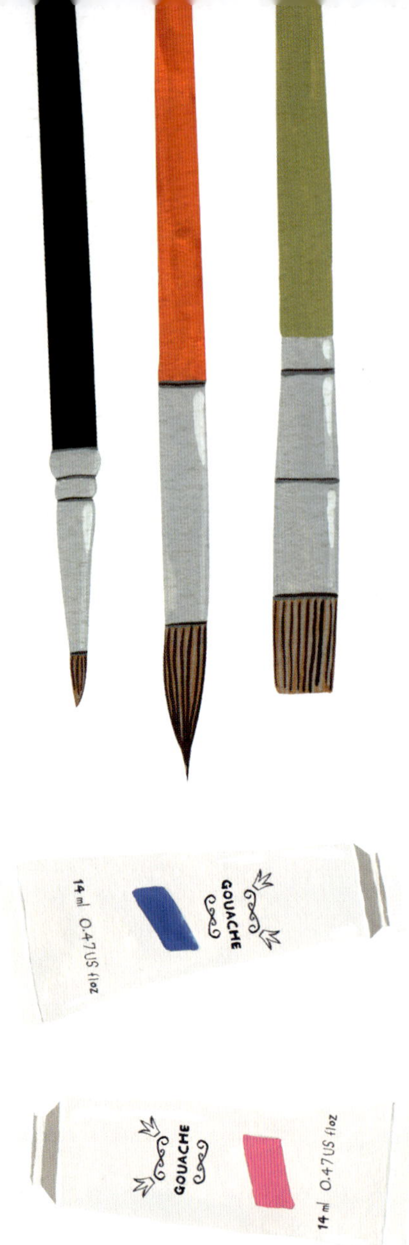

7. Hier kam etwas Grün ins Bild. Beachten Sie, wie der Kopf der Katze zur Pflanze gerichtet ist – das Auge wird von unten nach oben durch das Bild geführt, an der Wandbemalung entlang und wieder hinunter zur Katze entlang eines unsichtbaren Dreiecks.

8. Bis hierhin sah die Katze noch nicht ganz fertig aus. Den Augen und Gesichtszügen fehlten noch ein paar Details. Diese habe ich in einer dunklen, fast schwarzen Farbe aus Dunkelblau und Umbra gemalt, mit der ich auch das Fell weiter ausgearbeitet und den Blumentopf gemustert habe.

9. Für die weiteren Details am Blumentopf und Teppich und die Lichter in den Augen habe ich wieder einen weißen Gelstift verwendet.

10. Im letzten Schritt habe ich noch einmal mit Weiß am Fell gearbeitet und den Teppich mit Quasten und einer Schmucknaht in Türkis versehen.

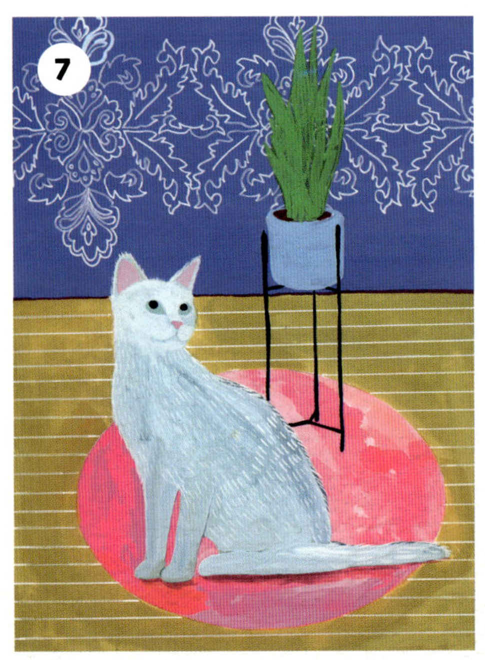

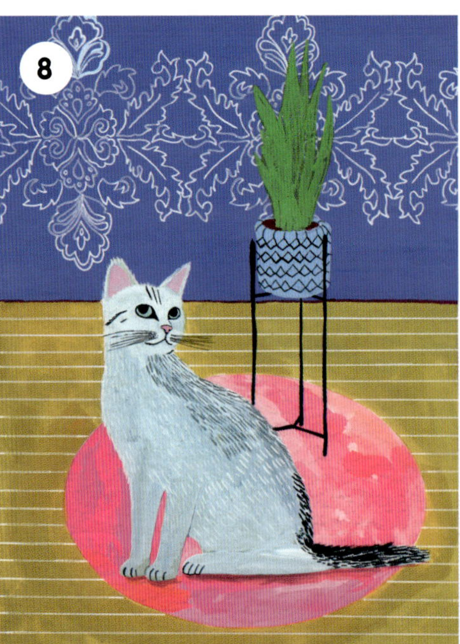

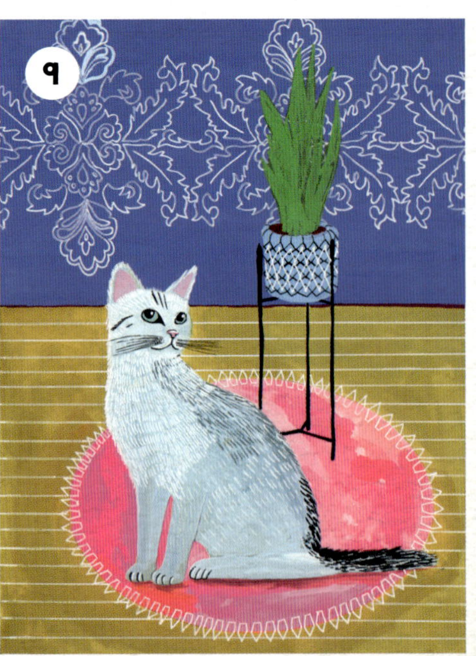

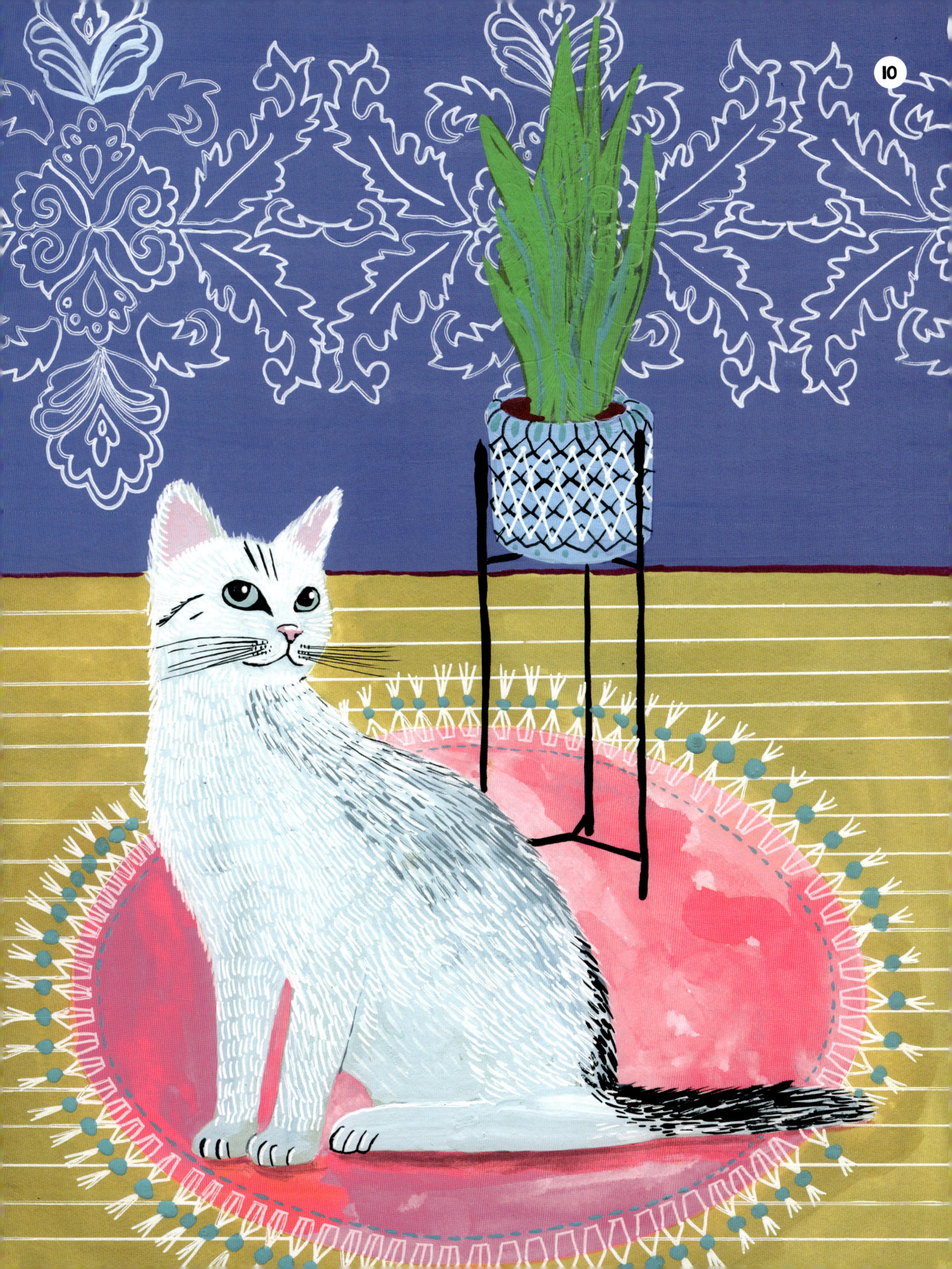

Ganz im Flow

Bei diesem abstrakten Bild habe ich ganz viele unterschiedliche Techniken eingesetzt, die wir in diesem Buch bereits besprochen haben: Schichttechnik, Details, Formen, Muster, Linien und Lasuren.

Es ist ganz spontan und intuitiv entstanden. Ich hatte vorher keinen Plan im Kopf und habe es als Experiment betrachtet. So etwas mache ich gern in meinem Skizzenbuch. Probieren Sie doch auch einmal, einfach loszulegen, ohne zu sehr über das Endergebnis nachzudenken. Daraus werden Sie viel lernen, und es macht einen Riesenspaß! Schicht für Schicht entsteht hier ganz organisch ein sehr individuelles Werk. Ich kombiniere dabei gern abstrakte und natürliche Formen.

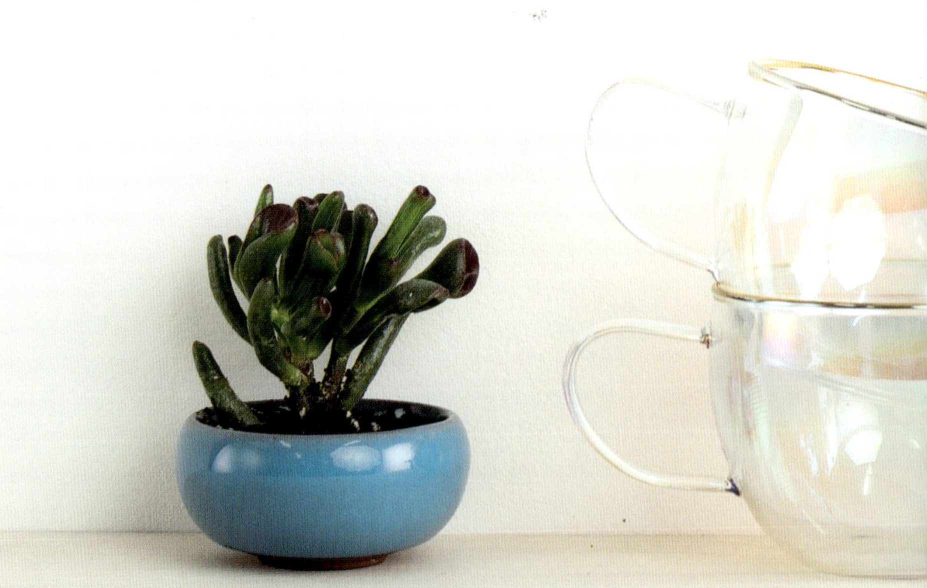

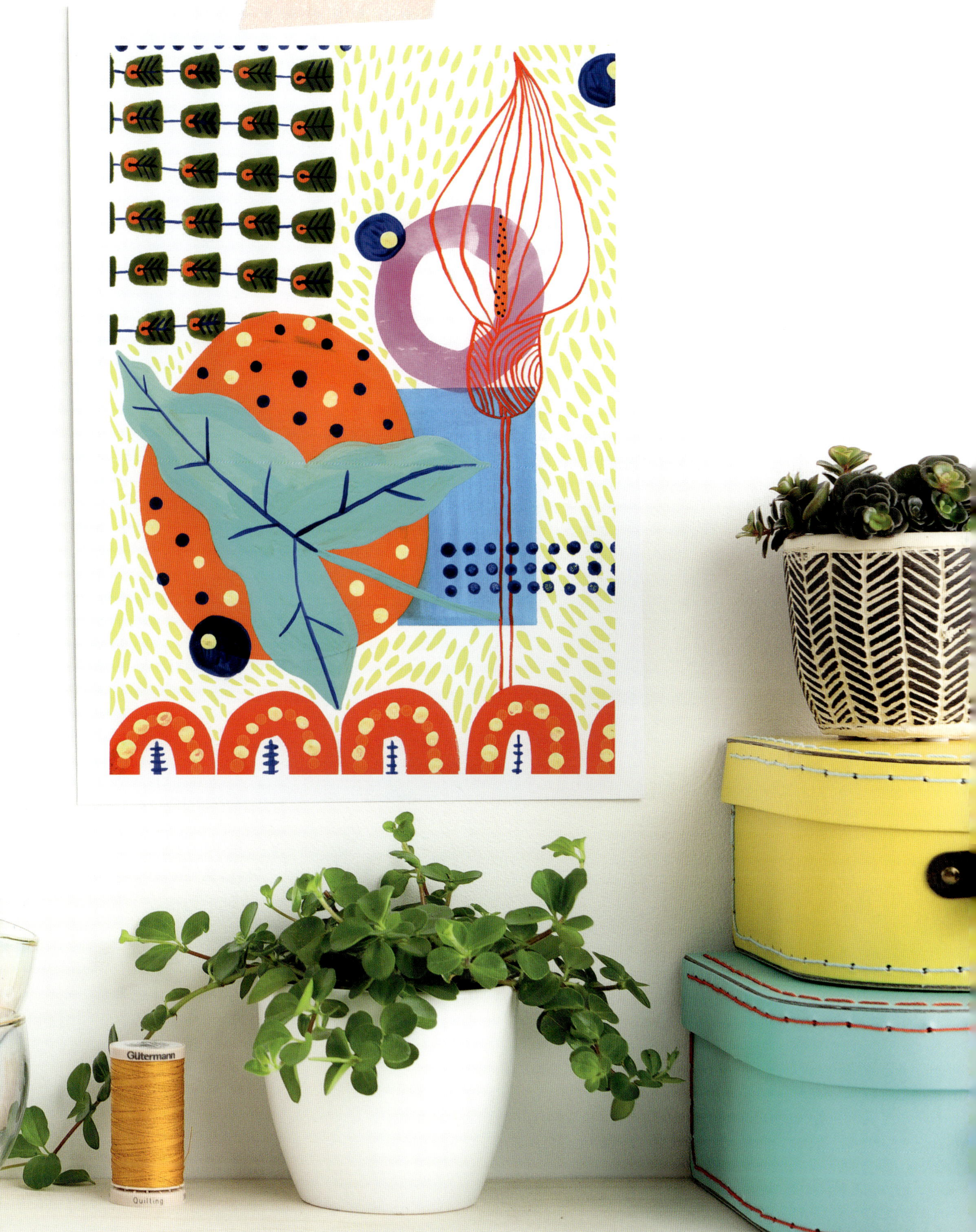
Gütermann
Quilting

FARBEN

- Opernpink
- Spektrumgelb
- Orange
- Umbra natur
- Saftgrün
- Helioblau
- Flammenrot
- Kobalttürkis hell
- Ultramarin
- Weiß

PAPIER

Aquarellpapier

Washi-Tape

TECHNIKEN

Lasieren

Muster

Linien

Formen und Kanten

Schichttechnik

Details

1. Als Erstes habe ich für den Rahmen rundherum Washi-Tape an die Papierkanten geklebt. Das leichte Papierklebeband reicht hier aus, weil ich keine Lasur als Hintergrund verwende. Am Ende entferne ich das Klebeband wieder und erhalte einen akkuraten Rand. Ich habe dann mit einem leuchtenden Pink einen einfachen Kreis gemalt – mit wässrig angemischter Farbe, damit sie leicht transparent wird.

2. Nachdem die Farbe vollständig getrocknet war, kam ein orangefarbener, diesmal ausgemalter Kreis hinzu. Dabei wurde die Farbe am Pinsel schon trocken, aber ich habe nicht noch einmal neue Farbe aufgenommen. Wieder vollständig trocknen lassen. Das geht bei Bedarf schneller mit einem Föhn.

3. Als Nächstes wollte ich eine andere Form hinzufügen. Ich habe mit Washi-Tape ein Rechteck maskiert und die Fläche mit dünn angerührter blauer Farbe gefüllt. Trocknen lassen, das Klebeband abziehen – und die schnurgeraden Kanten bewundern.

4. In diesem Schritt habe ich mit einem kräftigen Rot ein paar stämmige Bögen an den unteren Rand des Blattes gemalt. Man sieht, dass die Farbe an manchen Stellen auf dem abgeklebten Rand rissig geworden ist. Das lag daran, dass die Farbe etwas dicker als gewöhnlich war und ich sie schnell mit einem Föhn getrocknet habe.

5. Hier kam eine neue Farbe hinzu, ein dunkles Saftgrün. Ich habe mit einem Flachpinsel ein Muster gestempelt, das den orangefarbenen Kreis leicht überlappt. Die kleinen Formen erinnern mich an Blütenblätter und bringen noch einmal ein andersartiges Element in das Bild.

6. Nach dem Trocknen habe ich mit Orange die roten Bögen und die dunkelgrünen „Blütenblätter" mit kleinen Punkten versehen. Den orangefarbenen Kreis habe ich noch einmal deckend übermalt, weil ich eine klare Abgrenzung nötig fand. Danach überdeckte er einen Teil des grünen Musters.

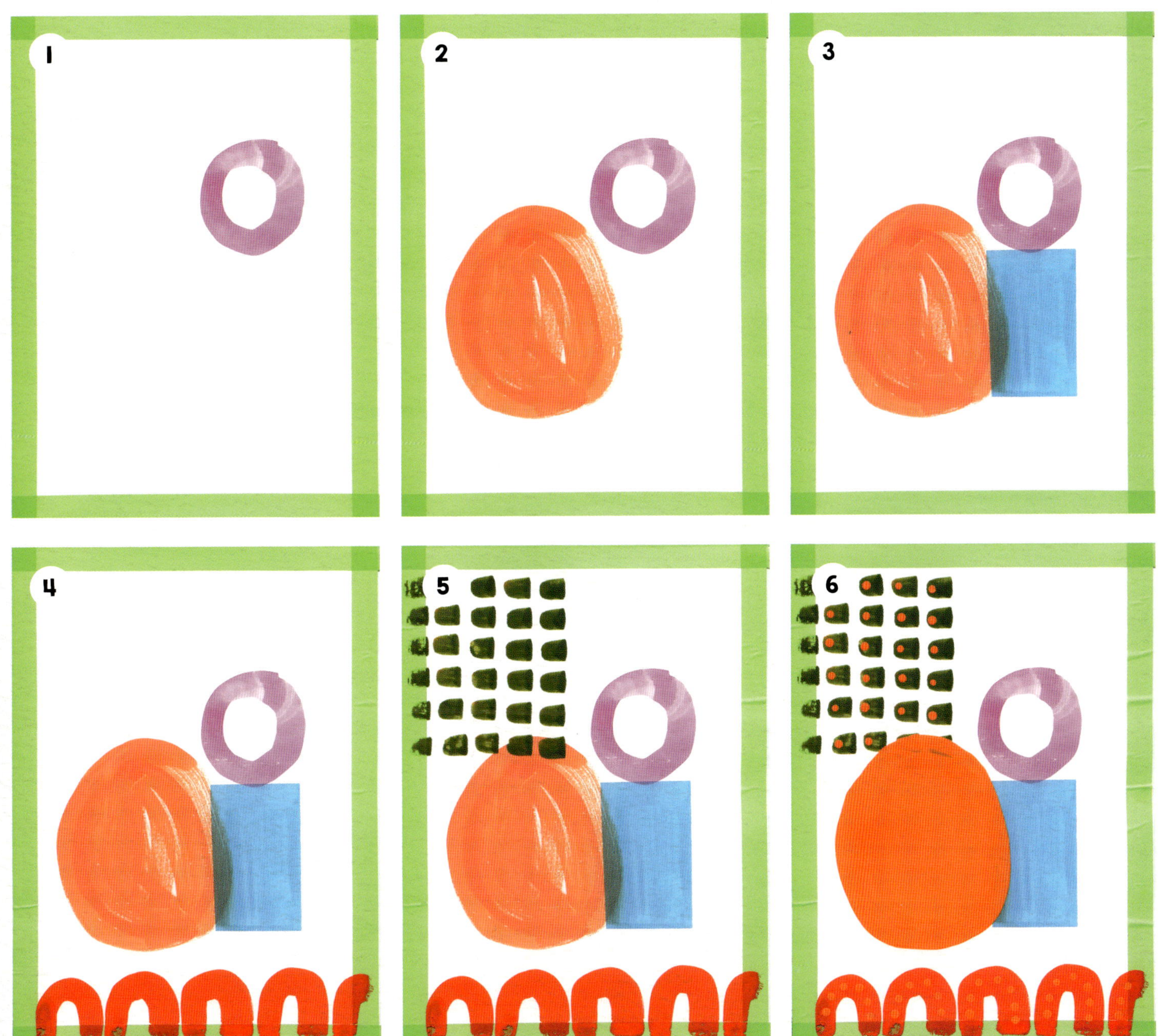
1
2
3
4
5
6

7. Ich wollte unbedingt noch ein florales Element. Mit dünnem Pinsel und roter Farbe habe ich eine Blume „gezeichnet", die halb auf dem pinken Kreis und dem blauen Rechteck liegt. Das Staubgefäß habe ich orange ausgemalt.

8. Um die große orangefarbene Fläche mitten im Bild aufzulockern, habe ich ein Blatt in einem kontrastierenden Hellblau hinzugefügt. Die Form ist etwas stilisiert und passt gut zum abstrakten, grafischen Look des Gesamtbildes. Nach dem Trocknen musste ich noch einmal darübermalen, weil das Orange durchschien.

9. In Schritt 8 habe ich aus Versehen etwas blaue Farbe auf den orangefarbenen Kreis getropft. Um das zu verdecken und ein weiteres Element hinzuzufügen, habe ich in einem deutlich dunkleren Blau drei kleine Kreise gemalt. Mit der gleichen Farbe habe ich Adern auf das Blatt und kleine Pünktchen auf das Staubgefäß der Blume gemalt sowie Verzierungen auf den grünen Blütenblättern und unter den roten Bögen angebracht.

10. Im letzten Schritt wollte ich noch ein weiteres Element hinzufügen, das alles miteinander verbindet. Mit einem hellen Gelb habe ich ein fließendes Muster auf die noch freien weißen Flächen gemalt und Punkte auf die orangefarbene Fläche, die dunkelblauen Kreise und die roten Bögen gesetzt. Dann habe ich in Dunkelblau ein Gittermuster quer über den Stiel der Blume gestempelt – mit dem Radiergummi an meinem Bleistift. Witzig ist, dass sich in manchen Punkten die Zahl 35 abzeichnet – die muss im Radiergummi eingeprägt gewesen sein. Sie können nach Lust und Laune weitere Details hinzufügen oder gleich eine Serie aus drei oder vier Bildern mit ähnlichen Farben, Mustern und gezeichneten Elementen fertigen. Am Ende einfach das Klebeband abziehen (diesen Moment liebe ich!) und sich über den perfekten Rand freuen.

SOLCHE BILDER KÖNNEN SIE EINRAHMEN UND AN DIE WAND HÄNGEN, EINSCANNEN UND DRUCKEN LASSEN. MIT ETWAS GESCHICK KÖNNEN SIE SOGAR EINEN MUSTERRAPPORT GESTALTEN.

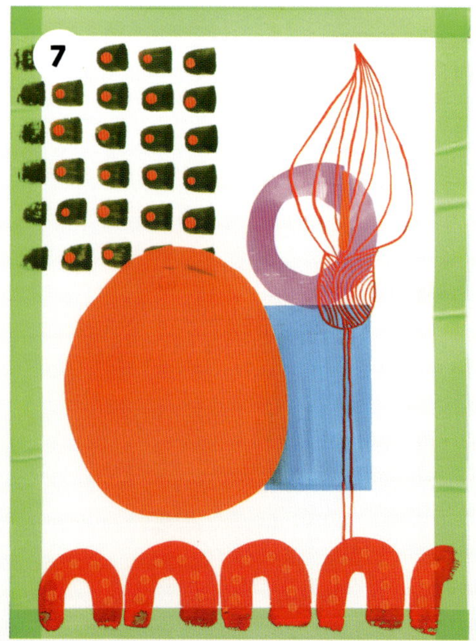

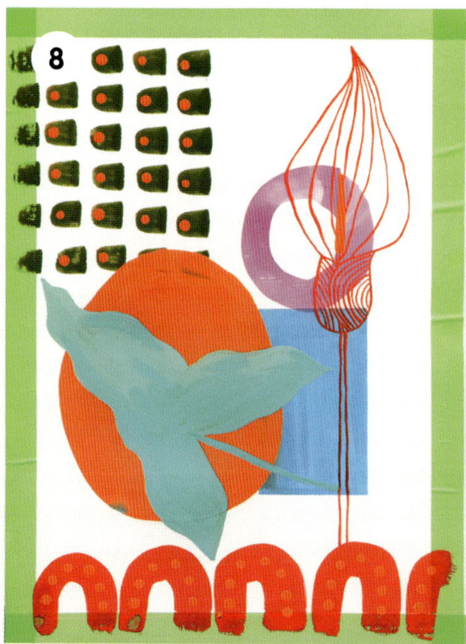

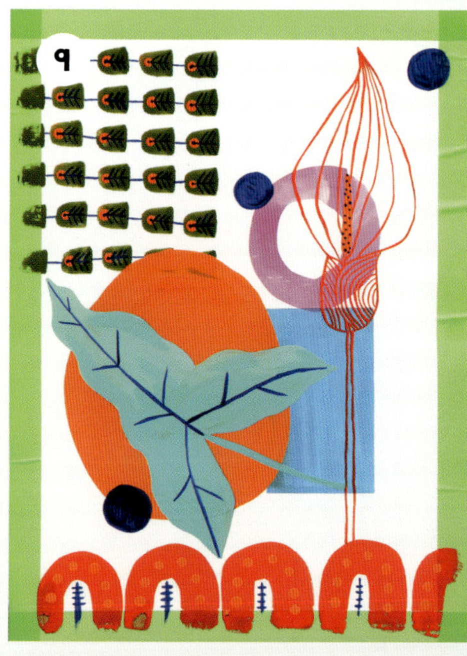

10

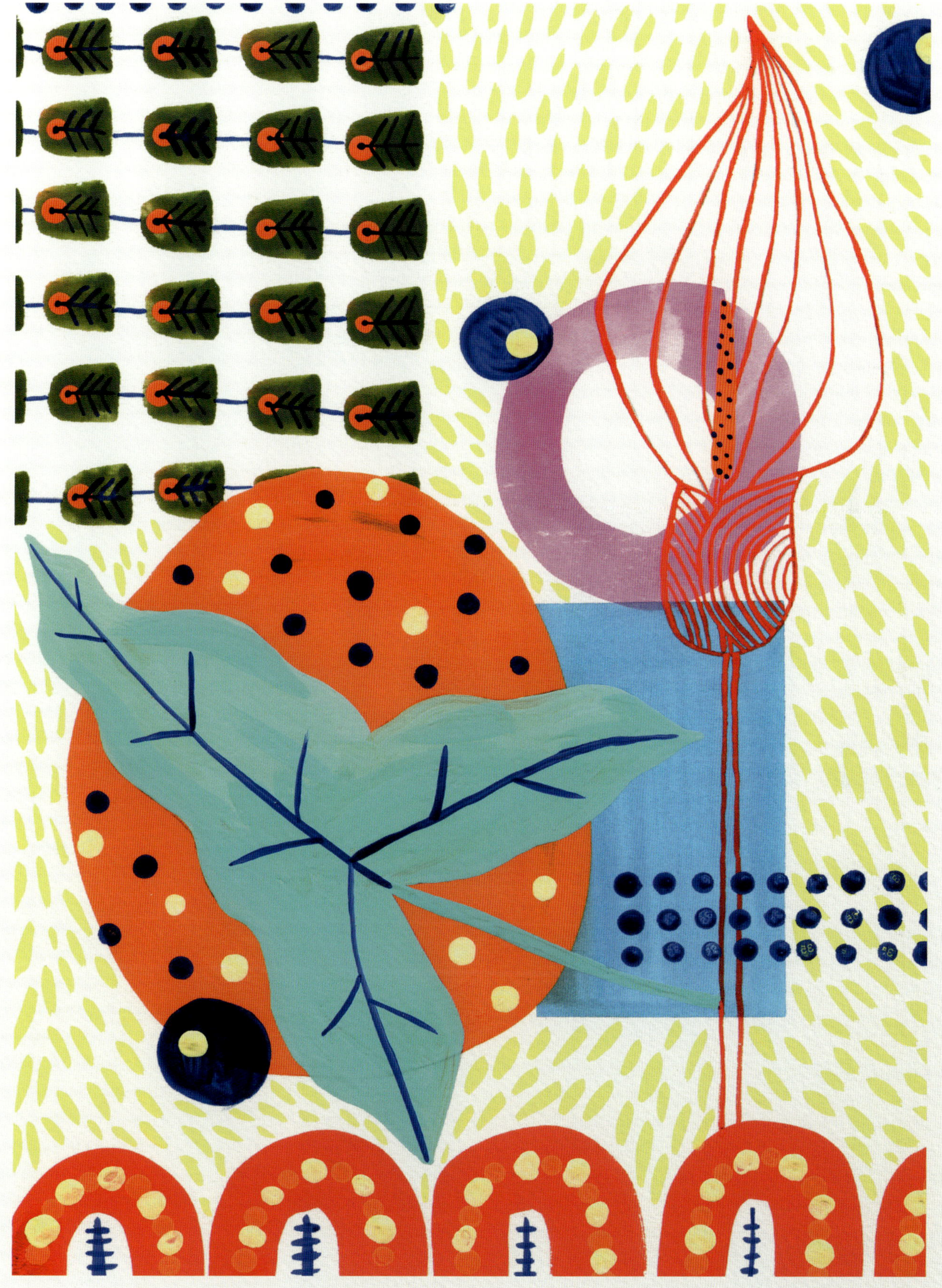

Über die Autorin

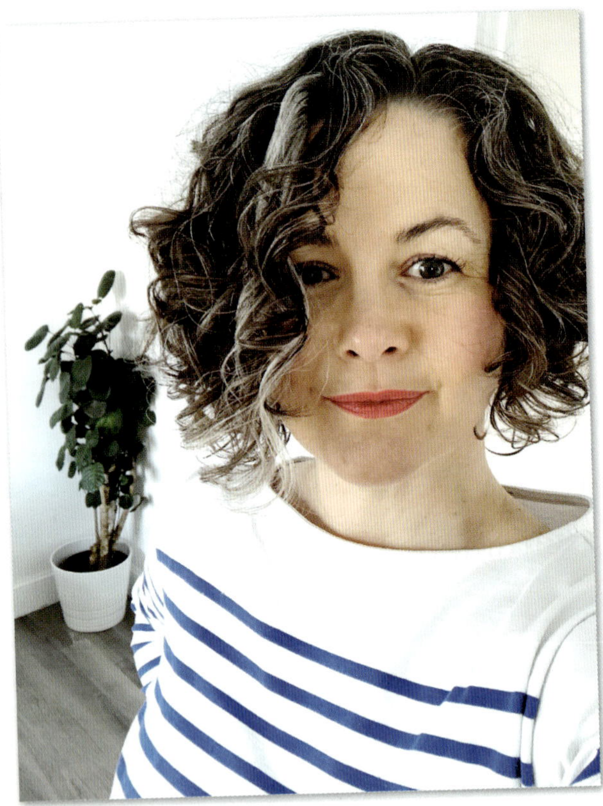

Zoë Ingram lebt als Künstlerin in Edinburgh, Schottland. Seit mehr als 20 Jahren ist sie in der Kunst- und Designwelt tätig.

Mit dem wunderbaren Medium Gouache kam sie zum ersten Mal am damaligen Scottish College of Textiles in Galashiels in Kontakt, wo sie vier Jahre lang Textildruck studierte.

Nach dem College arbeitete Zoë in Designagenturen an verschiedenen Projekten vom Corporate Reporting bis zum Webdesign.

Erst viele Jahre später, als sie mit ihrer Familie 2009 nach Australien zog, entdeckte sie ihre wahre Leidenschaft wieder: Kunst und Malerei.

Im Jahr 2013 gewann Zoë bei einem weltweiten Talentwettbewerb den Preis, der ihr Leben verändern sollte: einen Vertrag mit der Kunstagentur Lilla Rogers Studio. Seit diesem Tag arbeitet Zoë mit dieser Agentur zusammen, an der sie nicht nur das familiäre Miteinander, sondern auch die große Vielfalt der ihr vermittelten Projekte schätzt.

Nach fast zehn Jahren in Australien kehrte Zoë 2018 in ihre schottische Heimatstadt zurück, um sich dort als professionelle Künstlerin niederzulassen. In ihrem Haus in Edinburgh hat sie sich dafür ein hübsches Atelier eingerichtet.

Zoë arbeitet unter anderem für Ikea, The Washington Post, Hallmark, HarperCollins, Crate & Barrel, Oxford University Press, Peter Pauper Press, Penguin Random House, Walker Books, Creative Co-Op, Midwest CBK, Workman Publishing, Nosy Crow, Quarto, die Zeitschrift „Live Happy" und Demdaco. Neben ihrer Arbeit für Kunden auf der ganzen Welt entwirft Zoë gern Muster für Stoffe und Tapeten, die sie auf Spoonflower verkauft, einem Print-on-Demand-Anbieter für Stoffe.

Zoë ist gespannt darauf, wozu dieses Buch Sie inspiriert, und freut sich, wenn Sie die Ergebnisse Ihrer Gouache-Abenteuer unter dem Hashtag #ohmygouache teilen.

ZOEINGRAM.COM
INSTAGRAM.COM/ZOE_INGRAM
SPOONFLOWER.COM/PROFILES/ZOE_INGRAM
YOUTUBE: HTTPS://BIT.LY/2SZGGJL

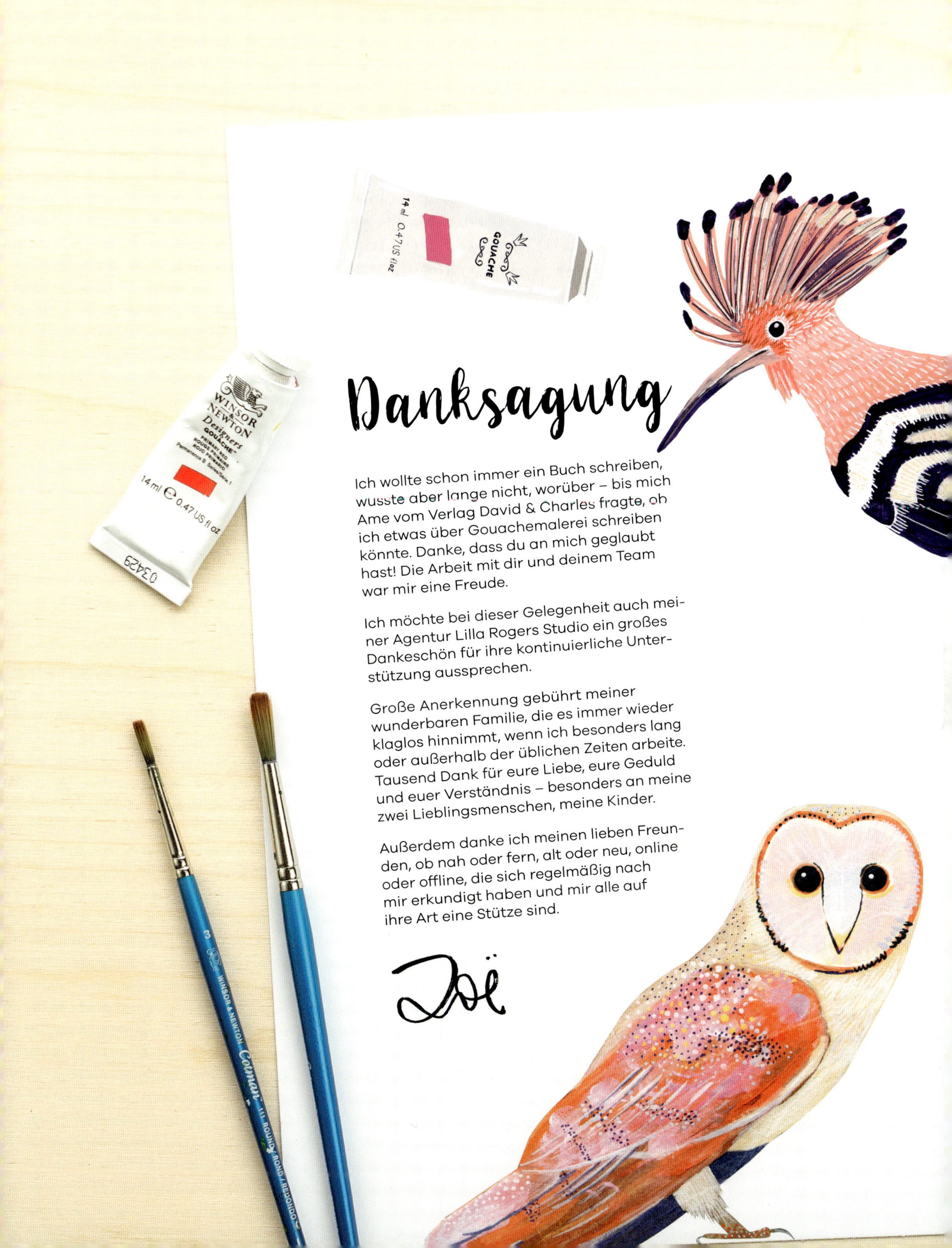

Danksagung

Ich wollte schon immer ein Buch schreiben, wusste aber lange nicht, worüber – bis mich Ame vom Verlag David & Charles fragte, ob ich etwas über Gouachemalerei schreiben könnte. Danke, dass du an mich geglaubt hast! Die Arbeit mit dir und deinem Team war mir eine Freude.

Ich möchte bei dieser Gelegenheit auch meiner Agentur Lilla Rogers Studio ein großes Dankeschön für ihre kontinuierliche Unterstützung aussprechen.

Große Anerkennung gebührt meiner wunderbaren Familie, die es immer wieder klaglos hinnimmt, wenn ich besonders lang oder außerhalb der üblichen Zeiten arbeite. Tausend Dank für eure Liebe, eure Geduld und euer Verständnis – besonders an meine zwei Lieblingsmenschen, meine Kinder.

Außerdem danke ich meinen lieben Freunden, ob nah oder fern, alt oder neu, online oder offline, die sich regelmäßig nach mir erkundigt haben und mir alle auf ihre Art eine Stütze sind.

Zoë

Bezugsquellen

Inspiration im Internet

Pinterest
pinterest.com

Instagram
instagram.com

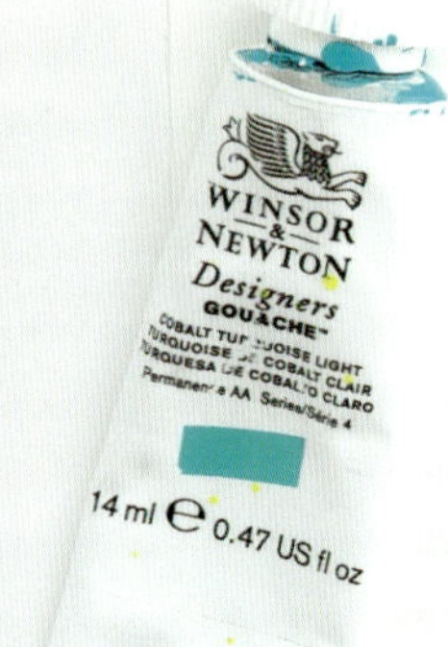

Das benutze ich

Aquarellpapier von Arches
arches-papers.com/de

Aquarellpapier von Bockingford
stcuthbertsmill.com

Acrylgouache von Holbein
holbeinartistmaterials.com

Acrylgouache von Liquitex
liquitex.com

„Twist Erase“-Druckbleistift von Pentel
pentel.co.uk

Aquarellskizzenbuch von Strathmore (400 Series)
strathmoreartist.com

Gouache und Pinsel von Winsor & Newton
winsornewton.com

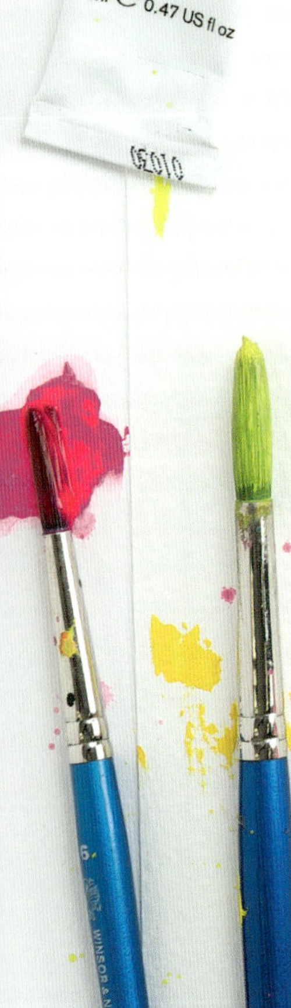

Glanzmedium

Für Collage-Arbeiten verwende ich Glanzmedium von Golden.
goldenpaints.com

Scanner und Drucker

Ich verwende einen Epson-Scanner (Perfection V370 Photo) und einen Epson-Drucker (SureColor P600).
epson.de

Onlineshops für Künstlerbedarf

boesner.com/.at/.ch

creativ-discount.de

gerstaecker.de/.at/.ch

kreativ.de

kunstpark-shop.de

peters-art.de

Register

Abstrakte Designs 56–57, 116–121
Acrylgouache 13
Adobe Photoshop 44, 58, 60, 76, 106
Ausschneiden und einfügen 44, 60–61
Blätter 53, 55, 76, 120
Bleistiftarbeiten 17, 32–34, 53
Blumen 43, 55, 100–105, 116–121
Collage 48, 56–57, 76, 84–87
 digital 58
Details 52–53, 68, 72, 76, 80, 96, 102, 108, 110–114, 116–120
Digitale Collage 58
Digitalisieren 58–63, 72, 84
Dunkle Hintergründe 54–55, 94–99, 106–109
Einzelbilder 58–60, 62–63
Eisbären 55
Farbe 18–29
 analog 23
 dissonant 23
 in Mustern 40
 in Projekten 64, 68, 72, 76, 80, 84, 86, 90, 96, 102, 108, 112, 118
 Inspiration 20–21
 komplementär 23
 Lehre 22–23
 mischen 24–27, 28–29
 primär 13, 22, 24, 27–29
 sekundär 22, 24, 28
 tertiär 22, 24, 28
 üben 28–29
Farbkreis 22, 24, 28–29
Farbtöne 24
Faultiere 42
Faux Calligraphy 49
Federn 43, 51, 52, 66, 68, 94–98, 118
Fell 42–44, 51, 112, 114
Föhn 17
Formen 44–45, 76, 90, 108, 116–118
Geometrische Designs 88–93
Gitter 45
Glanzmedium 17
Gouachefarbe 12–13
 Anfängersets 27
 Konsistenz 27
 Menge 27
 mischen 24–27, 28–29
 Wasser beimischen 27
Gürteltiere 50
Hintergründe, dunkle 54–55, 94–99, 106–109
Holzmaserung 51
Inspiration 20–21
Käfer 33, 55, 70–73
Kanten 44–45, 76, 90, 108, 116–118
Katzen 110–115
Klee, Paul 12
Kraken 50
Lasieren 35–37, 68, 110–112, 116–118
Lettering 46–49, 106–109
Lichter 50, 52, 114
Linien 42–43, 52, 76, 80, 96, 102, 108, 110–112, 116–118
Maskierflüssigkeit 17, 44–45, 106, 108
Maskierklebeband 17, 42, 44, 47
Material 11–17
Matisse, Henri 12
Muster 38–41, 68, 84, 102, 116–118
Natur 20
Paletten 14
Papier 15
 aufziehen 15
 dunkles 54
 in Projekten 64, 68, 72, 76, 80, 84, 90, 96, 102, 108, 112, 118
Papierblöcke 15
Pflanzen 43, 53, 55, 74–77, 100–105, 114, 116–121
Pinsel 14
Porträts 43
Projekte 64–121
 Alles für die Katz 110–115
 Fasantastisch 66–69
 Flatterhaft 82–87
 Ganz im Flow 116–121
 Käferparade 70–73
 Lass Blumen sprechen 100–105
 Nachteule 94–99
 OMG – Oh mein Gott! 106–109
 Sir Pflanzelot 74–77
 Schief gewinkelt 88–93
 Wer bist du? 78–81
Radiergummis 17, 108
Raupen 78–81
Scannen 17, 33–34, 60
Schatten 50
Schattierungen 24
Schichttechnik 50–52, 68, 72, 76, 80, 96, 102, 110–112, 116–120
Schmetterlinge 82–87
Schneideutensilien 17
Schwarz 24, 26, 29
Skizzieren 32–34, 54, 68, 72, 76, 80, 90, 96, 108, 110–112
Sprechblasen 108
Techniken 31–63
Textur 16, 50–52
Tiger 47
Tönungen 24
Transparenz 35
Tuschezeichnungen 55
Übertragen mit Transparentpapier 33, 68
Utensilien 11–17
Vögel 43, 52–53, 66–69, 94–99
Washi-Tape 118, 120
Wasser 27, 36
Weiß 24, 27
Zeichnen
 mit Pinsel 42–43
 Tusche 55
 siehe auch Skizzieren

Erstmals erschienen 2021 unter dem Titel
„Oh My Gouache!"

Stiebner Verlag GmbH

www.stiebner.com

Übersetzung aus dem Englischen: Anja Neudert, Leipzig

Lektorat: Petra Hucke, München

Redaktion: Julia Niehaus, lektorat plus, Berlin

Layout und Satz: Dirk Brauns, estra.de, Berlin

Wir produzieren unsere Bücher mit großer Sorgfalt und Genauigkeit. Trotzdem lässt es sich nicht ausschließen, dass uns in Ausnahmefällen Fehler passieren. Unter www.stiebner.com/errata/978-3-8307-1454-5.html finden Sie eventuell Hinweise und Korrekturen zu diesem Titel. Möglicherweise sind die Korrekturen in Ihrer Ausgabe bereits ausgeführt, da wir vor jeder neuen Auflage bekannte Fehler korrigieren. Sollten Sie in diesem Buch einen Fehler finden, so bitten wir um einen Hinweis an verlag@stiebner.com. Für solche Hinweise sind wir sehr dankbar, denn sie helfen uns, unsere Bücher zu verbessern.

Bibliografische Information der Deutschen Nationalbibliothek
Die Deutsche Nationalbibliothek verzeichnet diese Publikation in der Deutschen Nationalbibliografie; detaillierte bibliografische Daten sind im Internet über http://dnb.dnb.de abrufbar.

ISBN 978-3-8307-1454-5

Printed in China

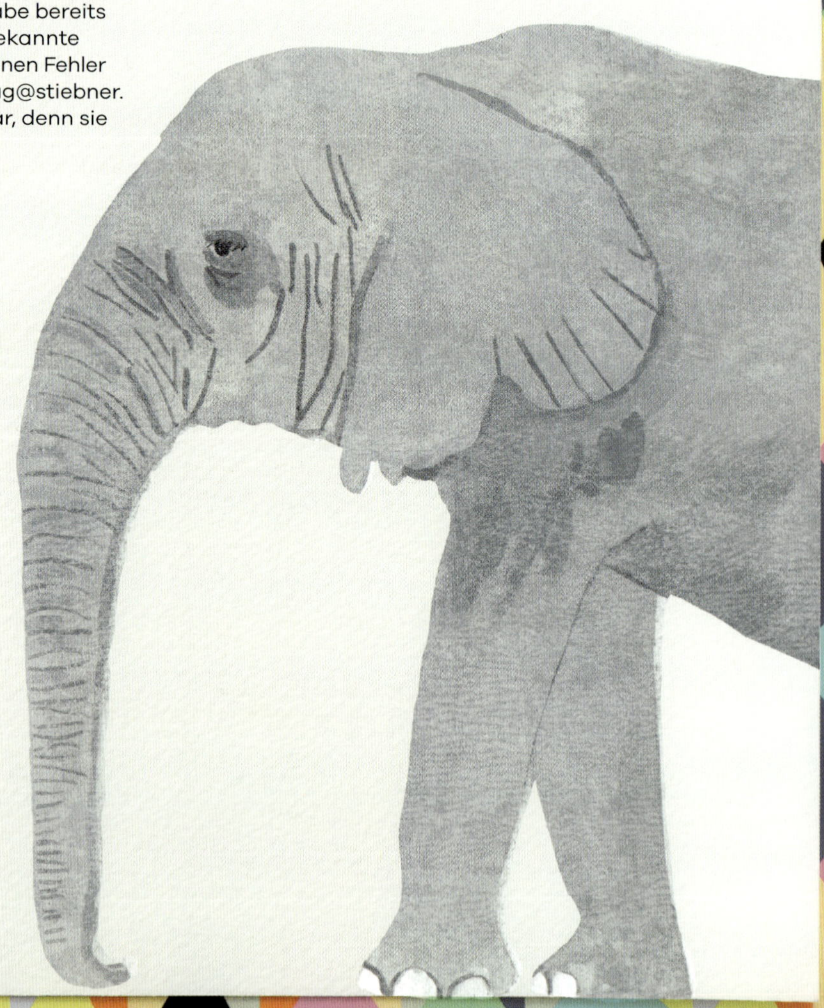

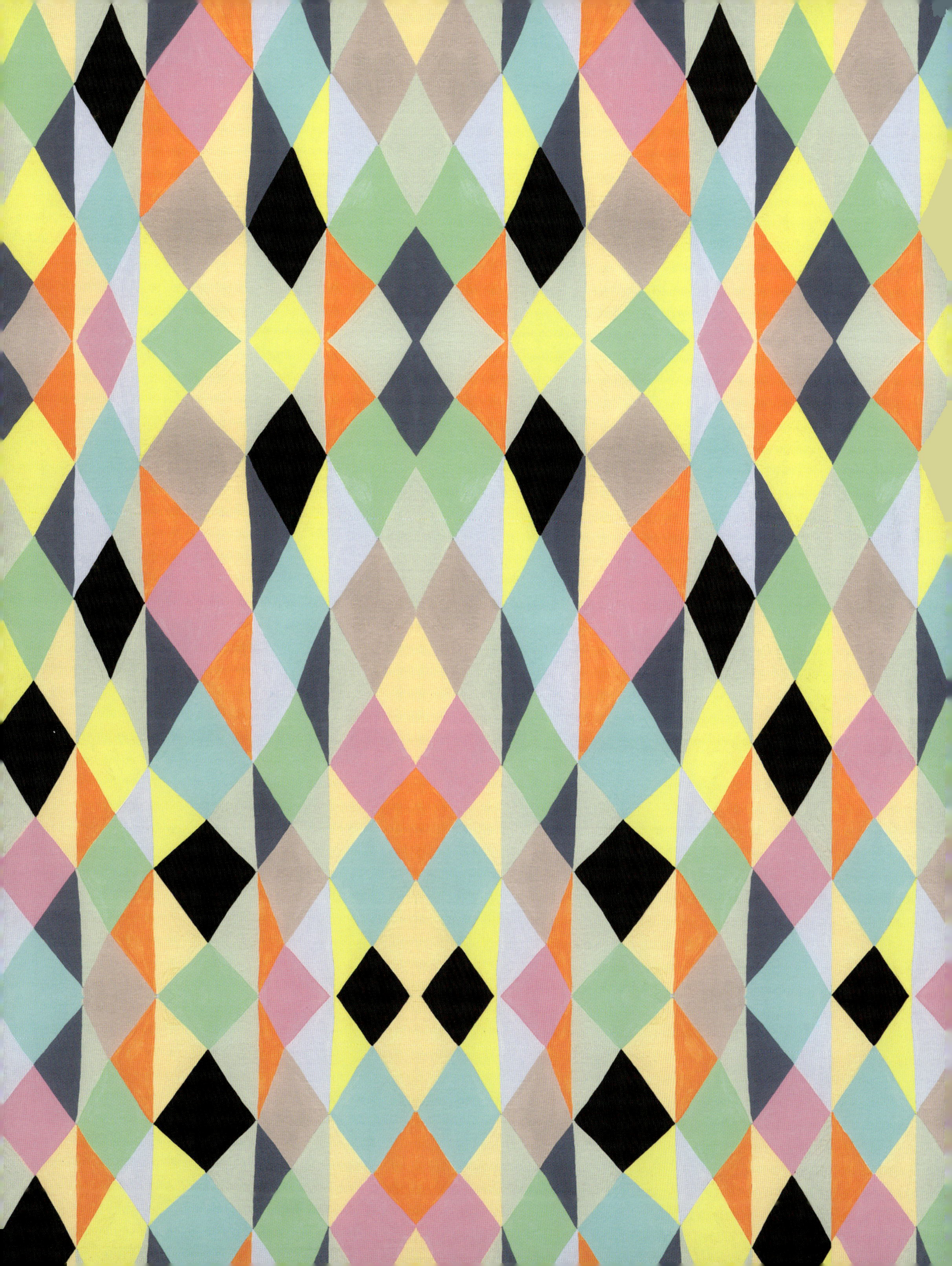

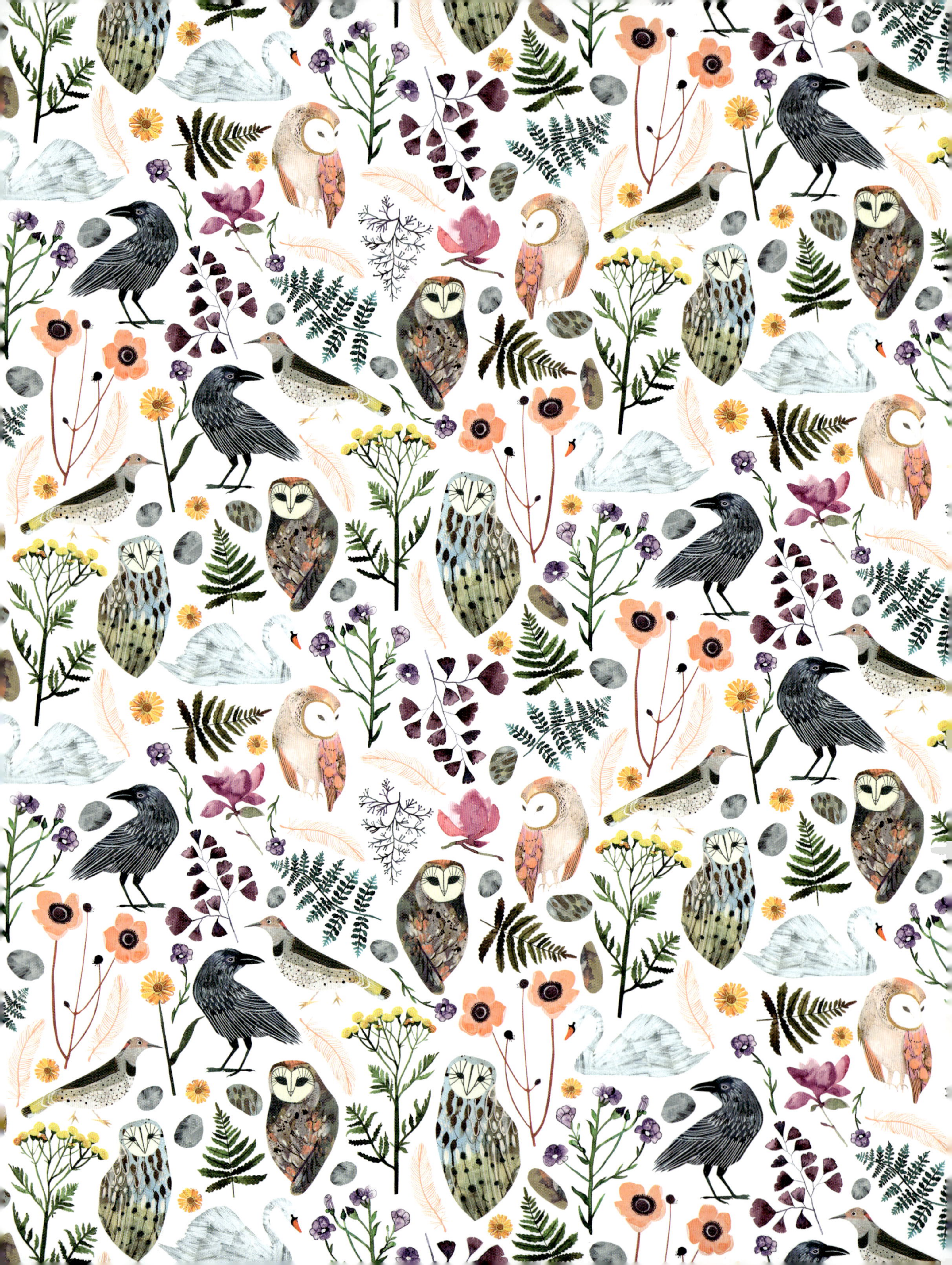